汽车车身电路详解

喇叭电路·充电/启动系统
车窗系统·中控系统

第一册

曹晶 编著

化学工业出版社
·北京·

内容简介

本书介绍了汽车车身电路中的汽车喇叭电路、充电/启动系统电路、车窗系统电路和中控系统电路，结合市面上常见车型的实车彩色电路图进行介绍，对车身电路系统的功能组成、工作原理、控制类型、控制方式和典型控制电路及故障诊断方法、技巧等进行了详细的讲解和剖析。书中涵盖的车型广泛，如大众/奥迪、别克/雪佛兰/凯迪拉克、比亚迪、吉利、奇瑞、长安、丰田、本田、马自达、日产、三菱、现代/起亚、福特、传祺、宝马、长城等，有利于读者有针对性地对照学习和理解，举一反三。

本书内容实用，图文并茂，通俗易懂，适合汽车维修技术人员阅读，可供汽车维修培训机构、职业技术院校汽车相关专业师生参考。

图书在版编目（CIP）数据

汽车车身电路详解. 第一册，喇叭电路·充电/启动系统·车窗系统·中控系统/曹晶编著. —北京：化学工业出版社，2021.12
ISBN 978-7-122-39840-6

Ⅰ.①汽⋯ Ⅱ.①曹⋯ Ⅲ.①汽车-车体-电子系统-电路 Ⅳ.①U463.62

中国版本图书馆 CIP 数据核字（2021）第 175085 号

责任编辑：黄 滢　张燕文　　　　　　　　　　文字编辑：朱丽莉　陈小滔
责任校对：宋 玮　　　　　　　　　　　　　　装帧设计：王晓宇

出版发行：化学工业出版社（北京市东城区青年湖南街13号　邮政编码100011）
印　　装：北京瑞禾彩色印刷有限公司
880mm×1230mm　1/16　印张18　字数567千字　2022年1月北京第1版第1次印刷

购书咨询：010-64518888　　　　　　　　　　　售后服务：010-64518899
网　　址：http://www.cip.com.cn

凡购买本书，如有缺损质量问题，本社销售中心负责调换。

定　　价：128.00元　　　　　　　　　　　　　　　　　　　　版权所有　违者必究

前言 PREFACE

随着汽车制造业的快速发展和技术进步的加快，现代汽车的构造也越来越复杂，原因之一就是汽车电路在汽车上所占的比重越来越大。因此，现代汽车维修，最核心的内容就是汽车电路维修。汽车维修技术人员检测、诊断和排除故障等，都离不开汽车电路，都要围绕和结合实际的汽车电路进行。

据笔者长期从事汽车维修培训和教学的经验来看，大多数的汽车维修入门人员，由于对汽车车身电路的基本原理、构造等理论知识缺乏深入的理解，尤其是对汽车车身电路维修的要领和技巧缺乏系统的掌握，这就导致了他们在从事汽车维修工作两三年以后，常常会出现技术瓶颈，给维修工作带来困难。因此，需要有相关的理论书籍作指导，进一步提升理论知识和加强维修实践操作技能。为了帮助这些人员快速适应汽车维修工作岗位的需求，在化学工业出版社的组织下，特编写了《汽车车身电路详解》。由于车身电路纵横交错、较为复杂，因此在编写过程中将其分成四册，逐一对车身电路知识进行详细介绍。

本书为《汽车车身电路详解》的第一册，详细介绍了汽车车身电路中的汽车喇叭电路、充电/启动系统电路、车窗系统电路和中控系统电路，结合市面上常见车型的实车彩色电路图，对其功能组成、工作原理、控制类型、控制方式和典型控制电路及故障诊断方法、技巧等进行了细致的讲解和剖析。书中涵盖的车型广泛，如大众/奥迪、别克/雪佛兰/凯迪拉克、比亚迪、吉利、奇瑞、长安、丰田、本田、马自达、日产、三菱、现代/起亚、福特、传祺、宝马、长城等，有利于读者有针对性地对照学习和理解，举一反三。

本书为全彩色印刷，编写过程中努力做到图片精美丰富、内容通俗易懂，力求既适合初中级汽车维修工、汽车电工使用，也可作为汽车类职业技术院校师生教学和自学的参考书及相关企业的培训用书。

本书由大力汽修学院创始人兼首席培训讲师曹晶结合自身多年培训教学和汽车电路维修实践经验精心编写而成，编写过程中参考了部分厂家的原车维修手册及相关的多媒体资料，在此一并表示感谢！

限于笔者水平，书中疏漏之处在所难免，恳请广大读者批评指正。

编著者

目录 CONTENTS

第一章 汽车喇叭典型控制电路详解 ······ 001

第一节　喇叭的功能描述 ······ 001
第二节　喇叭的分类及发声原理 ······ 001
　　一、喇叭的分类 ······ 001
　　二、喇叭的发声原理 ······ 002
第三节　喇叭的控制方式 ······ 003
　　一、直接控制式喇叭 ······ 003
　　二、继电器控制喇叭 ······ 004
　　三、车身电脑控制喇叭 ······ 004
第四节　典型喇叭控制电路 ······ 005
　　一、大众/奥迪车型典型喇叭电路详解——大众POLO喇叭控制电路 ······ 005
　　二、别克/雪佛兰/凯迪拉克典型喇叭电路详解——别克英朗喇叭控制电路 ······ 007
　　三、比亚迪典型喇叭电路详解——L3喇叭控制电路 ······ 008
　　四、吉利典型喇叭电路详解——帝豪EC7喇叭控制电路 ······ 009
　　五、奇瑞典型喇叭电路详解——艾瑞泽喇叭控制电路 ······ 010
　　六、长安典型喇叭电路详解——睿骋喇叭控制电路 ······ 011
　　七、丰田/雷克萨斯典型喇叭电路详解——丰田卡罗拉喇叭控制电路 ······ 012
　　八、本田典型喇叭电路详解——CRV喇叭控制电路 ······ 013
　　九、马自达典型喇叭电路详解——CX-4喇叭控制电路 ······ 014
　　十、日产典型喇叭电路详解——天籁喇叭控制电路 ······ 016
　　十一、三菱典型喇叭电路详解——帕杰罗喇叭控制电路 ······ 017
　　十二、现代/起亚典型喇叭电路详解——现代全新途胜喇叭控制电路 ······ 018
　　十三、福特典型喇叭电路详解——锐界喇叭控制电路 ······ 019
　　十四、传祺典型喇叭电路详解——GS4喇叭控制电路 ······ 020
　　十五、宝马典型喇叭电路详解——320（G28）喇叭控制电路 ······ 021
　　十六、长城典型喇叭电路详解——哈弗H6喇叭控制电路 ······ 023
第五节　典型喇叭故障及检修技巧 ······ 025
　　一、喇叭常见故障 ······ 025
　　二、喇叭故障诊断与排除 ······ 025

第二章
充电 / 启动系统典型控制电路详解

030

目录 CONTENTS

第一节　发电机 ·· 030
一、发电机分类 ··· 030
二、发电机作用及工作原理 ··· 030
三、发电机检测技巧 ··· 033

第二节　起动机 ·· 034
一、起动机分类 ··· 034
二、起动机的作用及工作原理 ··· 034
三、起动机控制方式 ··· 036

第三节　充电 / 启动系统典型控制电路 ··· 036
一、充电 / 启动系统零部件作用 ··· 036
二、大众 / 奥迪车型典型充电 / 启动系统电路详解——大众 POLO 充电 / 启动系统电路 ·· 037
三、别克 / 雪佛兰 / 凯迪拉克车型典型充电 / 启动系统电路详解——别克威朗充电 / 启动系统电路 ·· 040
四、比亚迪车型典型充电 / 启动系统电路详解——L3 充电 / 启动系统电路 ··· 040
五、吉利车型典型充电 / 启动系统电路详解——帝豪 GS 充电 / 启动系统电路 ··· 044
六、奇瑞车型典型充电 / 启动系统电路详解——QQ 充电 / 启动系统电路 ··· 047
七、长安车型典型充电 / 启动系统电路详解——悦翔 V7 充电 / 启动系统电路 ··· 048
八、丰田 / 雷克萨斯车型典型充电 / 启动系统电路详解——丰田卡罗拉充电 / 启动系统电路 ··· 051
九、本田车型典型充电 / 启动系统电路详解——飞度充电 / 启动系统电路 ··· 055
十、马自达车型典型充电 / 启动系统电路详解——马自达 8 充电 / 启动系统电路 ··· 057
十一、日产车型典型充电 / 启动系统电路详解——轩逸充电 / 启动系统电路 ··· 060
十二、三菱车型典型充电 / 启动系统电路详解——帕杰罗充电 / 启动系统电路 ··· 063
十三、现代 / 起亚车型典型充电 / 启动系统电路详解——现代名图 MISTRA 充电 / 启动系统电路 ··· 065
十四、福特车型典型充电 / 启动系统电路详解——锐界充电 / 启动系统电路 ··· 068
十五、传祺车型典型充电 / 启动系统电路详解——GS5 充电 / 启动系统

目录 CONTENTS

　　　　电路 …………………………………………………………………………… 072
　十六、宝马车型典型充电/启动系统电路详解——宝马3系G28充电/启动
　　　　系统电路 ……………………………………………………………………… 073
　十七、长城车型典型充电/启动系统电路详解——哈弗H6充电/启动系统
　　　　电路 …………………………………………………………………………… 077
第四节　充电/启动系统常见故障及检修技巧 …………………………………… 082
　一、常见故障 …………………………………………………………………… 082
　二、ACC继电器故障诊断与排除 ……………………………………………… 083
　三、主车身ECU STSW监视器故障诊断与排除 ……………………………… 086

第三章　车窗控制系统典型控制电路详解　089

第一节　车窗控制的分类 ………………………………………………………… 089
第二节　车窗系统的组成、作用及工作原理 …………………………………… 089
　一、电动车窗的组成 …………………………………………………………… 089
　二、电动车窗的作用 …………………………………………………………… 090
　三、电动车窗的工作原理 ……………………………………………………… 091
第三节　车窗控制系统控制方式 ………………………………………………… 092
　一、开关直控式 ………………………………………………………………… 092
　二、二次控制式 ………………………………………………………………… 092
第四节　车窗系统控制模块 ……………………………………………………… 093
　一、车身控制模块 ……………………………………………………………… 093
　二、车门控制模块 ……………………………………………………………… 094
第五节　车窗系统控制电路 ……………………………………………………… 096
　一、相关部件作用及功能操作 ………………………………………………… 096
　二、大众/奥迪车型典型车窗控制电路详解——大众迈腾车窗控制电路 … 097
　三、别克/雪佛兰/凯迪拉克车型典型车窗控制电路详解——别克威朗车窗控制
　　　电路 …………………………………………………………………………… 105
　四、比亚迪车型典型车窗控制电路详解——L3车窗控制电路 ……………… 109
　五、吉利车型典型车窗控制电路详解——帝豪GS车窗控制电路 ………… 115
　六、奇瑞车型典型车窗控制电路详解——艾瑞泽5车窗控制电路 ………… 121
　七、长安车型典型车窗控制电路详解——悦翔V7车窗控制电路 ………… 124
　八、丰田/雷克萨斯车型典型车窗控制电路详解——丰田卡罗拉车窗
　　　控制电路 ……………………………………………………………………… 130
　九、本田车型典型车窗控制电路详解——飞度车窗控制电路 ……………… 135
　十、马自达车型典型车窗控制电路详解——马自达8车窗控制电路 ……… 137
　十一、日产车型典型车窗控制电路详解——轩逸车窗控制电路 …………… 145
　十二、三菱车型典型车窗控制电路详解——帕杰罗车窗控制电路 ………… 147

十三、现代/起亚车型典型车窗控制电路详解——起亚秀尔车窗控制电路……150

十四、福特车型典型车窗控制电路详解——锐界车窗控制电路………………153

十五、传祺车型典型车窗控制电路详解——GS4 车窗控制电路………………162

十六、宝马车型典型车窗控制电路详解——3 系 G20 车窗控制电路…………168

十七、长城车型典型车窗控制电路详解——哈弗 H6 车窗控制电路…………170

第六节　车窗控制系统常见故障及检修技巧……………………………177

一、常见故障……………………………………………………………………177

二、驾驶员侧车窗升降电动机故障……………………………………………178

三、驾驶员侧车窗主开关故障…………………………………………………179

第四章　中控门锁系统典型控制电路详解　182

第一节　汽车中控门锁的功能和组成……………………………………182

一、汽车中控门锁的功能………………………………………………………182

二、汽车中控门锁的组成………………………………………………………182

第二节　汽车中控门锁的工作原理………………………………………185

第三节　中控门锁系统控制类型…………………………………………186

一、中控门锁开关、车门控制模块、门锁块总成……………………………186

二、中控门锁开关、车身控制模块、门锁总成………………………………186

第四节　中控门锁系统典型控制电路……………………………………189

一、相关零部件作用……………………………………………………………189

二、大众车型典型中控门锁控制电路详解——POLO 中控门锁系统控制电路……………………………………………………………………………190

三、上汽通用车型典型中控门锁控制电路详解——别克威朗中控门锁系统控制电路……………………………………………………………………196

四、比亚迪车型典型中控门锁控制电路详解——L3 中控门锁系统控制电路……………………………………………………………………………201

五、吉利车型典型中控门锁控制电路详解——帝豪 GS 中控门锁系统控制电路……………………………………………………………………………204

六、奇瑞车型典型中控门锁控制电路详解——艾瑞泽 5 中控门锁系统控制电路……………………………………………………………………………209

七、长安车型典型中控门锁控制电路详解——悦翔 V7 中控门锁系统控制电路……………………………………………………………………………212

八、丰田车型典型中控门锁控制电路详解——卡罗拉中控门锁系统控制电路……………………………………………………………………………215

九、本田车型典型中控门锁控制电路详解——飞度中控门锁系统控制电路……………………………………………………………………………221

十、马自达车型典型中控门锁控制电路详解——CX-4 中控门锁系统控制

目录 CONTENTS

电路 …………………………………………………………………………… 227

十一、日产车型典型中控门锁控制电路详解——轩逸中控门锁系统控制
电路 …………………………………………………………………………… 232

十二、三菱车型典型中控门锁控制电路详解——欧蓝德中控门锁系统控制
电路 …………………………………………………………………………… 234

十三、现代/起亚车型典型中控门锁控制电路详解——现代名图 MISTRA 中控
门锁系统控制电路 …………………………………………………………… 239

十四、福特车型典型中控门锁控制电路详解——翼虎中控门锁系统控制
电路 …………………………………………………………………………… 242

十五、传祺车型典型中控门锁控制电路详解——GS5 中控门锁系统控制
电路 …………………………………………………………………………… 250

十六、宝马车型典型中控门锁控制电路详解——3 系 G28 中控门锁系统控制
电路 …………………………………………………………………………… 254

十七、长城车型典型中控门锁控制电路详解——哈弗 H6 中控门锁系统控制
电路 …………………………………………………………………………… 260

第五节　中控门锁系统常见故障及检修技巧 …………………………… 265

一、常见故障 ……………………………………………………………………… 265

二、通过主开关、驾驶员侧车门锁芯不能操作所有车门的锁止/解锁功能故障
诊断与排除 …………………………………………………………………… 265

三、仅驾驶员侧车门锁止/解锁功能不工作故障诊断与排除 ………………… 270

四、仅前排乘客侧车门锁止/解锁功能不工作故障诊断与排除 ……………… 273

五、仅右后车门锁止/解锁功能不工作故障诊断与排除 ……………………… 276

第一章 汽车喇叭典型控制电路详解

第一节 喇叭的功能描述

喇叭是汽车的信号装置。在汽车的行驶过程中,驾驶员根据需要和规定发出必需的音响信号,警告行人和引起其他车辆注意,保证交通安全,同时还用于催行与传递信号(图1-1-1)。

图 1-1-1 汽车喇叭

第二节 喇叭的分类及发声原理

一、喇叭的分类

① 按发音动力的不同分为气喇叭和电喇叭;
② 按外形不同分为螺旋形喇叭、筒形喇叭、盆形喇叭;
③ 按声频高低可分为高音喇叭和低音喇叭。

二、喇叭的发声原理

1. 盆形电喇叭

盆形电喇叭的膜片、共鸣板、衔铁、上铁芯钢性相连为一体。当上铁芯被吸下，膜片被拉动变形，产生声音（图1-2-1）。

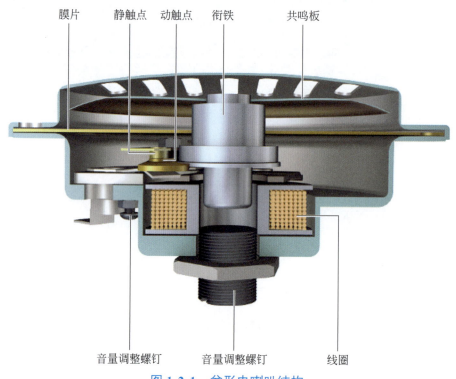

图1-2-1　盆形电喇叭结构

线圈绕在下铁芯上，通电时产生磁场，吸引上铁芯下移。线圈一端接电源，另一端接触点的活动触点臂，触点为常闭触点，固定触点臂经导线接喇叭继电器，活动触点臂与上铁芯相接。铁芯与活动触点臂之间设有绝缘片。铁芯可以旋入和旋出，它与上铁芯之间有气隙，改变气隙大小可改变音调。调整螺钉用于调整音量，其工作过程如下：按下喇叭按钮，电流经蓄电池"+"→线圈→活动触点臂→固定触点臂→喇叭按钮→蓄电池"−"。线圈通电产生磁场，铁芯被磁化，吸引上铁芯下移，膜片被拉动，产生响声。由于上铁芯下移，压迫活动触点臂，使触点张开，线圈断电，磁场消失，衔铁连同膜片回位，于是膜片产生第二次声响。如此周而复始。

2. 螺旋形电喇叭

它主要由膜片、共鸣板、山字形铁芯、线圈、衔铁、扬声器、触点以及电容器等组成。膜片和共鸣板借中心杆与衔铁、调整螺母、锁紧螺母连成一体（图1-2-2）。其工作过程如下：按钮闭合，电流经蓄电池"+"→线圈→活动触点臂→触点→固定触点臂→按钮→搭铁→蓄电池"−"。线圈通电，铁芯产生吸力，吸引衔铁下移，膜片向下拱曲变形，与膜片一体的调整螺钉压下活动触点臂，触点张开；线圈断电，吸力消失，则膜片恢复原状，触点闭合。线圈再次通电产生吸力，膜片再次变形。

膜片单位时间内变形的次数增大到一定值，则成为振动，由此产生声音。

3. 电喇叭继电器

为了得到更加悦耳的声音，在汽车上常装有两个不同音调（高、低音）的喇叭。其中高音喇叭膜片厚，扬声简短，低音喇叭则相反。有时甚至用三个不同音调（高、中、低音）的喇叭。装用单只喇叭时，喇叭电流是直接由按钮控制的，按钮大多装在转向盘的中心。当汽车装用双喇叭时，因为消耗电流较大，用按钮直接控制，按钮容易烧坏。为了避免这个缺点采用喇叭继电器（图1-2-3）。

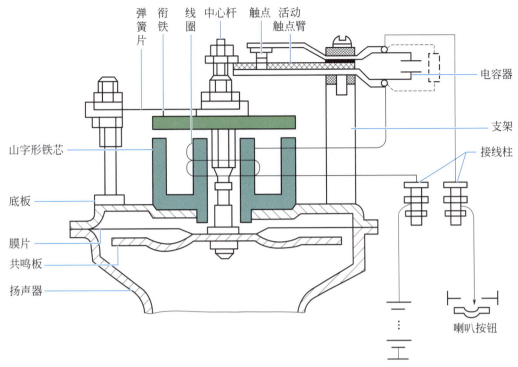

图 1-2-2　螺旋形电喇叭

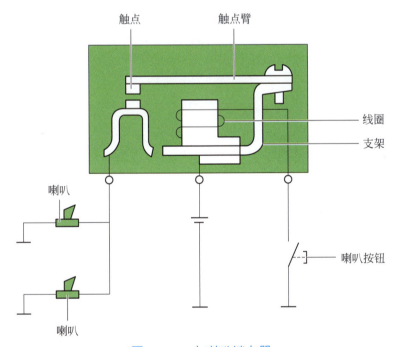

图 1-2-3　电喇叭继电器

第三节
喇叭的控制方式

一、直接控制式喇叭

汽车喇叭开关直接控制喇叭，中间不经过继电器或控制器的称为直接控制式喇叭（图 1-3-1）。

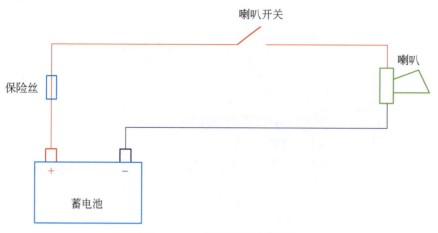

图 1-3-1　直接控制式喇叭

二、继电器控制喇叭

汽车喇叭继电器是以小电流控制大电流，起到保护开关的作用。由于喇叭工作时需要的电流相当大，如果用开关直接控制，开关就会经常被烧毁，加继电器进去，开关控制继电器，继电器再给喇叭送电，这样开关就不会被烧毁（图 1-3-2）。

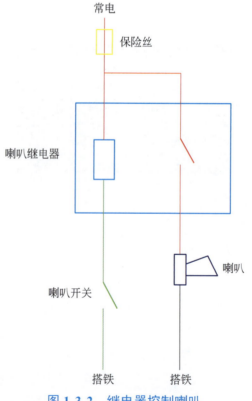

图 1-3-2　继电器控制喇叭

三、车身电脑控制喇叭

如图 1-3-3 所示，常电电流经过喇叭继电器线圈，再到安全气囊螺旋电缆（俗称"游丝"），然后到喇叭开关。如果此处闭合，将使此处搭铁，从而使喇叭继电器工作，喇叭继电器的端子 3/30 和端子 2/87 接通，使另一路 30 号电源经过保险丝到喇叭继电器的端子 3/30 和端子 2/87，再到喇叭，然后搭铁，喇叭鸣响。

第一章
汽车喇叭典型控制电路详解

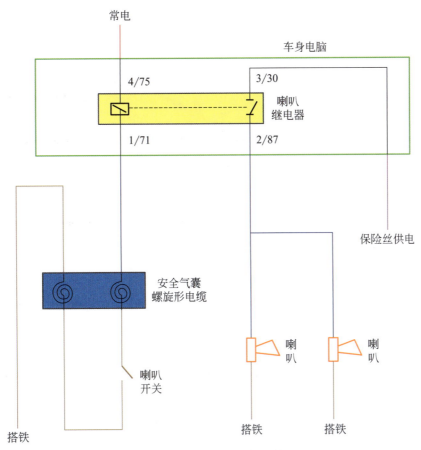

图 1-3-3 车身电脑控制喇叭

第四节
典型喇叭控制电路

一、大众/奥迪车型典型喇叭电路详解——大众 POLO 喇叭控制电路

这里以大众 POLO 车型为例进行介绍，同样适用于大众/奥迪其他车型，限于篇幅不再赘述。

1. 相关部件作用

J519 车载电网控制单元：接收喇叭开关的信号，驱动喇叭
H 喇叭开关：把喇叭开关信号送给 J519
F138 游丝：连接方向盘上开关与方向盘下方插接件
喇叭/执行器：H7 低音喇叭、H2 高音喇叭

2. POLO 喇叭控制电路详解（图 1-4-1）

❶ 控制电路

喇叭开关 H 一端搭铁，在开关 H 闭合的时候，开关闭合信号会通过开关的黑色线经游丝的插接器 T12k/8 脚、游丝的 T16P/15 脚送入 J519 的插接器 T73a/29 脚。

❷ 主电路

J519 接收到喇叭开关闭合的信号后，控制 T73a/72 脚输出一个正极电流经 A90 节点分别给 H2、H7 喇叭供电。

保险丝 SC53 是为 J519 供电的保险，电流经 T73a/73 脚输入 J519。

汽车车身电路详解（第一册）

喇叭电路·充电/启动系统·车窗系统·中控系统

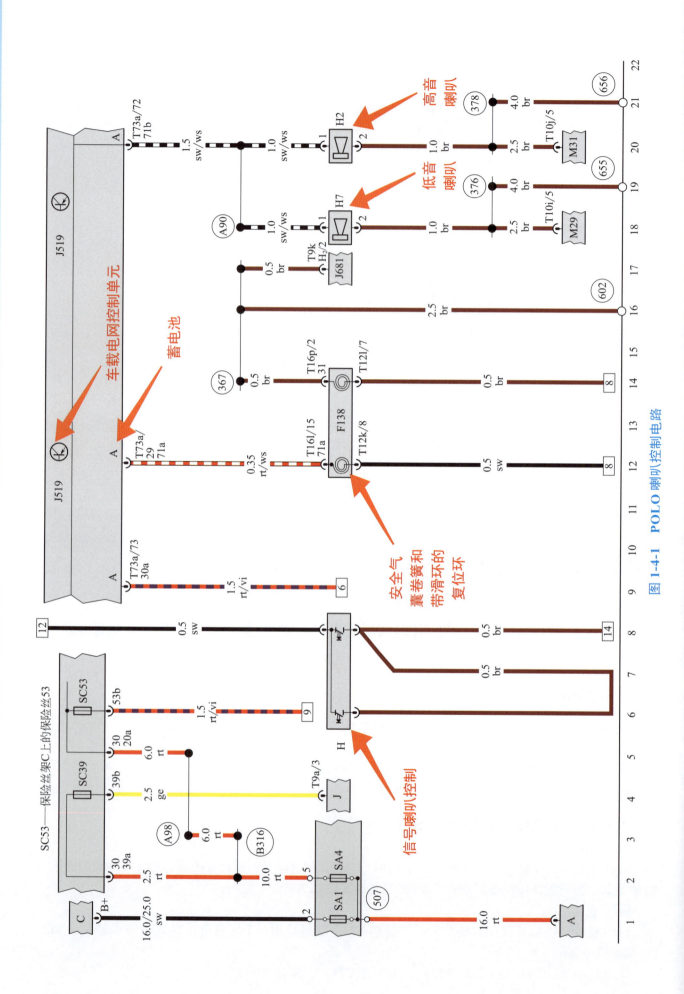

图 1-4-1 POLO喇叭控制电路

二、别克/雪佛兰/凯迪拉克典型喇叭电路详解——别克英朗喇叭控制电路

这里以别克英朗车型为例进行介绍，同样适用于别克/雪佛兰/凯迪拉克其他车型，限于篇幅不再赘述。

1. 相关部件作用

K9 车身控制模块：接收喇叭开关的信号，控制 KR3 搭铁
S33 喇叭开关：把喇叭开关信号送给 K9
X85 游丝：连接方向盘上开关与方向盘下方插接件
KR3：喇叭继电器
喇叭/执行器：P12 喇叭
F8UA（15A）：喇叭电源保险丝，15 安培

2. 英朗喇叭控制电路详解

❶ 开关电路

按下喇叭开关时，电流流向为喇叭开关→方向盘气囊线圈 X2/10→方向盘气囊线圈 X1/1→车身控制模块 X3/18，此时车身控制模块接收到喇叭开关搭铁信号。

❷ 控制电路

蓄电池→喇叭继电器线圈→车身控制模块 X5/19 脚→搭铁，此时继电器控制线路形成回路，喇叭继电器线圈通电，喇叭继电器常开开关闭合。

❸ 主电路

蓄电池→喇叭继电器开关→15A 喇叭保险丝→喇叭→接地，此时喇叭通电（图 1-4-2）。

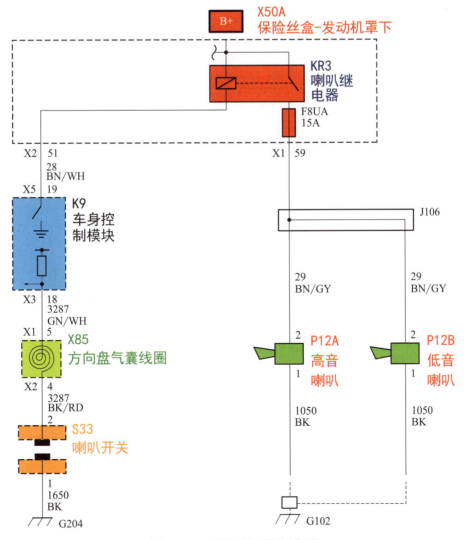

图 1-4-2 英朗喇叭控制电路

三、比亚迪典型喇叭电路详解——L3 喇叭控制电路

1. 相关部件作用

时钟弹簧：把喇叭开关搭铁
喇叭继电器：控制喇叭电源
喇叭/执行器：高音喇叭、低音喇叭
F1/13（10A）：喇叭电源保险丝，10安培

2. L3 喇叭控制电路详解

❶ 控制电路

按下喇叭开关时，控制电路电流流向为蓄电池→10A喇叭控制电路保险丝→喇叭继电器线圈B60脚→喇叭继电器线圈23脚→时钟弹簧5脚→喇叭开关→搭铁，此时继电器控制线路形成回路，喇叭继电器线圈通电，喇叭继电器常开开关闭合。

❷ 主电路

蓄电池→10A喇叭保险丝→喇叭继电器B61脚→喇叭继电器24脚出后分两路，一路经高音喇叭后接地，另一路经低音喇叭后接地，此时高音喇叭和低音喇叭同时通电（图1-4-3）。

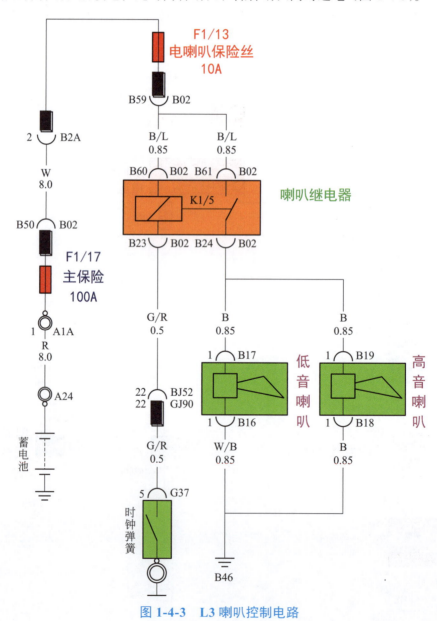

图1-4-3 L3 喇叭控制电路

四、吉利典型喇叭电路详解——帝豪EC7喇叭控制电路

1. 相关部件作用

时钟弹簧：连接方向盘上开关与方向盘下方插接件
喇叭继电器：控制喇叭电源
喇叭开关：把喇叭控制电路搭铁
喇叭/执行器：高音喇叭、低音喇叭
IF24（10A）：喇叭电源保险丝，10安培

2. 帝豪EC7喇叭控制电路详解

❶ 控制电路

按下喇叭开关时，电流流向为蓄电池→10A喇叭控制电路保险丝→喇叭继电器线圈2脚→喇叭继电器线圈3脚→时钟弹簧4脚→喇叭开关→搭铁，此时继电器控制线路形成回路，喇叭继电器线圈通电，喇叭继电器常开开关闭合。

❷ 主电路

蓄电池→10A喇叭保险丝→喇叭继电器1脚→喇叭继电器4脚，后分两路，一路经高音喇叭后接地，另一路经低音喇叭后接地，此时高音喇叭和低音喇叭同时通电（图1-4-4）。

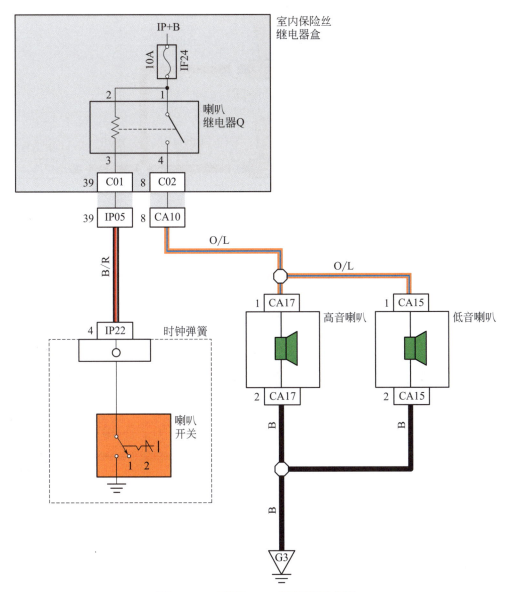

图1-4-4　帝豪EC7喇叭控制电路

五、奇瑞典型喇叭电路详解——艾瑞泽喇叭控制电路

1. 相关部件作用

时钟弹簧：把喇叭开关搭铁
喇叭继电器：控制喇叭电源
喇叭开关：把喇叭控制电路搭铁
喇叭/执行器：高音喇叭、低音喇叭
EF27（15A）：喇叭电源保险丝，15安培

2. 艾瑞泽喇叭控制电路详解

❶ 控制电路

按下喇叭开关时，蓄电池→喇叭继电器线圈→时钟弹簧14脚→喇叭开关→时钟弹簧13脚→搭铁，此时继电器控制线路形成回路，喇叭继电器线圈通电，喇叭继电器常开开关闭合。

❷ 主电路

蓄电池→喇叭继电器3脚→15A喇叭保险丝，后分两路，一路经高音喇叭后接地，另一路经低音喇叭后接地，此时高音喇叭和低音喇叭同时通电（图1-4-5）。

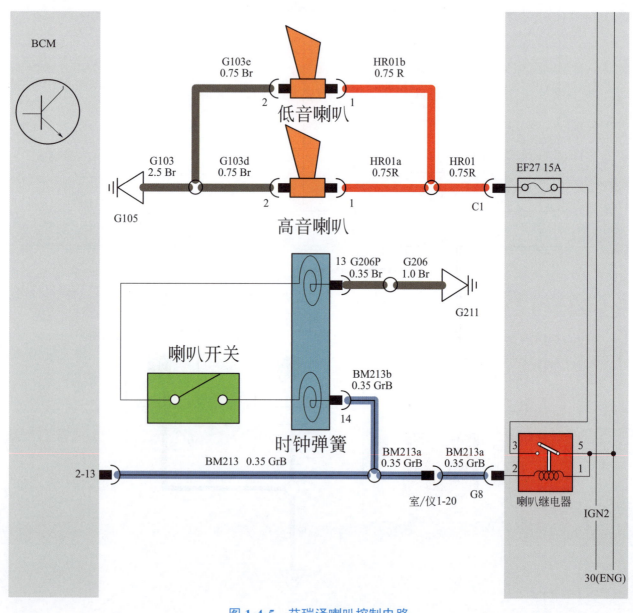

图1-4-5　艾瑞泽喇叭控制电路

六、长安典型喇叭电路详解——睿骋喇叭控制电路

1. 相关部件作用

时钟弹簧：把喇叭开关搭铁
喇叭继电器：控制喇叭电源
喇叭开关：把喇叭控制电路搭铁
喇叭/执行器：高音喇叭、低音喇叭
EF08（15A）：喇叭电源保险丝，15安培

2. 睿骋喇叭控制电路详解

❶ 控制电路

按下喇叭开关时，蓄电池→15A喇叭控制电路保险丝→喇叭继电器线圈→时钟弹簧4脚→喇叭开关→时钟弹簧6脚→搭铁，此时继电器控制线路形成回路，喇叭继电器线圈通电，喇叭继电器常开开关闭合。

❷ 主电路

蓄电池→15A喇叭保险丝→喇叭继电器38脚，后分两路，一路经喇叭A后接地，另一路经喇叭B后接地，此时喇叭A和喇叭B同时通电（图1-4-6）。

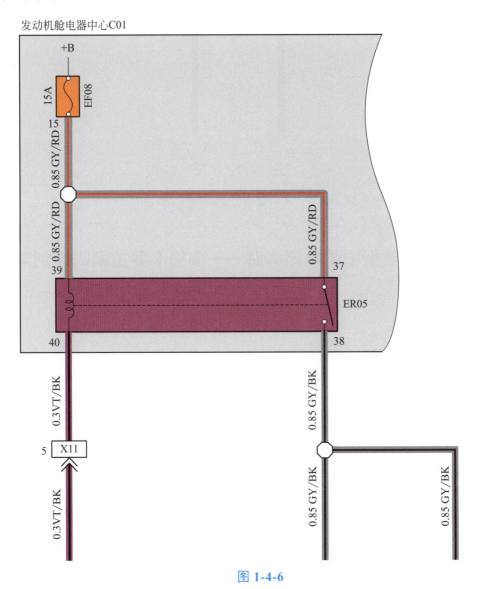

图1-4-6

011

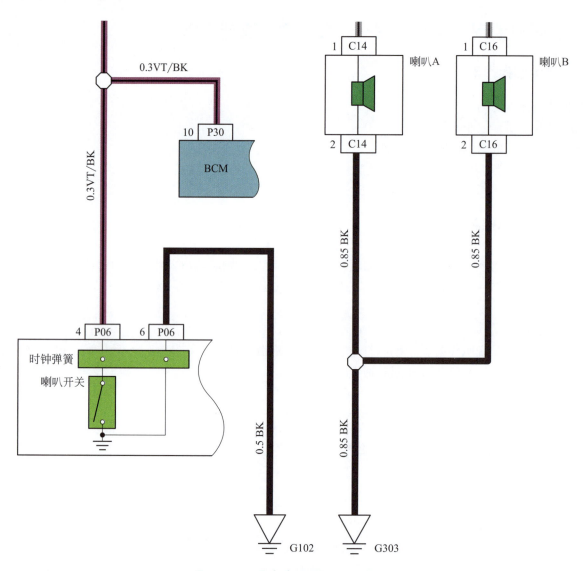

图 1-4-6 长安睿骋喇叭控制电路

七、丰田/雷克萨斯典型喇叭电路详解——丰田卡罗拉喇叭控制电路

这里以丰田卡罗拉车型为例进行介绍，同样适用于丰田/雷克萨斯其他车型，限于篇幅不再赘述。

1. 相关部件作用

螺旋电缆：连接方向盘上开关与方向盘下方插接件
喇叭继电器：控制喇叭电源
喇叭开关：把喇叭控制电路搭铁
喇叭/执行器：高音喇叭、低音喇叭
10A：喇叭电源保险丝，10安培

2. 卡罗拉喇叭控制电路详解

❶ 控制电路

按下喇叭开关时，蓄电池→10A喇叭保险丝→喇叭继电器线圈→螺旋电缆9脚→喇叭开关→搭铁，此时继电器控制线路形成回路，喇叭继电器线圈通电，喇叭继电器常开开关闭合。

❷ 主电路

蓄电池→10A喇叭保险丝→喇叭继电器3脚→喇叭继电器5脚，后分两路，一路经A24高音喇叭后接地，另一路经A21低音喇叭后接地，此时高音喇叭和低音喇叭同时通电（图1-4-7）。

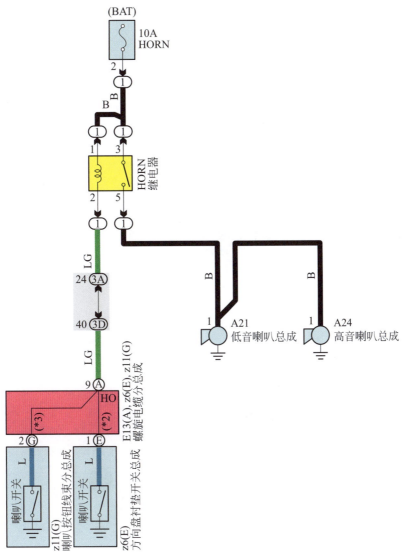

图 1-4-7　卡罗拉喇叭控制电路

八、本田典型喇叭电路详解——CRV 喇叭控制电路

1. 相关部件作用

电缆盘：连接方向盘上开关与方向盘下方插接件
喇叭继电器：控制喇叭电源
喇叭开关：把喇叭控制电路搭铁
喇叭／执行器：高音喇叭、低音喇叭
NO.12（15A）：喇叭电源保险丝，15 安培

2.CRV 喇叭控制电路详解

❶ 控制电路

按下喇叭开关时，蓄电池→15A 喇叭保险丝→喇叭继电器线圈→电缆盘 1 脚→电缆盘 11 脚→喇叭开关→搭铁，此时继电器控制线路形成回路，喇叭继电器线圈通电，喇叭继电器常开开关闭合。

❷ 主电路

蓄电池→15A 喇叭保险丝→喇叭继电器 1 脚→喇叭继电器 2 脚，后分两路，一路经高音喇叭后接地，另一路经低音喇叭后接地，此时高音喇叭和低音喇叭同时通电（图 1-4-8）。

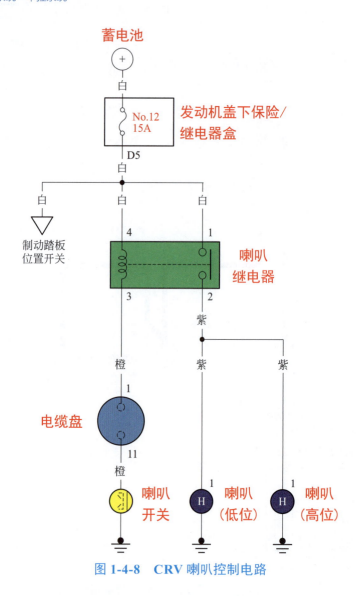

图 1-4-8 CRV 喇叭控制电路

九、马自达典型喇叭电路详解——CX-4 喇叭控制电路

1. 相关部件作用

FBCM 车身控制单元：接收喇叭开关信号
时钟弹簧：连接方向盘上开关与方向盘下方插接件
喇叭继电器：控制喇叭电源
喇叭开关：把喇叭控制电路搭铁
喇叭/执行器：高音喇叭、低音喇叭
STOP（10A）：喇叭继电器控制电路保险丝，10 安培
HORN（15A）：喇叭继电器开关电路保险丝，15 安培

2. CX-4 喇叭控制电路详解

❶ 控制电路

按下喇叭开关时，蓄电池→10A 喇叭控制电路保险丝→喇叭继电器线圈→时钟弹簧 0922-201/1A→时钟弹簧 0922-202/3N→喇叭开关→搭铁，此时继电器控制线路形成回路，喇叭继电器线圈通电，喇叭继电器常开开关闭合。

❷ 主电路

第一章
汽车喇叭典型控制电路详解

蓄电池→15A 喇叭保险丝→喇叭继电器 C 脚→喇叭继电器 D 脚,后分两路,一路经高音喇叭后接地,另一路经低音喇叭后接地,此时高音喇叭和低音喇叭同时通电(图 1-4-9)。

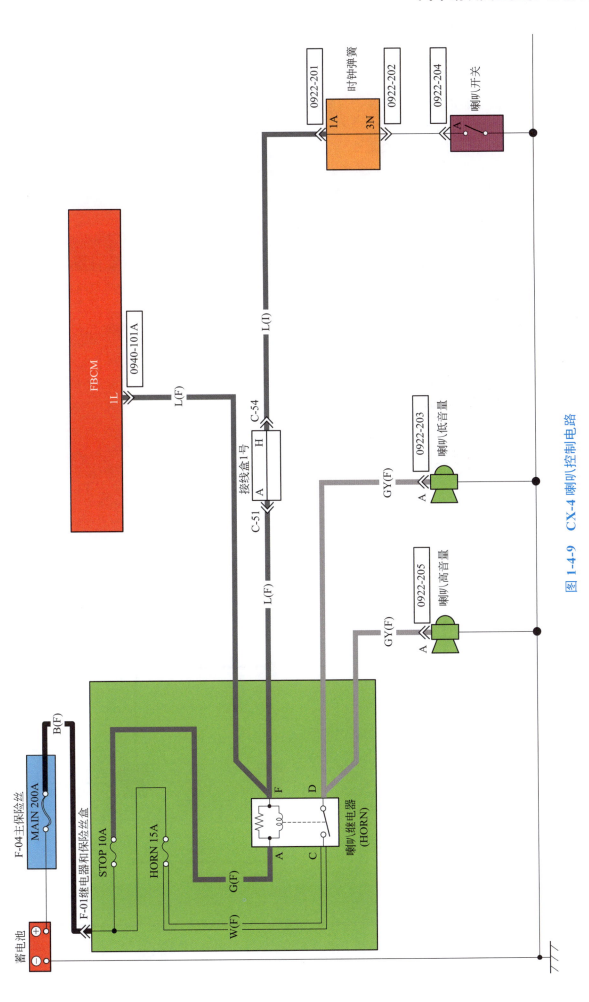

图 1-4-9　CX-4 喇叭控制电路

十、日产典型喇叭电路详解——天籁喇叭控制电路

1. 相关部件作用

螺旋电缆：连接方向盘上开关与方向盘下方插接件
喇叭继电器：控制喇叭电源
喇叭开关：把喇叭控制电路搭铁
喇叭/执行器：高音喇叭、低音喇叭
40（15A）：喇叭继电器控制电路保险丝，15安培

2. 天籁喇叭控制电路详解

❶ 控制电路

按下喇叭开关时，蓄电池→15A 喇叭保险丝→喇叭继电器线圈→螺旋电缆34 脚→螺旋电缆18 脚→喇叭开关→搭铁，此时继电器控制线路形成回路，喇叭继电器线圈通电，喇叭继电器常开开关闭合。

❷ 主电路

蓄电池→15A 喇叭保险丝→喇叭继电器3 脚，后分两路，一路经高音喇叭后接地，另一路经低音喇叭后接地，此时高音喇叭和低音喇叭同时通电（图1-4-10）。

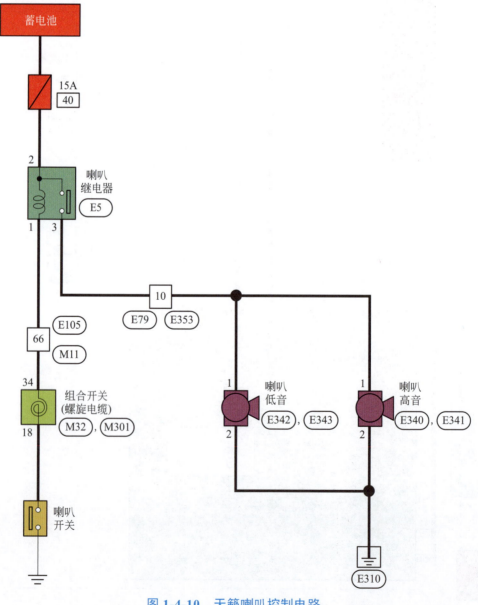

图 1-4-10　天籁喇叭控制电路

十一、三菱典型喇叭电路详解——帕杰罗喇叭控制电路

1. 相关部件作用

时钟弹簧：连接方向盘上开关与方向盘下方插接件
喇叭继电器：控制喇叭电源
喇叭开关：把喇叭控制电路搭铁
喇叭/执行器：高音喇叭、低音喇叭
13（10A）：喇叭继电器控制电路保险丝，10安培

2. 帕杰罗喇叭控制电路详解

❶ 控制电路

按下喇叭开关时，蓄电池→10A喇叭保险丝→喇叭继电器线圈→时钟弹簧C-307/1脚→喇叭开关→搭铁，此时继电器控制线路形成回路，喇叭继电器线圈通电，喇叭继电器常开开关闭合。

❷ 主电路

蓄电池→10A喇叭保险丝→喇叭继电器3脚，后分两路，一路经高音喇叭A-126后接地，另一路经低音喇叭A-129后接地，此时高音喇叭和低音喇叭同时通电（图1-4-11）。

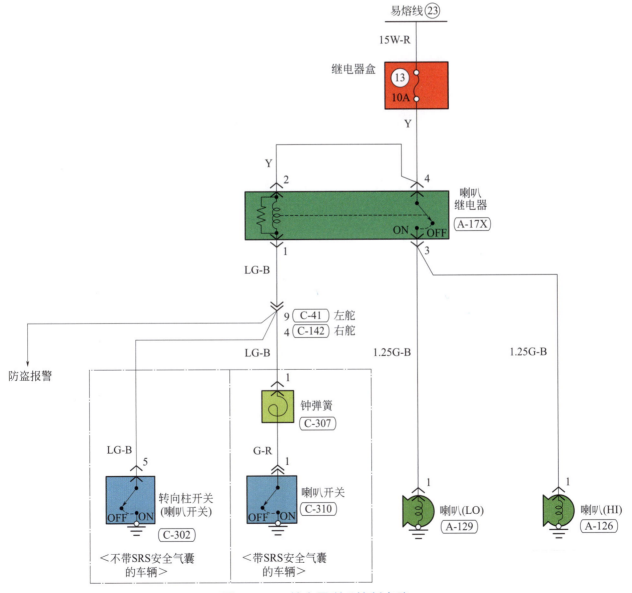

图1-4-11　帕杰罗喇叭控制电路

十二、现代/起亚典型喇叭电路详解——现代全新途胜喇叭控制电路

1. 相关部件作用

时钟弹簧：连接方向盘上开关与方向盘下方插接件
喇叭继电器：控制喇叭电源
喇叭开关：把喇叭控制电路搭铁
喇叭/执行器：高音喇叭、低音喇叭
15A：喇叭继电器控制电路保险丝，15安培

2. 全新途胜喇叭控制电路详解

❶ 控制电路

按下喇叭开关时，常时电源→15A喇叭保险丝→喇叭继电器线圈→时钟弹簧→喇叭开关→搭铁，此时继电器控制线路形成回路，喇叭继电器线圈通电，喇叭继电器常开开关闭合。

❷ 主电路

常时电源→15A喇叭保险丝→喇叭继电器开关，一路经高音喇叭后接地，另一路经低音喇叭后接地，此时高音喇叭和低音喇叭同时通电（图1-4-12）。

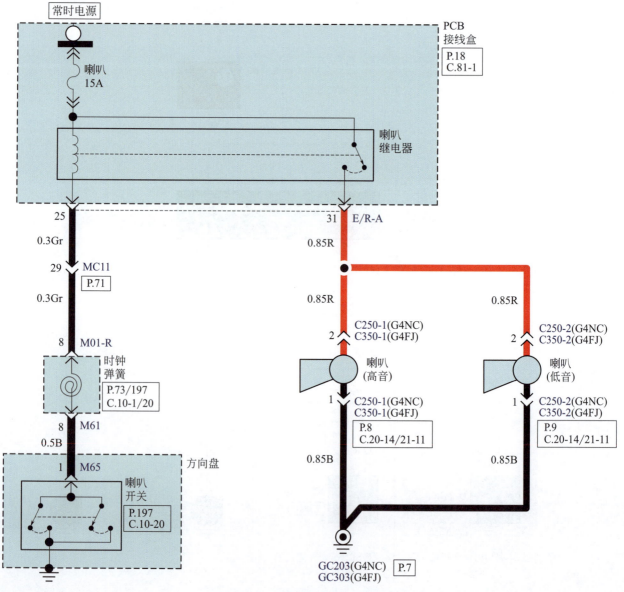

图 1-4-12　全新途胜喇叭控制电路

十三、福特典型喇叭电路详解——锐界喇叭控制电路

1. 相关部件作用

BCM 车身控制模块：接收喇叭开关闭合信号，控制喇叭继电器线圈搭铁
时钟弹簧：连接方向盘上开关与方向盘下方插接件
喇叭继电器：控制喇叭电源
喇叭开关：把喇叭控制电路搭铁
喇叭 / 执行器：喇叭
F48/20A：喇叭电路保险丝，20 安培

2. 锐界喇叭控制电路详解

❶ 开关电路

按下喇叭开关时，喇叭开关→时钟弹簧 C218B/4 →时钟弹簧 C218G/1 →转向柱控制模块→车身控制模 C2280G/18 →喇叭继电器线圈→搭铁，此时车身控制模块接收到喇叭开关搭铁信号。

❷ 控制电路

常电源→喇叭继电器线圈 2 脚→喇叭继电器线圈 1 脚→车身控制模块 C2280C/20 脚→搭铁，此时继电器控制线路形成回路，喇叭继电器线圈通电，喇叭继电器常开开关闭合。

❸ 主电路

常电源→喇叭继电器 3 脚→喇叭继电器 5 脚→ 20A 喇叭保险丝→喇叭→接地，此时喇叭通电（图 1-4-13）。

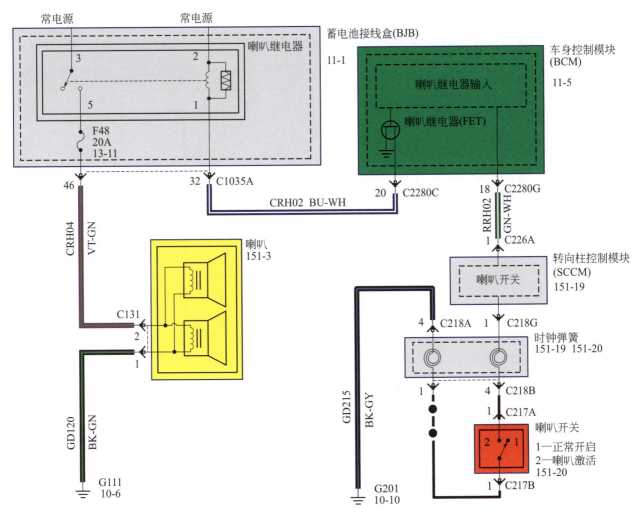

图 1-4-13　锐界喇叭控制电路

十四、传祺典型喇叭电路详解——GS4 喇叭控制电路

1. 相关部件作用

时钟弹簧：连接方向盘上开关与方向盘下方插接件
喇叭继电器：控制喇叭电源
喇叭开关：把喇叭控制电路搭铁
喇叭/执行器：高音喇叭、低音喇叭
EF23（15A）：喇叭继电器控制电路保险丝，15 安培

2. GS4 喇叭控制电路详解

❶ 控制电路

按下喇叭开关时，蓄电池→15A 喇叭保险丝→喇叭继电器线圈 1 脚→喇叭继电器线圈 2 脚→时钟弹簧 IP10-5 脚→喇叭开关→搭铁，此时继电器控制线路形成回路，喇叭继电器线圈通电，喇叭继电器常开开关闭合。

❷ 主电路

蓄电池→15A 喇叭保险丝→喇叭继电器开关 3 脚→喇叭继电器开关 5 脚，一路经高音喇叭后接地，另一路经低音喇叭后接地，此时高音喇叭和低音喇叭同时通电（图 1-4-14）。

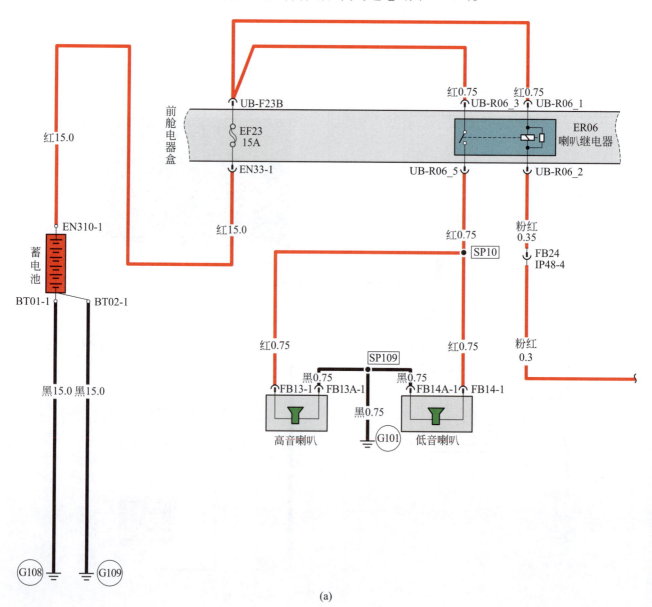

(a)

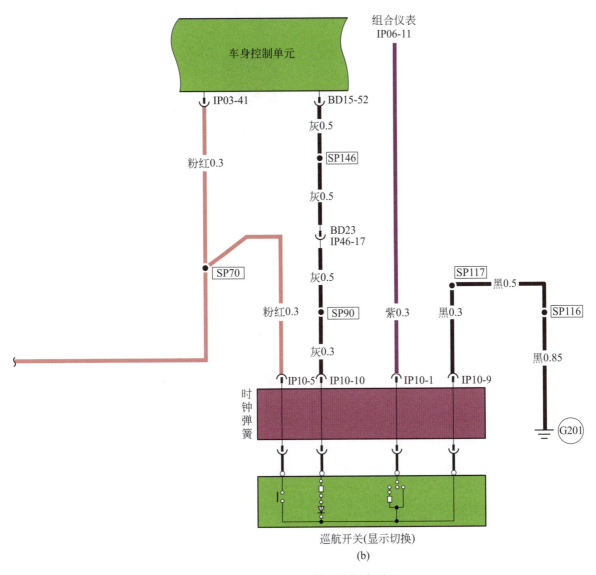

图 1-4-14　GS4 喇叭控制电路

十五、宝马典型喇叭电路详解——320（G28）喇叭控制电路

1. 相关部件作用

喇叭按钮：把喇叭控制电路搭铁
转向柱开关中心：连接方向盘上开关与方向盘下方插接件
主域控制器：接收喇叭闭合信号，控制喇叭通断
喇叭/执行器：H3 高音喇叭、H2 低音喇叭
F51UA（15A）：喇叭电源保险丝，15 安培

2.320（G28）喇叭控制电路详解

❶ 控制电路

按下喇叭开关时，主域控制器 8 脚→转向柱开关中心 11 脚→转向柱开关中心 1 脚→喇叭按钮→搭铁，此时继电器控制线路形成回路，喇叭开关闭合信号发送给主域控制器。

❷ 主电路

主域控制器 2 脚电流经两路，一路经高音喇叭后接地，另一路经低音喇叭后接地，此时高音喇叭和低音喇叭同时通电（图 1-4-15）。

021

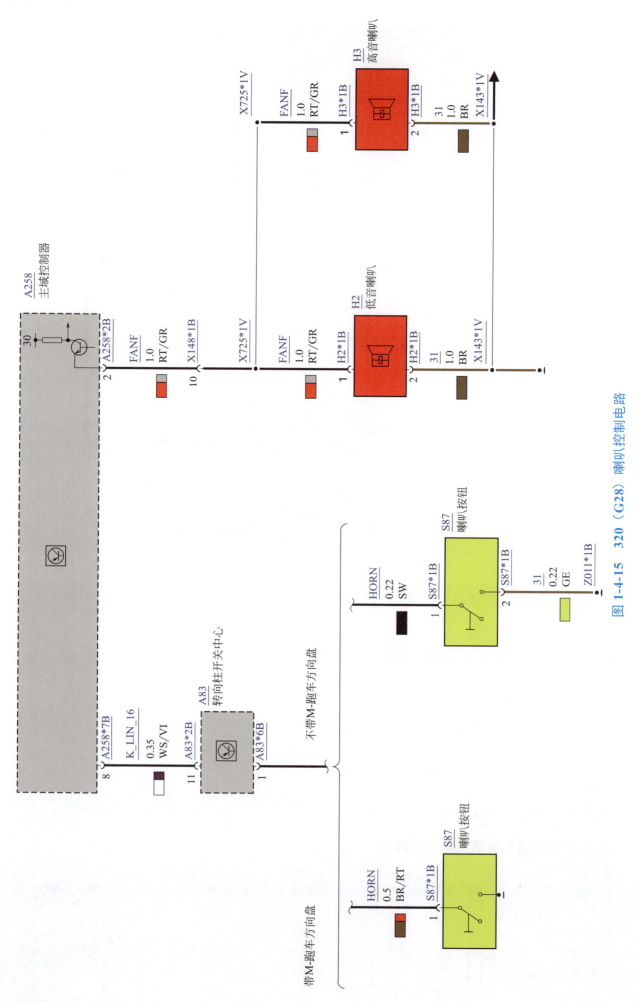

图 1-4-15 320（G28）喇叭控制电路

十六、长城典型喇叭电路详解——哈弗 H6 喇叭控制电路

1. 相关部件作用

喇叭开关：把喇叭控制电路搭铁
时钟弹簧：连接方向盘上开关与方向盘下方插接件
喇叭继电器：控制喇叭电源
喇叭/执行器：A1 低音喇叭，A2 高音喇叭
F210（15A）：喇叭电源保险丝，15 安培

2. 哈弗 H6 喇叭控制电路详解

❶ 控制电路

按下喇叭开关时，蓄电池→15A 喇叭保险丝→喇叭继电器线圈 1 脚→喇叭继电器线圈 2 脚→时钟弹簧 13 脚→喇叭开关→搭铁，此时继电器控制线路形成回路，喇叭继电器线圈通电，喇叭继电器常开开关闭合。

❷ 主电路

蓄电池→15A 喇叭保险丝→喇叭继电器开关 3 脚→喇叭继电器开关 5 脚，一路经高音喇叭后接地，另一路经低音喇叭后接地，此时高音喇叭和低音喇叭同时通电（图 1-4-16）。

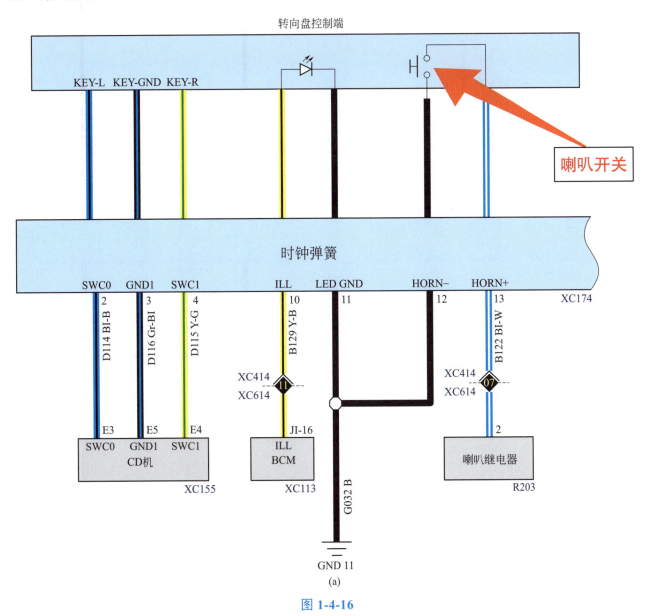

图 1-4-16

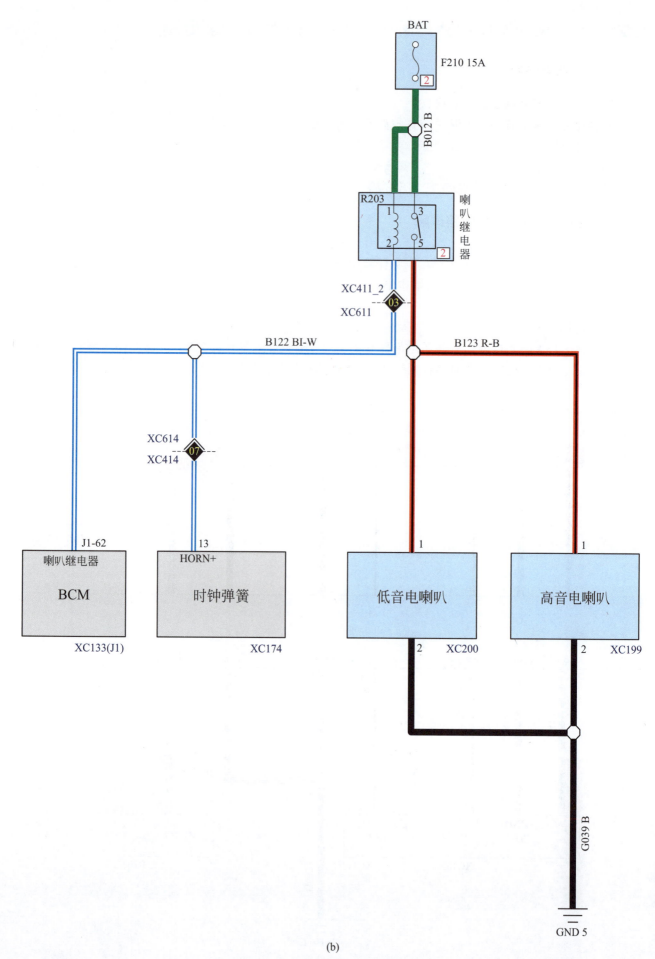

(b)

图 1-4-16　哈弗 H6 喇叭控制电路

第五节
典型喇叭故障及检修技巧

一、喇叭常见故障

喇叭常见故障见表 1-5-1。

表 1-5-1　喇叭常见故障及解决方法

故障现象	故障部件	解决方法
喇叭不响	保险丝	更换保险丝
	喇叭继电器	更换喇叭继电器
	喇叭开关	更换或修复喇叭开关
	螺旋电缆	更换螺旋电缆
	线束	更换或修复损坏线束
喇叭一直鸣响	喇叭继电器	更换喇叭继电器
	喇叭开关	更换或修复喇叭开关
	螺旋电缆	更换螺旋电缆
	线束	更换或修复损坏线束
低音喇叭工作，但高音喇叭不工作	高音喇叭	更换高音喇叭
	线束	更换或修复损坏线束
高音喇叭工作，但低音喇叭不工作	低音喇叭	更换低音喇叭
	线束	更换或修复损坏线束

二、喇叭故障诊断与排除

1. 别克威朗 B2750 故障码诊断与排除

（1）威朗喇叭电路图（图 1-5-1）
（2）故障码含义及故障现象
B2750 01：车身控制模块收到请求后将指令喇叭鸣响，但喇叭不工作。
B2750 02：喇叭不断鸣响，直到喇叭过热，不再工作。
B2750 04：车身控制模块收到请求后将指令喇叭鸣响，但喇叭不工作。

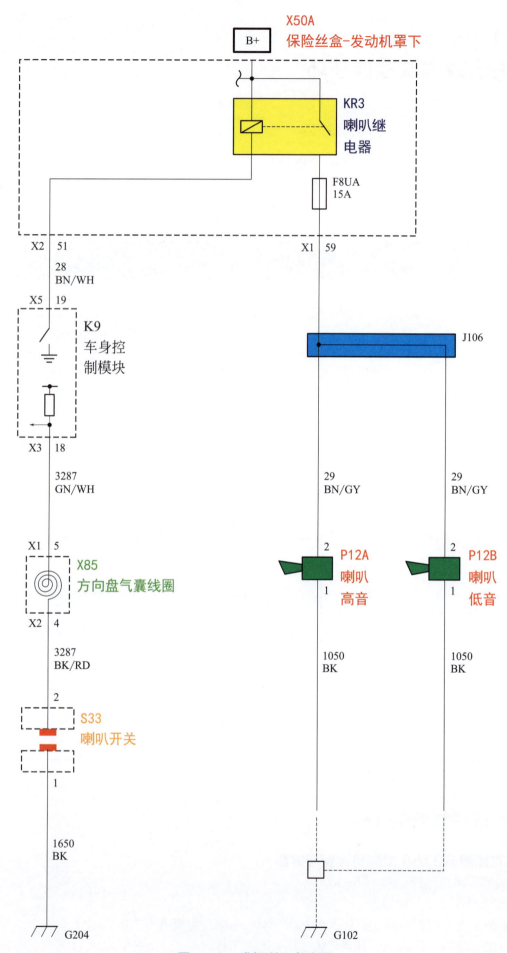

图 1-5-1 威朗喇叭电路图

(3)故障码出现的条件

B2750 01：车身控制模块检测到喇叭继电器控制电路对电压短路。

B2750 02：车身控制模块检测到喇叭继电器控制电路对搭铁短路。

B2750 04：车身控制模块检测到喇叭继电器控制电路开路/电阻过大。

(4)故障诊断与排除

❶ 将点火开关置于 OFF（关闭）位置

❷ 断开 K9 车身控制模块的 X5 线束连接器，再将点火开关置于 ON（打开）位置

❸ 确认相应 P12 喇叭未激活

如果 P12 喇叭激活，则进行如下检查。

a. 将点火开关置于 OFF（关闭）位置，断开发动机罩下 X50A 保险丝盒的 X2 线束连接器。

b. 测试 K9 车身控制模块控制电路端子 19 X5 和搭铁之间的电阻是否无穷大。如果电阻不为无穷大，则修理电路中对搭铁短路故障；如果电阻为无穷大，则测试或更换发动机罩下 X50A 保险丝盒。

如果 P12 喇叭未激活，则进行下面检查。

❹ 在控制电路端子 19 X5 和搭铁之间连接一条带 3A 保险丝的跨接线

❺ 确认 P12 喇叭激活

如果 P12 喇叭未激活，则进行以下检查。

a. 将点火开关置于 OFF（关闭）位置，拆下跨接线，断开发动机罩下 X50A 保险丝盒的 X2 线束连接器，再将点火开关置于 ON（打开）位置。

b. 测试 K9 车身控制模块控制电路端子 19 X5 和搭铁之间的电压是否低于 1V。如果等于或大于 1V，则修理电路对电压短路故障；如果小于 1V，则按步骤 c 进行检查。

c. 测试控制电路端对端的电阻是否小于 2Ω。如果大于或等于 2Ω，则修理电路中的开路/电阻过大故障；如果小于 2Ω，则测试或更换发动机罩下 X50A 保险丝盒。

如果 P12 喇叭激活，则进行步骤 ❻。

❻ 更换 K9 车身控制模块

2. 喇叭开关故障诊断与排除

❶ 所有车辆系统断电

将点火开关置于 OFF（关闭）位置，并关闭所有车辆系统，断开 S33 喇叭开关处的线束连接器。可能需要 2 分钟才能让所有车辆系统断电。

❷ 测试搭铁电路端子 1 和搭铁之间的电阻是否小于 10Ω

如果等于或大于 10Ω，则进行以下检查。

a. 将点火开关置于 OFF（关闭）位置。

b. 测试搭铁电路端对端电阻是否小于 2Ω。如果大于或等于 2Ω，则修理电路中的开路/电阻过大故障；如果小于 2Ω，则修理搭铁连接中的开路/电阻过大故障。

如果小于 10Ω，则进行以下检查。

❸ 将点火开关置于 ON（打开）位置

❹ 确认故障诊断仪的 Horn Switch（喇叭开关）参数为 Inactive（未激活）

如果不为 Inactive（未激活），则进行以下检查。

a. 将点火开关置于 OFF（关闭）位置，断开 K9 车身控制模块处的线束连接器。

b. 测试信号电路端子 2 和搭铁之间的电阻是否为无穷大。如果电阻不为无穷大，则修理电路中对搭铁短路故障；如果电阻为无穷大，则更换 K9 车身控制模块。

如果为 Inactive（未激活），则进行以下检查。

❺ 在信号电路端子 3 和搭铁电路端子 1 之间安装一条带 2A 保险丝的跨接线

❻ 确认故障诊断仪的 Horn Switch（喇叭开关）参数为 Active（激活）

如果不为 Active（激活），则进行以下检查。

a. 将点火开关置于 OFF（关闭）位置，拆下跨接线，断开 K9 车身控制模块上的线束连接器，再

将点火开关置于 ON（打开）位置。

　　b. 测试信号电路和搭铁之间的电压是否小于 1V。

　　c. 测试信号电路端对端电阻是否小于 2Ω。如果大于或等于 2Ω，则修理电路中的开路 / 电阻过大故障；如果小于 2Ω，则更换 K9 车身控制模块。

　　如果为 Active（激活），则进行步骤 ❼。

　　❼ 测试或更换 S33 喇叭开关

3. 喇叭或喇叭指令故障诊断与排除

❶ 所有车辆系统断电

　　将点火开关置于 OFF（关闭）位置，并关闭所有车辆系统。断开相应 P12 喇叭处的线束连接器。可能需要 2 分钟才能让所有车辆系统断电。

　　❷ 测试搭铁电路端子 1 和搭铁之间的电阻是否小于 1Ω

　　如果等于或大于 1Ω，则进行以下检查。

　　a. 将点火开关置于 OFF（关闭）位置。

　　b. 测试搭铁电路端对端电阻是否小于 2Ω。如果大于或等于 2Ω，则修理电路中的开路 / 电阻过大故障；如果小于 2Ω，则修理搭铁电路中的开路 / 电阻过大故障。

　　如果小于 1Ω，则进行以下检查。

　　❸ 在控制电路端子 2 和搭铁之间连接一个测试灯，然后将点火开关置于 ON（打开）位置

　　❹ 当用故障诊断仪指令喇叭继电器通电和断电时，确认测试灯未点亮和熄灭

　　如果测试灯点亮和熄灭，测试或更换 P12 喇叭。

　　如果测试灯未点亮和熄灭，则进行以下检查。

　　❺ 将点火开关置于 OFF（关闭）位置，连接 P12 喇叭处的线束连接器

　　断开发动机罩下 X50A 保险丝盒的 X1 线束连接器，再将点火开关置于 ON（打开）位置。

　　❻ 确认 P12 喇叭未激活

　　如果 P12 喇叭激活，则进行以下检查。

　　a. 将点火开关置于 OFF（关闭）位置，断开 P12 喇叭处的线束连接器，再将点火开关置于 ON（打开）位置。

　　b. 测试控制电路端子 2 和搭铁之间的电压是否低于 1V。如果等于或大于 1V，则修理电路对电压短路故障；如果小于 1V，则测试或更换 P12 喇叭。

　　如果 P12 喇叭未激活，则进行以下检查。

　　❼ 在控制电路端子 59 和 B+ 之间连接一条带 15 A 保险丝的跨接线

　　❽ 确认 P12 喇叭激活

　　如果 P12 喇叭未激活，则进行以下检查。

　　a. 将点火开关置于 OFF（关闭）位置，拆下跨接线，断开 P12 喇叭处的线束连接器，再将点火开关置于 ON（打开）位置。

　　b. 测试控制电路和搭铁之间的电阻是否为无穷大。如果电阻不为无穷大，则修理电路中对搭铁短路故障；如果电阻为无穷大，则需进行以下检查。

　　c. 测试控制电路端对端的电阻是否小于 2Ω。如果大于或等于 2Ω，则修理电路中的开路 / 电阻过大故障；如果小于 2Ω，则测试或更换 P12 喇叭。

　　如果 P12 喇叭激活，则进行以下检查。

　　❾ 将点火开关置于 OFF（关闭）位置，连接发动机罩下 X50A 保险丝盒的 X1 线束连接器

　　断开 K9 车身控制模块的 X5 线束连接器，再将点火开关置于 ON（打开）位置。

　　❿ 确认 P12 喇叭未激活

　　如果 P12 喇叭激活，则进行以下检查。

　　a. 将点火开关置于 OFF（关闭）位置，断开发动机罩下 X50A 保险丝盒的 X2 线束连接器。

　　b. 测试发动机罩下 X50A 保险丝盒控制电路端子 51 和搭铁之间的电阻是否为无穷大。如果电阻

不为无穷大，则修理电路中对搭铁短路故障；如果电阻为无穷大，则测试或更换发动机罩下 X50A 保险丝盒。

如果 P12 喇叭未激活，则进行以下检查。

⑪ 在控制电路端子 19 和搭铁之间连接一条带 3 A 保险丝的跨接线

⑫ 确认 P12 喇叭激活

如果 P12 喇叭未激活，则进行以下检查。

a. 将点火开关置于 OFF（关闭）位置，拆下跨接线，断开发动机罩下 X50A 保险丝盒的 X2 线束连接器，再将点火开关置于 ON（打开）位置。

b. 测试发动机罩下 X50A 保险丝盒控制电路端子 51 和搭铁之间的电压是否小于 1V。如果等于或大于 1 V，则修理电路对电压短路故障；如果小于 1V，则进行以下检查。

c. 测试控制电路端对端的电阻是否小于 2Ω。如果大于或等于 2Ω，则修理电路中的开路 / 电阻过大故障；如果小于 2Ω，则测试或更换发动机罩下 X50A 保险丝盒。

如果 P12 喇叭激活，则进行步骤 ⑬

⑬ 更换 K9 车身控制模块

4. 检查喇叭开关

① 将点火开关置于 OFF（关闭）位置，断开 S33 喇叭开关处的线束连接器

② 当开关处于断开位置时，测试信号端子 2 和搭铁端子 1 之间的电阻是否为无穷大

如果电阻不为无穷大，更换 S33 喇叭开关。

如果电阻为无穷大，则进行以下检查。

③ 当开关处于闭合位置时，测试信号端子 2 和搭铁端子 1 之间的电阻是否小于 3Ω

如果等于或大于 3Ω，更换 S33 喇叭开关。

如果小于 3Ω，一切正常。

第二章 充电/启动系统典型控制电路详解

第一节 发电机

一、发电机分类

a. 普通交流发电机。这种发电机既无特殊装置,也无特殊功能特点,使用时需要配装电压调节器。
b. 整体式交流发电机,发电机和调节器制成一个整体的发电机。
c. 带泵的交流发电机,发电机和汽车制动系统用真空助力泵安装在一起的发电机。
d. 无刷交流发电机,不需要电刷的发电机。
e. 永磁交流发电机,转子磁极由永磁铁制成的发电机。

二、发电机作用及工作原理

1. 发电机的结构
交流发电机由外罩、电压调节器、电刷、整流器、后端盖、定子、滑环、风扇、转子、轴承、前端盖、带轮等组成(图 2-1-1)。

2. 发电机的作用
转子的功用是产生旋转磁场,定子则是产生和输出交流电,整流器将定子绕组产生的三相交流电转变成直流电输出,并阻止蓄电池的电流向发电机倒流。发电机外形见图 2-1-2。

3. 发电机的工作原理
交流发电机产生交流电的基本原理是电磁感应原理,即利用产生磁场的转子旋转,使穿过定子绕组的磁通量发生变化,在定子绕组内产生感应电动势。

根据电磁感应原理,当转子绕组中通入直流电时,会产生磁场(图 2-1-3)。

第二章 充电/启动系统典型控制电路详解

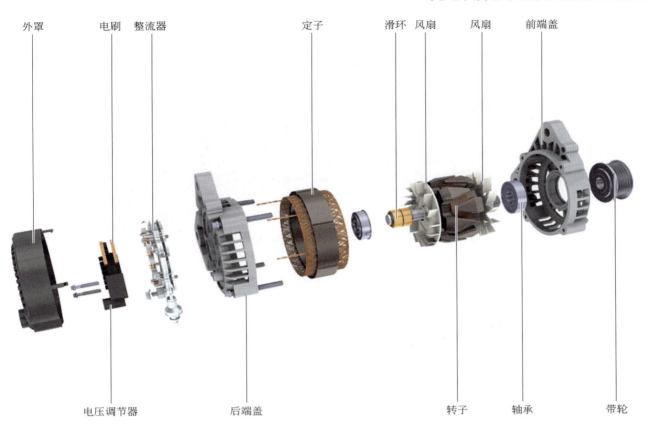

图 2-1-1　发电机结构

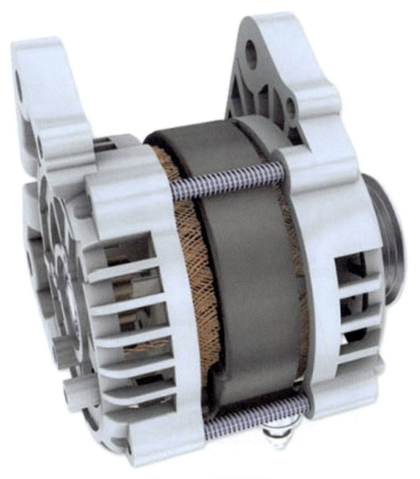

图 2-1-2　交流发电机

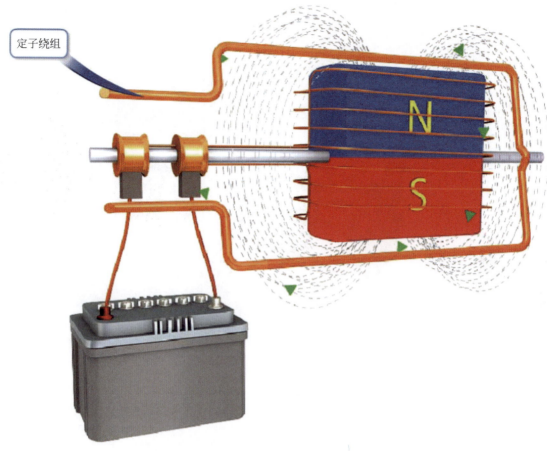

图 2-1-3　通入直流电会产生磁场

随着转子转动，穿过定子绕组的磁通量发生变化，在定子绕组中产生不断变化的感应电流（图 2-1-4）。

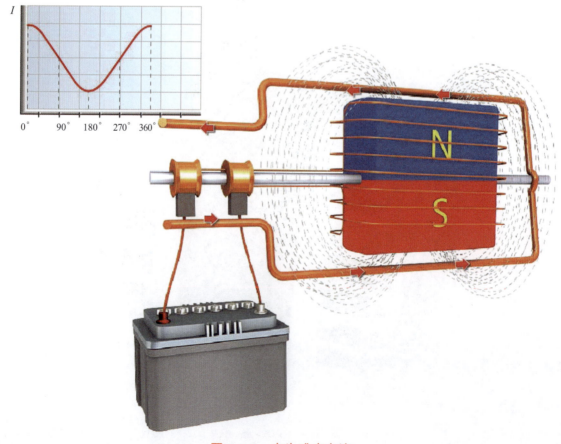

图 2-1-4　产生感应电流

交流发电机在转子外部采用三相对称绕组,当转子旋转时,旋转的磁场和三相绕组之间产生相对运动,在三相绕组中分别产生交流电流(图 2-1-5)。

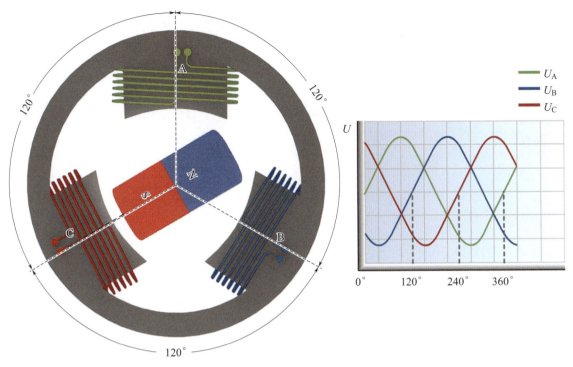

图 2-1-5　三相绕组分别产生交流电流

三、发电机检测技巧

1. 发电机电压测试

如果汽车装有催化式排气净化装置,在做此实验时,发动机的运转时间不得超过 5 分钟。

a. 在发动机停转且不使用车上电气设备的情况下,测量蓄电池电压,这个电压称为参考电压或基准电压。

b. 启动发动机,使发动机转速保持在 2000r/min,在不使用车上电气设备的情况下,测量蓄电池电压,这个电压称为空载充电电压。空载充电电压应比参考电压高些,但不超过 2V。若电压低于参考电压,说明发电机不发电,应对发电机、调节器和充电系统线路进行全面检查。

c. 在发动机转速仍为 2000r/min 时,接通电器附件,如暖风机、空调和前照灯远光灯等,当电压稳定时测量蓄电池电压,这个电压称为负载电压。负载电压至少应高出参考电压 0.5V。

d. 若有问题,可在充电电流为 20A 时检查充电线路压降,将电压表正极接发电机电枢(B+)接线柱,电压表负极接蓄电池正极桩头,电压表读数不得超过 0.7V;将电压表正极接调节器壳体,另一端接发电机机壳,电压表读数不得超过 0.05V;当电压表一端接发电机机壳,另一端接蓄电池负极时,电压表示数不得超过 0.05V。若示值不符,应清洁、紧固相应的连接线头及安装架。

2.(B+)接线柱电流测试

a. 将发动机熄火,拆掉蓄电池搭铁电缆端子,从硅整流发电机电枢(B+)接线柱上拆下原有引线,将 0~40A 电流表串接在拆下的引线接头与电枢接线柱之间,并将电压表正极接电枢接线柱,负极与发动机机体相接。

b. 切断汽车所有电器开关。

c. 装复蓄电池搭铁电缆接头,启动发动机,使发电机在略高于额定负荷转速下工作,这时电流表读数应小于 10A,电压表示值应在调节器规定的调压值范围内。

d. 接通汽车主要用电设备(如前照灯远光灯、暖风机、空调、雨刮器等),使电流表示数大于

30A，此时电压表示数应大于蓄电池电压。

e. 熄火，先拆去蓄电池搭铁电缆端子，拆除电压表、电流表，重新装复发电机"电枢"线和蓄电池搭铁端子。

若电压值超过规定电压上限，一般为调压器故障；若电压值远低于电压下限，电流过小，应检查发电机个别二极管或个别电枢绕组是否有故障。

第二节　起动机

一、起动机分类

a. 按起动机总体结构不同，可分为电磁式、永磁式和减速式起动机。

b. 按传动机构啮入方式不同，可分为强制啮合式、电枢移动式和同轴齿轮移动式起动机。

二、起动机的作用及工作原理

1. 起动机的结构

起动机主要结构有前端盖、离合器、行星齿轮、电磁开关组件、壳体、后端盖螺栓、后端盖等（图 2-2-1）。

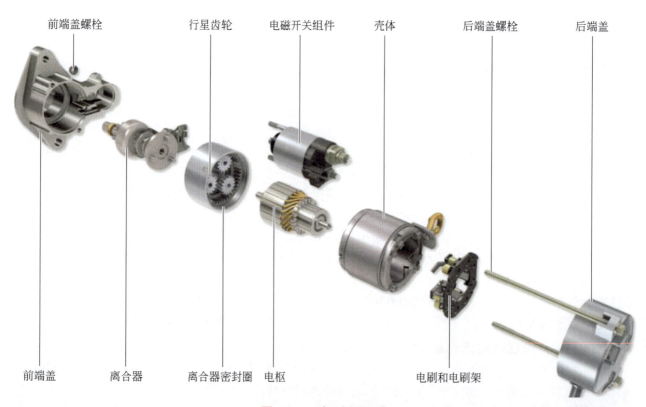

图 2-2-1　起动机组成

2. 起动机的作用

起动机又叫马达，它将蓄电池的电能转化为机械能，驱动发动机飞轮旋转实现发动机的启动，见图 2-2-2。

第二章 充电/启动系统典型控制电路详解

图 2-2-2　起动机

3. 起动机的工作原理

当点火开关闭合时，蓄电池为起动机供电，接触片接通。直流电动机中有电流通过，磁极产生磁场，转子部分在磁场作用下，将电能转变为机械能，即产生电磁转矩。拨叉推动驱动齿轮与发动机的飞轮啮合（图 2-2-3）。

当电磁开关中电磁吸力相互抵消时，接触片断开，电动机电路断开。

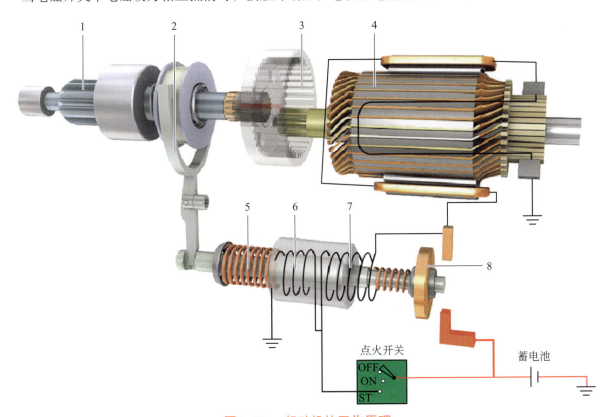

图 2-2-3　起动机的工作原理

1—驱动齿轮；2—拨叉；3—内啮合减速齿轮；4—电枢；5—回位弹簧；6—保持线圈；7—吸引线圈；8—接触片

三、起动机控制方式

1. 直接操纵式

由脚踏或手拉杠杆联动机构直接控制起动机的主电路开关来接通或切断主电路，此类起动机也称机械式起动机。这种方式虽然结构简单、工作可靠，但由于要求起动机、蓄电池靠近驾驶室，受安装布局的限制，而且操作不便，已很少采用。

2. 电磁操纵式

它是由按钮或点火开关控制继电器，再由继电器控制起动机的主开关来接通或切断主电路的，此类起动机也称电磁控制式起动机。这种方式可实现远距离控制，工作方便，在现代汽车上广泛采用。

第三节 充电/启动系统典型控制电路

一、充电/启动系统零部件作用

1. 充电系统零部件作用

❶ 交流发电机

交流发电机提供直流电压以操作车辆电气系统并保持蓄电池的充电状态。电压输出由 IC 调压器控制。

❷ IC 调压器

交流发电机的输出电压受交流发电机内的 IC 调压器控制。

IC 调压器根据接收到的发电指令信号（PWM 信号）的目标发电电压控制发电电压。

当没有发电指令信号（PWM 信号）时，交流发电机根据 IC 调压器的特性执行正常发电。

❸ ECM 控制单元

ECM 根据蓄电池状态判断是否执行发电电压可变控制。

当执行发电电压可变控制时，ECM 根据蓄电池状态计算目标发电电压，并将计算值作为发电指令信号发送至 IPDM E/R。

❹ 蓄电池电流传感器

蓄电池电流传感器安装在负极端子的电缆上，它检测蓄电池的充电/放电电流并根据电流值将电压信号发送给 ECM。

2. 启动系统零部件作用

❶ BCM 车身控制单元

BCM 控制启动继电器。

❷ 变速箱挡位开关

当选挡杆处于 P 或 N 挡时，变速箱挡位开关向 IPDM E/R 内的启动继电器和起动机控制继电器供电。

❸ 起动机

当 S 端子通电时，起动机电机柱塞闭合并向电机供应蓄电池电源，从而转动发动机。

B 端子：持续向 B 端子提供蓄电池电源。

S 端子：当满足启动条件要求时，起动机电机电磁开关通电（S 端子）。

第二章
充电/启动系统典型控制电路详解

二、大众/奥迪车型典型充电/启动系统电路详解——大众POLO充电/启动系统电路

这里以大众POLO车型为例进行介绍，同样适用于大众/奥迪其他车型，限于篇幅不再赘述。

1. POLO启动电路详解（图2-3-1）

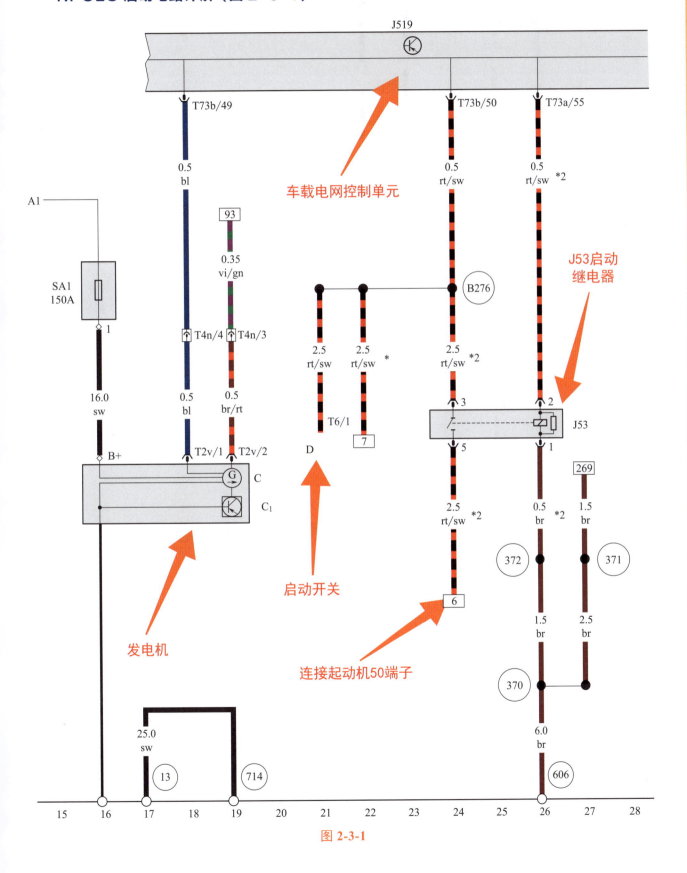

图2-3-1

037

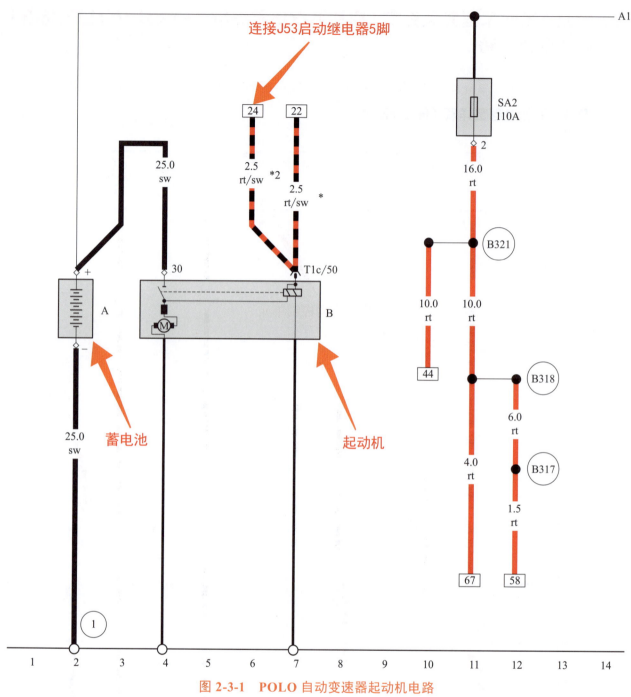

图 2-3-1 POLO 自动变速器起动机电路

"*"—手动变速器车辆；"*2"—自动变速器车辆

❶ 自动变速器车辆控制电路

J519 车身控制单元 55 脚→J53 继电器 2 脚→J53 继电器 1 脚→搭铁（J519 检测到自动变速器 N 挡或 P 挡信号时，55 脚就给 J53 的 2 脚正极电，继电器触点闭合），J53 继电器线圈通电，J53 常开开关闭合。

❷ 自动变速器车辆主电路

J519 车身控制单元 50 脚→J53 继电器 3 脚→J53 继电器 5 脚→起动机 50 端子→起动机搭铁→蓄电池→起动机→起动机搭铁，此时起动机通电工作。

2.POLO 充电电路详解（图 2-3-2）

发电机 1 号端子与车身控制单元 J519 的 49 号端子连接。J519 检测此信号再通过 CAN 总线送给仪表电脑，从而控制充电指示灯。

发电机 2 号端子与发动机控制单元 J623 的 20 号端子连接，发电机负荷信号可作为负荷管理的一个重要信号。

发电机通过 B+ 端子给蓄电池充电。

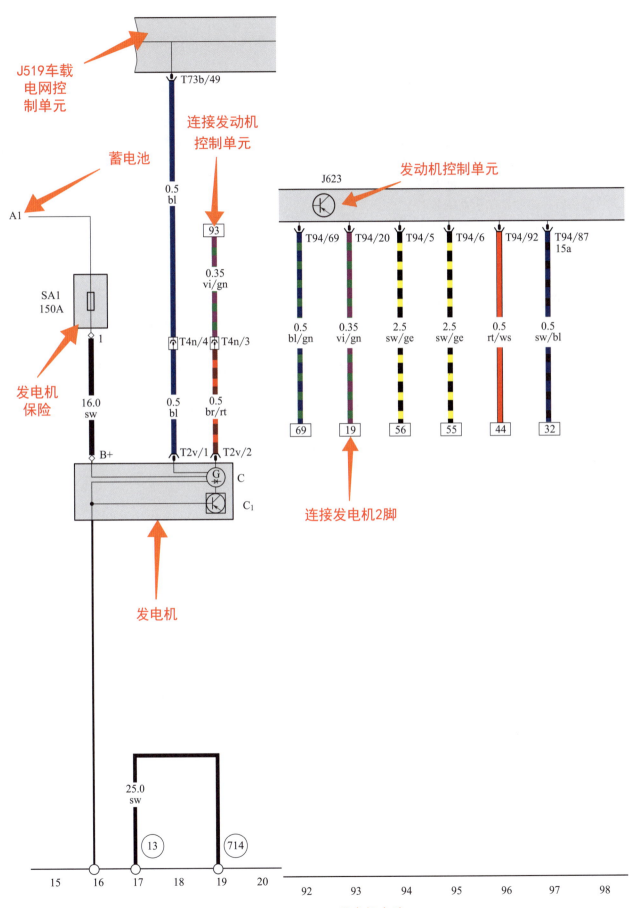

图 2-3-2 POLO 发电机电路

三、别克/雪佛兰/凯迪拉克车型典型充电/启动系统电路详解——别克威朗充电/启动系统电路

这里以别克威朗车型为例进行介绍，同样适用于别克/雪佛兰/凯迪拉克其他车型，限于篇幅不再赘述。

1. 相关部件作用

K9 车身控制模块：控制启动继电器搭铁，确定发电机输出、监测发电机工作
K20 发动机控制模块：接收 N 挡或 P 挡信号，根据发动机工况，给发电机发送负荷信号。
KR27 启动继电器：控制起动机供电
点火开关：提供启动、断开信号
起动机：带动发动机曲轴旋转
蓄电池：提供启动所需的电源
发电机：负责给车辆蓄电池充电、提供车辆所需的电量
电压调节器：位于发电机内部，控制发电机的输出

2. 威朗启动电路详解（图 2-3-3）

当点火开关置于 START（启动）位置时，离散信号被提供至车身控制模块 K9，通知车身控制模块 K9 点火开关已置于 START（启动）位置→车身控制模块 K9 发送信息至发动机控制模块 K20 通知请求启动→发动机控制模块 K20 检查并确认离合器踏板已踩下或变速器挂驻车挡（P）/空挡（N）；则发动机控制模块 K20 向启动继电器 KR27 的控制电路提供 12 V 的电压，同时发动机控制模块 K20 向起动机小齿轮电磁执行器继电器 KR27C 电路提供 12 V 的电压→蓄电池正极电压通过启动继电器 KR27 的开关侧，提供电流至启动电磁开关的 S 端子；同时蓄电池正极电压通过起动机执行器继电器 KR27C 的开关侧，提供电流至起动机，此时起动机工作→点火开关离开 START（启动）位置，启动继电器断电，起动机电路就断开了。

3. 威朗充电电路详解

发动机运行时，发动机控制模块 K20 将发电机接通信号发送至发电机以打开调节器。发电机电压调节器通过控制转子的电流从而控制输出电压。转子电流与调节器供给的电脉宽成正比。

发动机启动后，调节器通过内部导线检测定子上的交流电压从而感测发电机的转动。一旦发动机运行，调节器通过控制脉宽来改变磁场电流。这就能调节发电机输出电压，使蓄电池正常充电以及电气系统正常运行。发电机磁场占空比端子内部连接到电压调节器，外部连接到发动机控制模块。通过发电机磁场占空比信号电路，发电机向发动机控制模块提供发电机输出电压的反馈信号（图 2-3-4）。

四、比亚迪车型典型充电/启动系统电路详解——L3 充电/启动系统电路

1. 相关部件作用

车身控制模块（BCM）：控制启动继电器搭铁，确定发电机输出、监测发电机工作
发动机控制模块：根据发动机工况，给发电机发送负荷信号
启动继电器：控制起动机供电
点火开关：提供启动、断开信号
起动机：带动发动机曲轴旋转
蓄电池：提供启动所需的电源
发电机：给车辆蓄电池充电、提供车辆所需的电量
电压调节器：位于发电机内部，控制发电机的输出

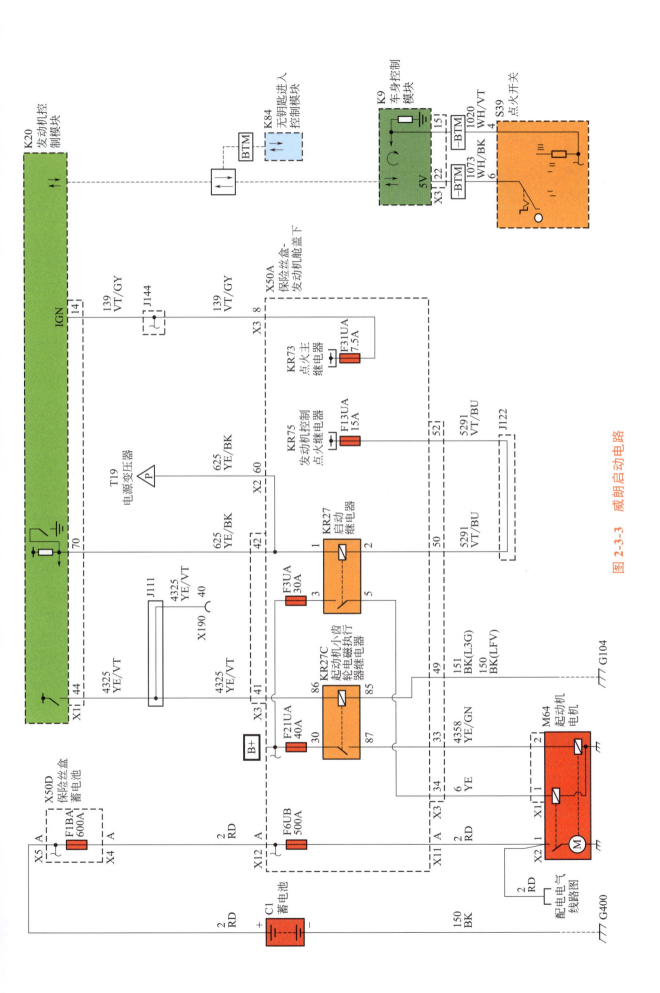

图 2-3-3 威朗启动电路

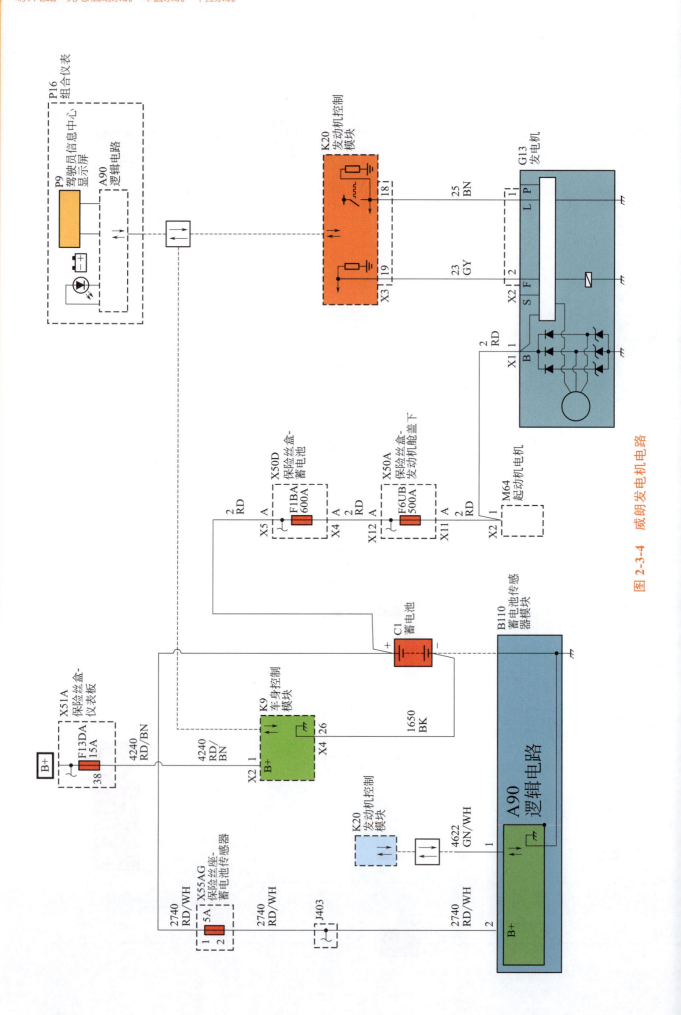

图 2-3-4 威朗发电机电路

2.L3 启动电路详解（图 2-3-5）

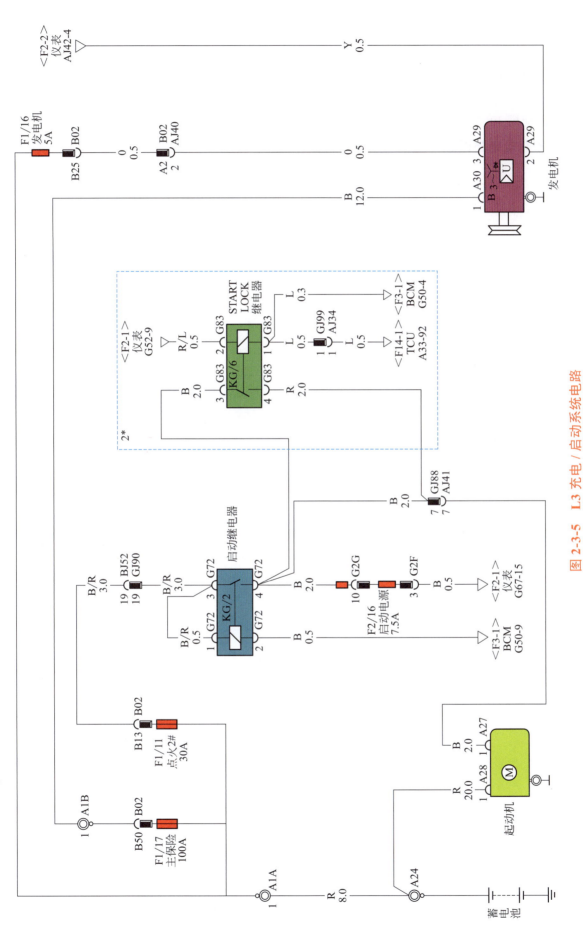

图 2-3-5　L3 充电 / 启动系统电路

❶ 启动控制电路

当点火开关位于启动位置时，BCM 检查并确认离合器踏板已踩下或变速器挂驻车挡（P）/空挡（N）→蓄电池→ 30A 保险丝→启动继电器 1 号端子→启动继电器 2 号端子→ BCM 搭铁，此时起动机控制线路通电，启动继电器常开开关闭合。

❷ 启动主电路

蓄电池→ 30A 保险丝→启动继电器 3 号端子→启动继电器 4 号端子→起动机磁力开关 50 端子→蓄电池→起动机 30 端子，此时起动机通电工作。

3. L3 充电电路详解（图 2-3-5）

发动机运行时，发电机电压调节器通过控制转子的电流从而控制输出电压，使蓄电池正常充电以及电气系统正常运行。发电机通过 A30/1 端子给蓄电池充电，仪表通过发电机 A29/2 端子信号检测发电机电量是否正常（发电机发电量过低则会点亮仪表充电指示灯）。

五、吉利车型典型充电/启动系统电路详解——帝豪 GS 充电/启动系统电路

1. 帝豪 GS 启动电路详解（图 2-3-6）

❶ 相关部件作用

ECM 发动机控制模块：接收/发送启动信号
起动机控制阀 1 继电器：控制起动机供电
点火开关：提供启动、断开信号
起动机：带动发动机曲轴旋转
蓄电池：提供启动需要的电量
SF02（30A）：起动机供电保险丝，保护起动机

❷ 启动控制电路

点火开关在启动位置，离合器底部开关 1 号端子和 2 号端子闭合，此时起动机控制阀 1 继电器线圈形成闭合回路并通电，离合器底部开关闭合信号传送给 ECM，ECM 发出启动信号。

离合器底部开关 1 端子和 2 端子闭合→点火开关在启动位置→ ECM 允许启动→起动机控制阀 1 继电器 86 端子和 85 端子线圈通电，此时起动机控制阀 1 继电器常开开关闭合。

❸ 启动主电路

蓄电池→ 30A 起动机保险丝→起动机控制阀 1 继电器 30 端子和 87 端子开关闭合→起动机励磁线圈→搭铁，此时起动机励磁线圈通电。

蓄电池→起动机→搭铁，起动机工作。

2. 帝豪 GS 充电电路详解（图 2-3-7）

❶ 相关部件作用

蓄电池：提供启动所需的电源
发电机：给车辆蓄电池充电、提供车辆所需的电量
电压调节器：位于发电机内部，控制发电机的输出
蓄电池传感器：监测蓄电池的电量、温度
ECM 发动机控制单元：接收发电机工作信号，并提供车辆有工况和负荷

❷ 充电电路详解

发动机运行时，发电机电压调节器通过控制转子的电流从而控制输出电压，使蓄电池正常充电以及电气系统正常运行。

ECM 发送信号 CA02/2 号端子→发电机 EN07a/1，此为发动机向发电机发送信号。

第二章

充电／启动系统典型控制电路详解

蓄电池→蓄电池传感器→发电机 EN07a/1，此为蓄电池传感器向发电机发送信号。

发电机 EN08a/1→蓄电池→搭铁，此时为蓄电池充电。

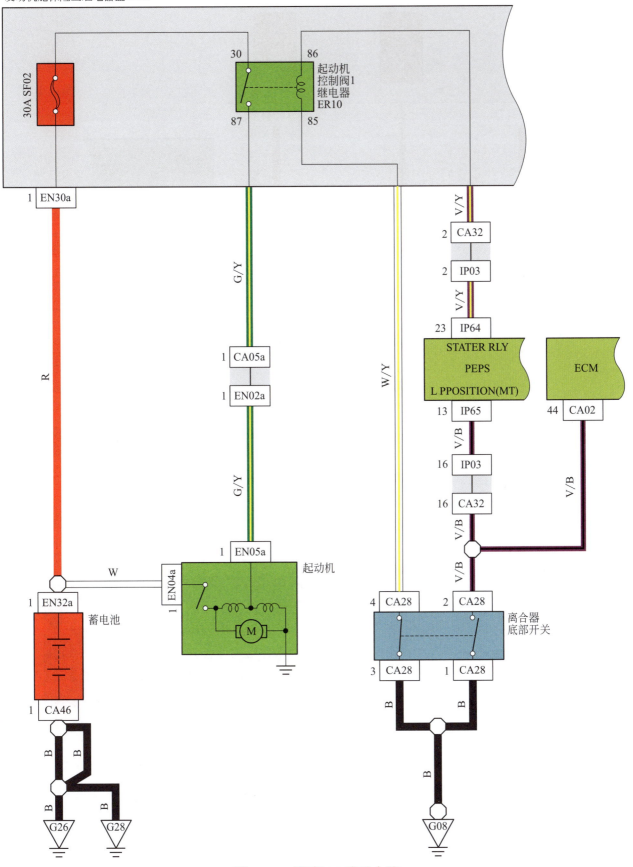

图 2-3-6　帝豪 GS 启动电路

045

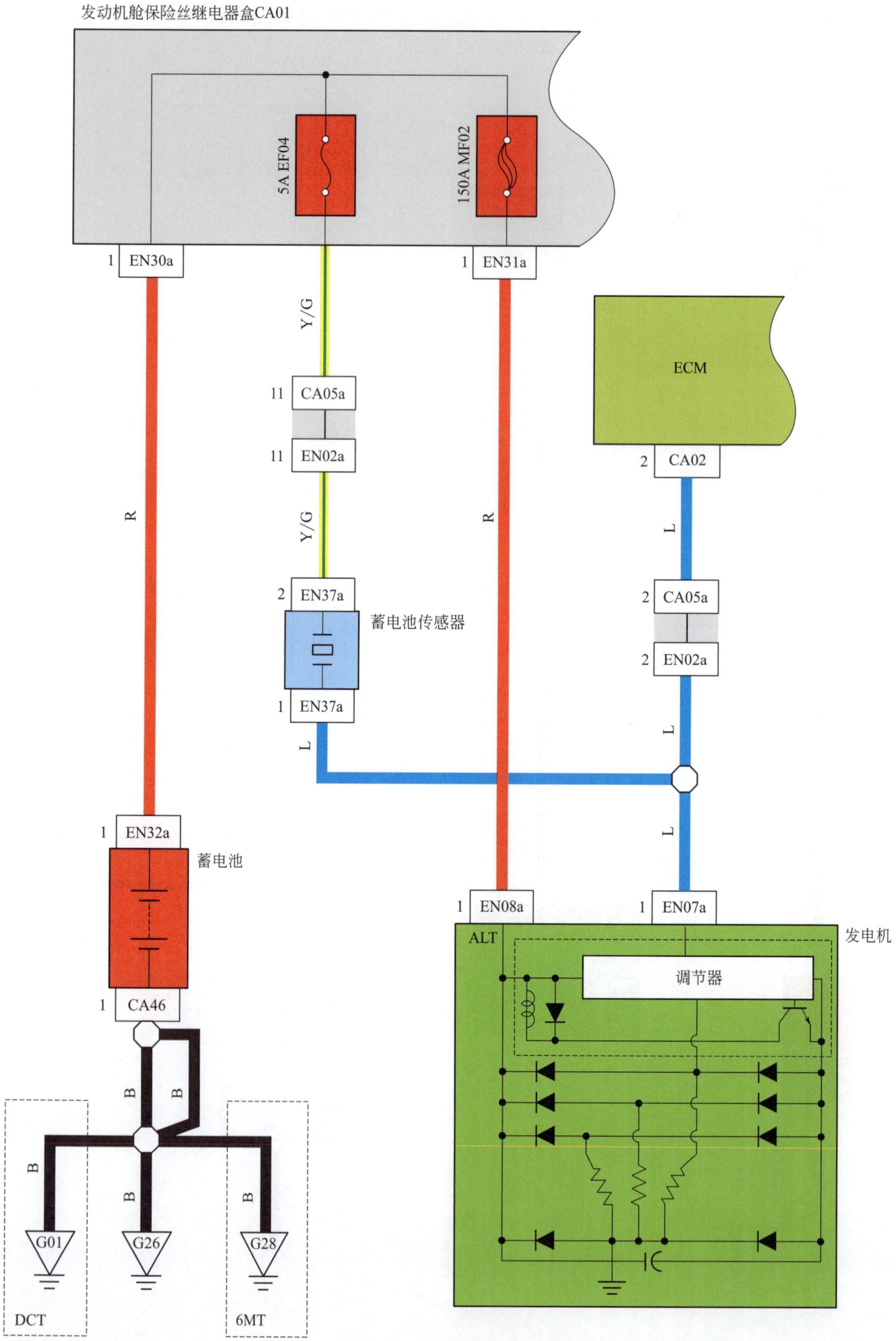

图 2-3-7　帝豪 GS 充电电路

六、奇瑞车型典型充电/启动系统电路详解——QQ 充电/启动系统电路

1. 奇瑞 QQ 启动电路详解（图 2-3-8）

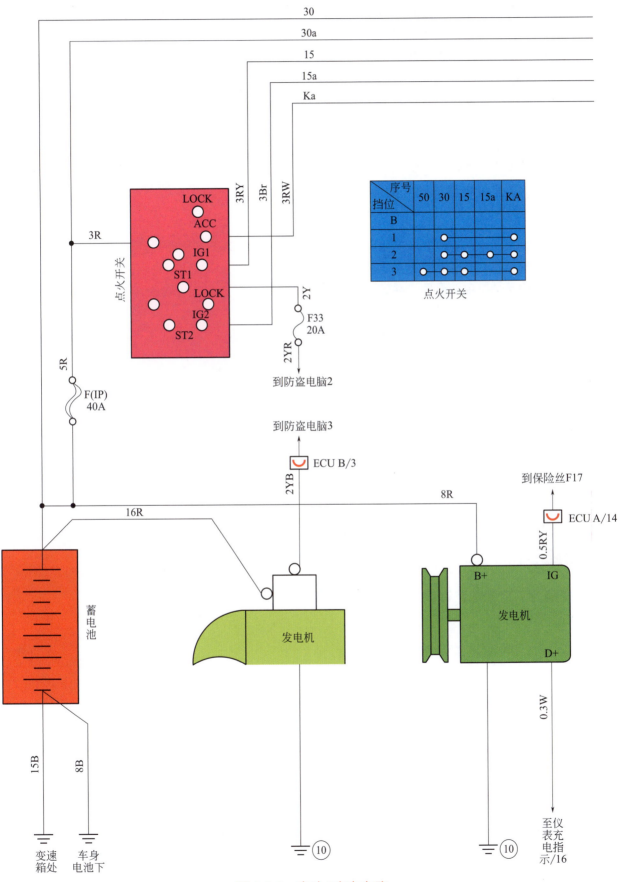

图 2-3-8　启动/充电电路

❶ 相关部件作用

防盗电脑：接收 / 发送启动信号
ECU 发动机控制模块：接收 / 发送启动信号
点火开关：提供启动、断开信号
起动机：带动发动机曲轴旋转
蓄电池：提供启动需要的电量

❷ 启动控制电路

点火开关在启动位置→防盗电脑 2 号端子→防盗电脑 3 号端子→ECU→起动机励磁线圈→搭铁，此时起动机励磁线圈通电。

❸ 启动主电路

蓄电池→起动机→搭铁，此时起动机工作。

2. 奇瑞 QQ 充电电路详解（图 2-3-8）

❶ 相关部件作用

ECU 发动机控制单元：接收发电机工作信号，并提供车辆的工况和负荷
蓄电池：提供启动所需的电源
发电机：给车辆蓄电池充电、提供车辆所需的电量
电压调节器：位于发电机内部，控制发电机的输出
保险丝 F17：发电机保险丝，保护发电机
B+：发电机的输出端子，与蓄电池 + 极、整车用电设备相连
IG：接点火开关的 IG 挡，通常是给调节器、发电机励磁线圈供电
D+：发电机电压调节器的电压取样。

❷ 充电电路

ECU 发送信号 A/14 号端子→发电机 IG 端子，此为发动机向发电机发送信号。
发电机 B+→蓄电池→搭铁，此时为蓄电池充电。
发电机 D+→仪表充电指示灯，此时检测发电机电量。

七、长安车型典型充电 / 启动系统电路详解——悦翔 V7 充电 / 启动系统电路

1. 悦翔 V7 启动电路详解（图 2-3-9）

❶ 相关部件作用

防盗电脑：接收 / 发送启动信号
ECU 发动机控制模块：接收 / 发送启动信号
ER01 启动继电器：控制起动机供电
点火开关：提供启动、断开信号
起动机：带动发动机曲轴旋转
蓄电池：提供启动需要的电量

❷ 启动控制电路

点火开关在启动位置→EF06（10A）保险丝→ER01 启动继电器 91 号端子→ER01 启动继电器 89 号端子→搭铁，此时 ER01 启动继电器线圈通电，启动继电器线圈常开开关闭合。

❸ 启动主电路

蓄电池→SB03（40A）保险丝→ER01 启动继电器 88 号端子→ER01 启动继电器 90 号端子→起动机励磁线圈→搭铁，此时起动机励磁线圈通电。

蓄电池→起动机→搭铁，此时起动机工作。

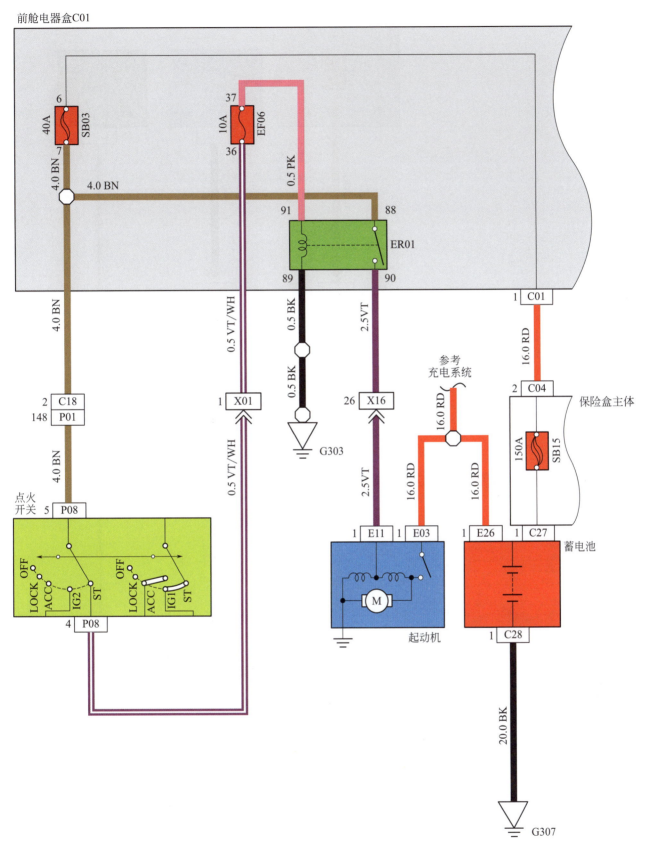

图 2-3-9　悦翔 V7 启动电路

2. 悦翔 V7 充电电路详解（图 2-3-10）
❶ 相关部件作用

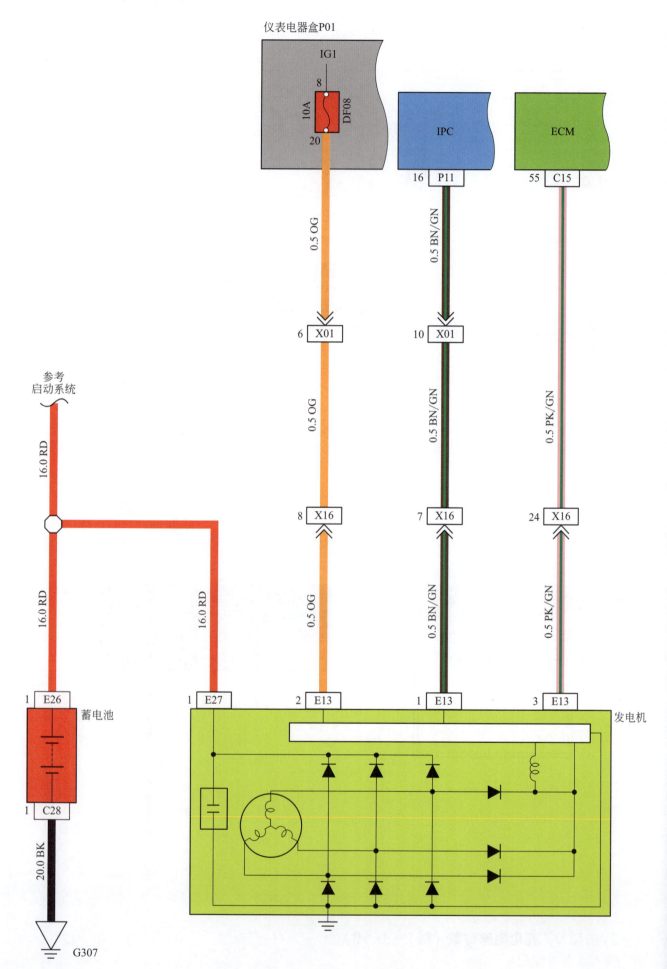

图 2-3-10 悦翔 V7 充电电路

ECM 发动机控制单元：接收发电机工作信号，并提供车辆的工况和负荷
蓄电池：提供启动所需的电源
发电机：负责给车辆蓄电池充电、提供车辆所需的电量
电压调节器：位于发电机内部，控制发电机的输出
DF08（10A）：发电机保险丝，保护发电机
IPC 组合仪表：控制充电指示灯

❷ 充电电路详解

ECM 发动机控制单元 C15/55 号端子→发电机 E13/3，此为 ECM 向发电机发送信号。
发电机 E13/1→组合仪表 P11/16，此为发电机向组合仪表发送信号。
IG1→发电机 E13/2，此为向发电机发送启动信号。
发动机运行后，发电机通过 E27/1 向蓄电池充电，并提供车辆需要的电量。

八、丰田 / 雷克萨斯车型典型充电 / 启动系统电路详解——丰田卡罗拉充电 / 启动系统电路

这里以丰田卡罗拉车型为例进行介绍，同样适用于丰田 / 雷克萨斯其他车型，限于篇幅不再赘述。

1. 卡罗拉启动电路详解（图 2-3-11）

❶ 相关部件作用

1 号 ST 继电器：控制起动机供电
点火开关：提供启动、断开信号
起动机：带动发动机曲轴旋转
蓄电池：提供启动需要的电量
ECM 发动机控制单元：接收启动信号，检测车辆是否符合启动条件

❷ 启动控制电路

蓄电池正极→点火开关在启动位置（SATRT）→分两路。
ECM 和变速器挂驻车挡（P）/ 空挡（N）→1 号 ST 继电器线圈 2 号端子→1 号 ST 继电器线圈 1 号端子→起动机励磁线圈→搭铁，此时 1 号 ST 继电器线圈通电，继电器 5 号端子和 3 号端子接通。
蓄电池正极→1 号 ST 继电器 5 号端子→1 号 ST 继电器 2 号端子→起动机线圈→搭铁，此时起动机电磁开关闭合。

❸ 启动主电路

蓄电池正极→起动机→搭铁，此时起动机工作。

2. 卡罗拉充电电路详解（图 2-3-12）

❶ 相关部件作用

蓄电池：提供启动所需的电源
发电机：负责给车辆蓄电池充电、提供车辆所需的电量
电压调节器：位于发电机内部，控制发电机的输出
组合仪表：控制充电指示灯
ECM 发动机控制单元：与发电机进行数据交换，并且对发电机发出指令
蓄电池电池传感器：用于监控蓄电池状态的机械电子部件。此外，它探测下列测量值：蓄电池端电压、充电电流、放电电流、蓄电池温度

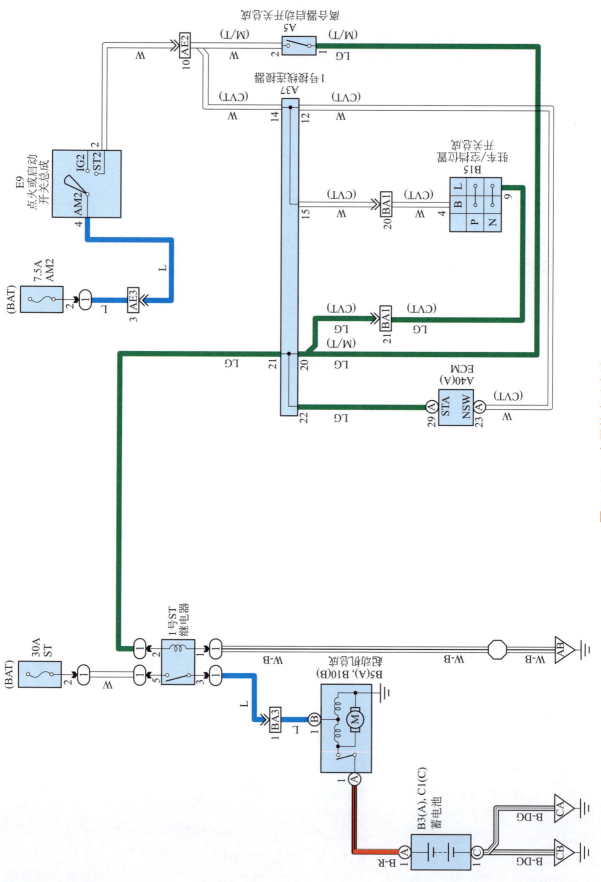

图 2-3-11 卡罗拉启动电路

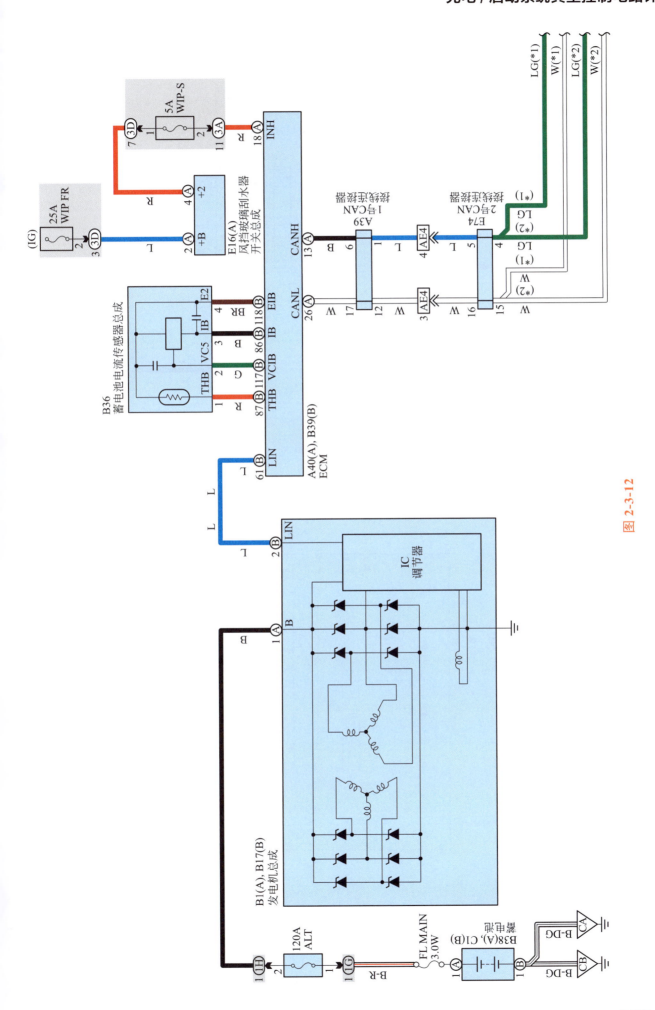

图 2-3-12

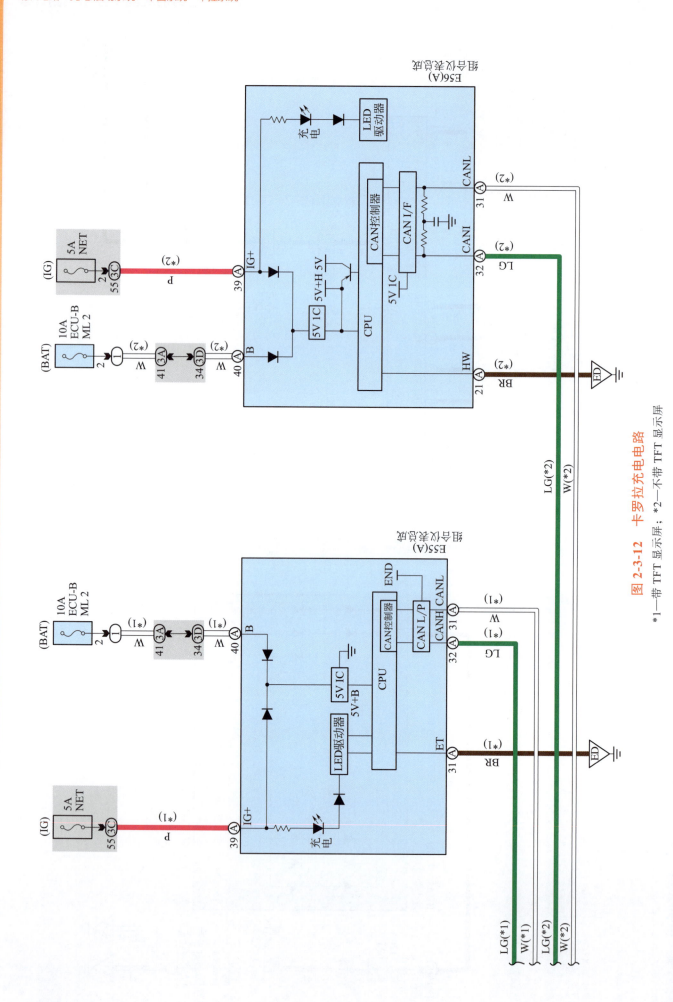

图 2-3-12 卡罗拉充电电路

*1—带 TFT 显示屏；*2—不带 TFT 显示屏

❷ 充电电路详解（图 2-3-12）

发电机通过一个串行数据接口或在 LIN 总线上与发动机控制单元交换数据。发电机向发动机控制单元传送诸如型号和制造商之类的信息。由此发电机的特定信息由发动机控制单元进行处理，并根据安装的发电机型号对发电机进行调节。

发动机运行后，发电机向蓄电池充电路径：发电机 B 端子→蓄电池正极→搭铁。

ECM 通过 CAN 线控制充电警告灯。当点火开关设置于 ON 位置或 START 位置时，充电警告灯点亮。当交流发电机在发动机运转的情况下能够提供足够的电压时，充电警告灯熄灭。如果在发动机运转时充电警告灯点亮，则表示出现故障。

九、本田车型典型充电/启动系统电路详解——飞度充电/启动系统电路

1. 飞度启动电路详解（图 2-3-13）

❶ 相关部件作用

启动继电器：控制起动机供电
点火开关：提供启动、断开信号
起动机：带动发动机曲轴旋转
蓄电池：提供启动需要的电量

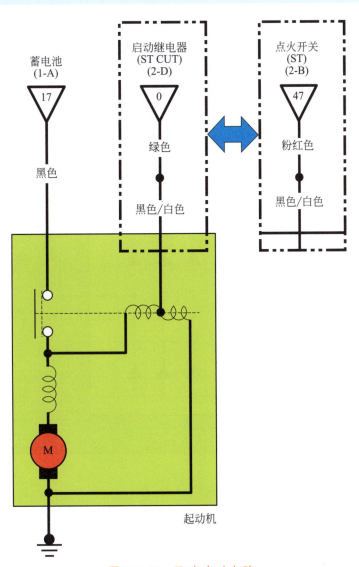

图 2-3-13　飞度启动电路

❷ 启动控制电路

车辆启动前提条件：离合器踏板已踩下或变速器挂驻车挡（P）/空挡（N）。

点火开关在启动位置→启动继电器线圈→搭铁，此时启动继电器线圈通电，启动继电器线圈常开开关闭合。

❸ 启动主电路

蓄电池→启动继电器常开开关→起动机励磁线圈→搭铁，此时起动机励磁线圈通电。

蓄电池→起动机→搭铁，此时起动机工作。

2. 飞度充电电路详解（图 2-3-14）

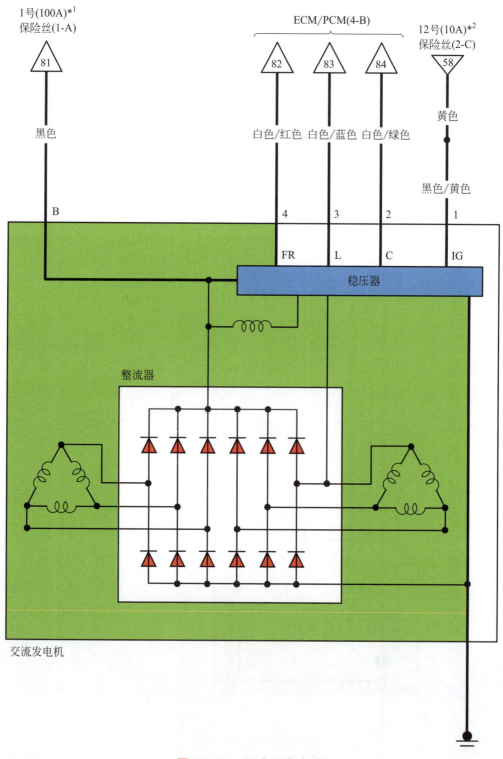

图 2-3-14　飞度充电电路

❶ 相关部件作用

蓄电池：提供启动所需的电源
发电机：给车辆蓄电池充电、提供车辆所需的电量
电压调节器：位于发电机内部，控制发电机的输出
12号（10A）保险线：发电机保险丝，保护发电机
1号（100A）保险丝：防止发电量过大时烧毁蓄电池
IPC 组合仪表：控制充电指示灯
FR：发电机的负载信号，此信息传递给发动机
C：发动机控制发电机发电量的控制信号
IG：点火开关过来的电源线
L：充电指示灯的信号线

❷ 充电电路详解

发动机运行时，发电机电压调节器通过控制转子的电流从而控制输出电压，使蓄电池正常充电以及电气系统正常运行。

发电机通过4号端子向发动机控制单元提供发电机负载信号，发动机控制单元根据车辆的负荷情况通过2号端子控制发电机的发电量。

发电机通过 B 端子给蓄电池充电。

十、马自达车型典型充电/启动系统电路详解——马自达8充电/启动系统电路

1. 马自达8启动电路详解（图2-3-15）

❶ 相关部件作用

启动继电器：控制起动机供电
点火开关：提供启动、断开信号
起动机：带动发动机曲轴旋转
蓄电池：提供启动需要的电量
变速箱挡位开关：负责提供挡位信号

❷ 启动控制电路

车辆启动前提条件：离合器踏板已踩下或变速器挂驻车挡（P）/空挡（N）。

蓄电池正极→F-01主保险丝盒 MAIN（150A）保险丝→IGKEY2（40A）保险丝→点火开关启动位置→启动继电器线圈→变速箱挡位开关（P挡或N挡）→搭铁，此时启动继电器线圈通电，启动继电器常开开关闭合。

❸ 启动主电路

蓄电池正极→F-01主保险丝盒 MAIN（150A）保险丝→IGKEY2（40A）保险丝→启动继电器开关→起动机励磁线圈→搭铁，此时起动机励磁线圈通电，起动机常开开关闭合。

蓄电池正极→起动机→搭铁，此时，起动机工作。

2. 马自达8充电电路详解（图2-3-16）

当没有启动发动机，点火开关置于 ON 位置时，PCM 模块没有检测到发电机的转速信号，则 PCM 模块控制端子14输出低电位，使励磁线圈没有电流经过。

当发动机工作时，并且 PCM 模块检测到发电机的转速信号且信号电压高于14.5V 时，则 PCM 模块控制端子14输出高电位，使功率三极管导通。其励磁电路为：蓄电池正极→F-01主保险丝盒→励磁线圈→三极管→接地。

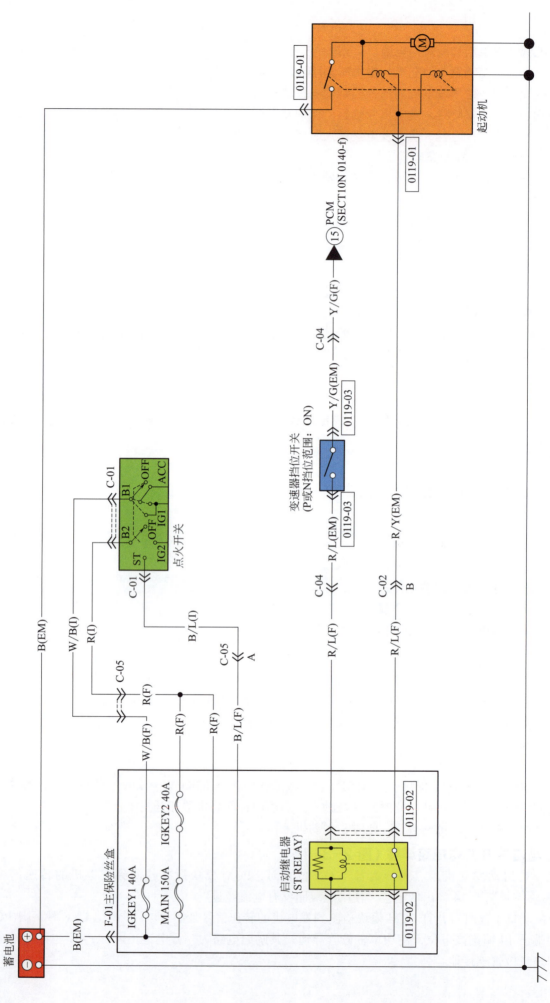

图 2-3-15 马自达 8 启动电路

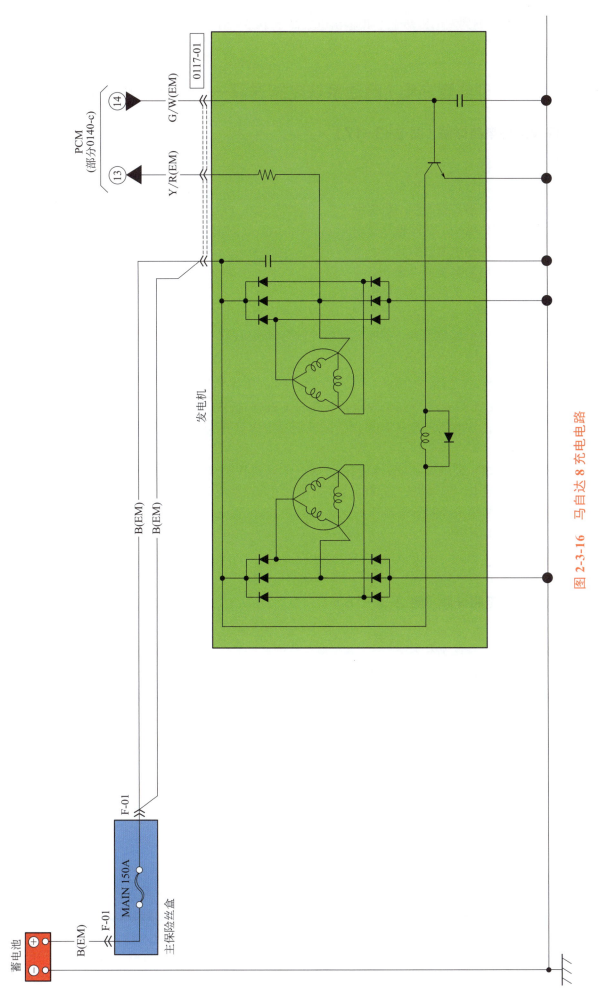

图 2-3-16 马自达 8 充电电路

当 PCM 模块检测到发电机端子 Y/R 输出电位高于 14.5V 时，控制端子 14 输出低电位，三极管截止，励磁线圈没有电流经过。

十一、日产车型典型充电 / 启动系统电路详解——轩逸充电 / 启动系统电路

1. 轩逸启动电路详解（图 2-3-17）

❶ 相关部件作用

启动继电器：控制起动机供电
起动机控制继电器：控制起动机供电
点火开关：提供启动、断开信号
起动机：带动发动机曲轴旋转
蓄电池：提供启动需要的电量
变速箱挡位开关：负责提供挡位信号
ECM 发动机控制单元：接收启动信号、控制启动继电器线圈
CPU：接收 P 挡和 N 挡信号，控制起动机控制继电器线圈

❷ 启动控制电路

a. 启动继电器电路：蓄电池正极→40A 保险丝→点火开关在启动位置 5 号端子→CPU→ECM/82 号端子→搭铁→ECM/87 端子→启动继电器线圈→CPU→搭铁，此时启动继电器线圈通电，启动继电器常开开关闭合；蓄电池正极→40A 保险丝→启动继电器开关→CPU→搭铁，此时启动继电器开关通电。

b. 起动机控制继电器电路：变速箱挡位开关→起动机控制继电器线圈→CPU→搭铁，此时起动机控制继电器线圈通电，起动机控制继电器常开开关闭合；蓄电池正极→40A 保险丝→点火开关在启动位置 5 号端子→起动机控制继电器开关→起动机 1 号端子励磁线圈→搭铁，此时起动机励磁线圈通电，起动机内部开关闭合。

❸ 启动主电路

蓄电池正极→起动机 2 号端子→搭铁，此时起动机工作。

2. 轩逸充电电路详解（图 2-3-18）

❶ 相关部件作用

蓄电池：提供启动所需的电源
发电机：交流发电机的输出电压受 S 端子内的 IC 调压器控制。IC 调压器根据接收到的发电指令信号（PWM 信号）的目标发电电压控制发电电压。当没有发电指令信号（PWM 信号）时，交流发电机根据 IC 调压器的特性执行正常发电
电压调节器：位于发电机内部，控制发电机的输出
ECM：根据蓄电池状态判断是否执行发电电压可变控制。当执行发电电压可变控制时，ECM 根据蓄电池状态计算目标发电电压，并将计算值作为发电指令信号发送至 IPDM E/R
IPDM E/R：将收到的发电指令值转换为发电指令信号（PWM 信号），并将该信号发送至 IC 调压器。
蓄电池电流传感器：安装在负极端子的电缆上，检测蓄电池的充电 / 放电电流并根据电流值将电压信号发送给 ECM
组合仪表：控制充电指示灯

❷ 充电电路详解

点火开关在启动位置，发电机 1 号端子电路给蓄电池充电，并操作车辆电气系统。

发电机 3 号端子电路控制充电警告灯。当点火开关设置于 ON 位置或 START 位置时，充电警告灯点亮。当交流发电机在发动机运转的情况下能够提供足够的电压时，充电警告灯熄灭。如果在发动机运转时充电警告灯点亮，则表示出现故障。

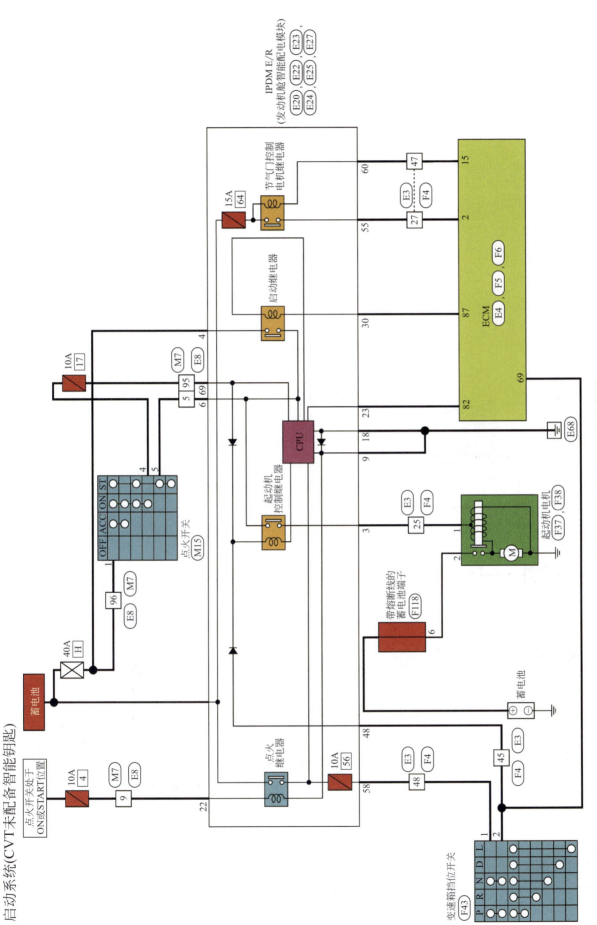

图 2-3-17 轩逸启动电路详解

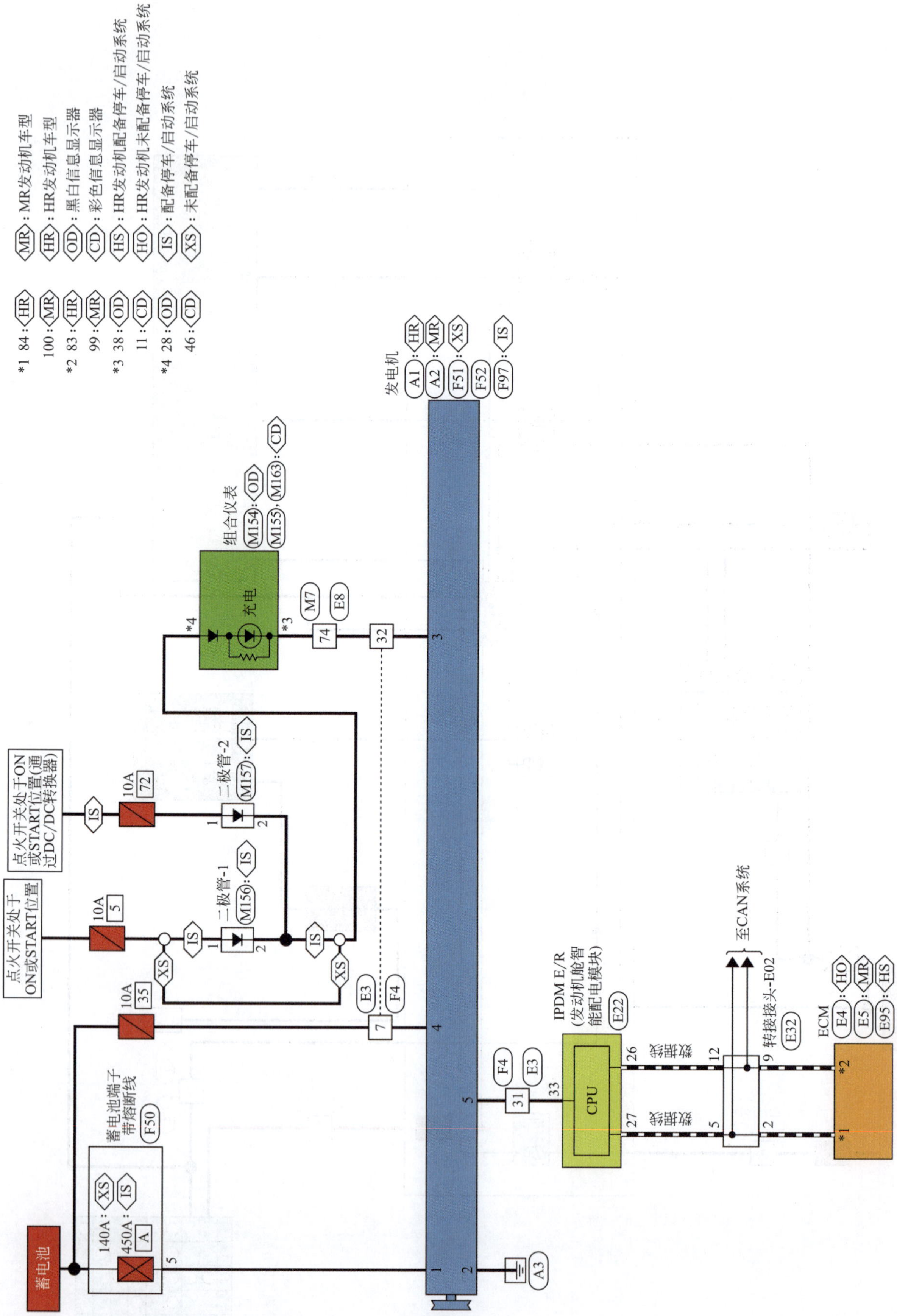

图 2-3-18 轩逸充电电路详解

发电机4号端子电路检测蓄电池电压以使用IC调压器调节交流发电机输出电压。

十二、三菱车型典型充电/启动系统电路详解——帕杰罗充电/启动系统电路

1. 帕杰罗启动电路详解（图2-3-19）

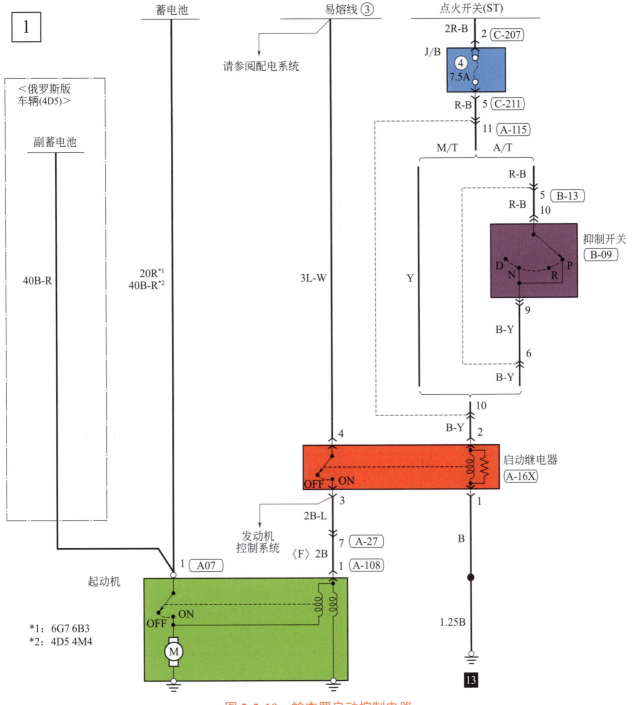

图2-3-19 帕杰罗启动控制电路

❶ 相关部件作用

启动继电器：控制起动机供电
点火开关：提供启动、断开信号

起动机：带动发动机曲轴旋转

蓄电池：提供启动需要的电量

变速箱挡位开关（抑制开关）：负责提供挡位信号

❷ 启动控制电路

点火开关在启动位置→7.5A 保险丝→变速箱挡位开关在 N 挡或 P 挡→启动继电器线圈 2 号端子→启动继电器线圈 1 号端子→搭铁，此时启动继电器线圈通电，常开开关闭合。

易熔线→启动继电器开关 4 号端子→启动继电器开关 3 号端子→搭铁，此时电流经过启动继电器开关→起动机励磁线圈→搭铁，此时起动机励磁线圈通电，起动机工作。

蓄电池正极→起动机→搭铁，此时电流到达起动机，起动机工作。

2. 帕杰罗充电电路详解（图 2-3-20）

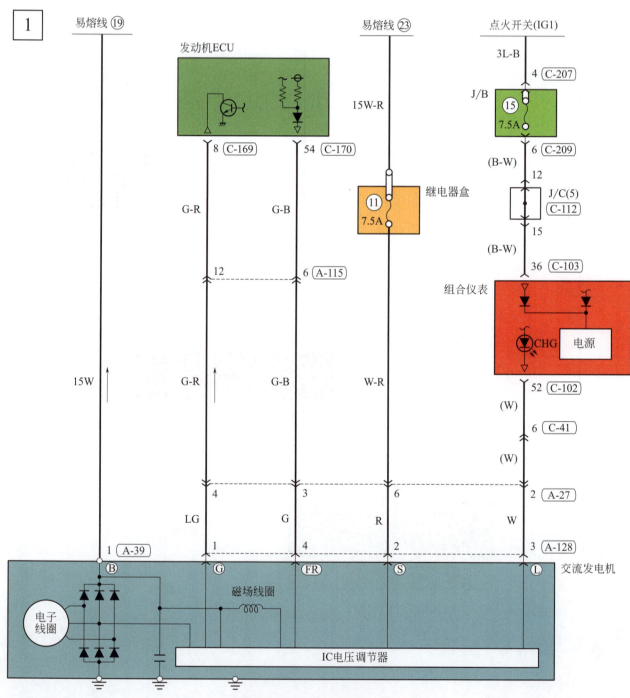

图 2-3-20　帕杰罗充电电路

❶ 相关部件作用

蓄电池：提供启动所需的电源
发电机：交流发电机的输出电压受 S 端子内的 IC 调压器控制。IC 调压器根据接收到的发电指令信号（PWM 信号）的目标发电电压控制发电电压。当没有发电指令信号（PWM 信号）时，交流发电机根据 IC 调压器的特性执行正常发电
电压调节器：位于发电机内部，控制发电机的输出
ECU 发动机控制单元：根据蓄电池状态判断是否执行发电电压可变控制。当执行发电电压可变控制时，ECM 根据蓄电池状态计算目标发电电压，并将计算值作为发电指令信号发送至发电机 IC 调压器。
组合仪表：控制充电指示灯

❷ 充电电路详解

当点火开关在启动位置，发动机运行时，发电机 B 端子电路给蓄电池充电，并操作车辆电气系统。

发电机 G 端子，为发动机控制发电机发电量的控制信号。

发电机 S 端子，为发电机电源线。

发电机 FR 端子，为发电机的负载信号，此信息传递给发动机。

发电机 L 端子电路控制充电警告灯。当点火开关设至 ON 位置或 START 位置时，充电警告灯点亮。当交流发电机在发动机运转的情况下能够提供足够的电压时，充电警告灯熄灭。如果在发动机运转时充电警告灯点亮，则表示出现故障。

十三、现代/起亚车型典型充电/启动系统电路详解——现代名图 MISTRA 充电/启动系统电路

1. 现代名图 MISTRA 启动电路详解（图 2-3-21）

❶ 相关部件作用

防盗继电器：负责监测车辆状态是否正常，控制变速器挡位开关的电源
启动继电器：控制起动机供电
点火开关：提供启动、断开信号
起动机：带动发动机曲轴旋转
蓄电池：提供启动需要的电量
变速箱挡位开关（抑制开关）：负责提供挡位信号

❷ 启动控制电路

点火开关启动位置→7.5A 保险丝→防盗继电器线圈→IPS 控制模块→防盗继电器开关→变速器挡位开关（P/N 位置）→启动继电器线圈 3 号端子→启动继电器线圈 5 号端子→PCM→搭铁，此时启动继电器线圈通电，常开开关闭合。

❸ 启动主电路

蓄电池正极→40A 保险丝→启动继电器开关 1 号端子→启动继电器开关 2 号端子→起动机电磁开关→搭铁，此时起动机电磁开关通电，起动机内部开关闭合。

蓄电池正极→起动机→搭铁，此时起动机工作。

2. 现代名图 MISTRA 充电电路详解（图 2-3-22）

❶ 相关部件作用

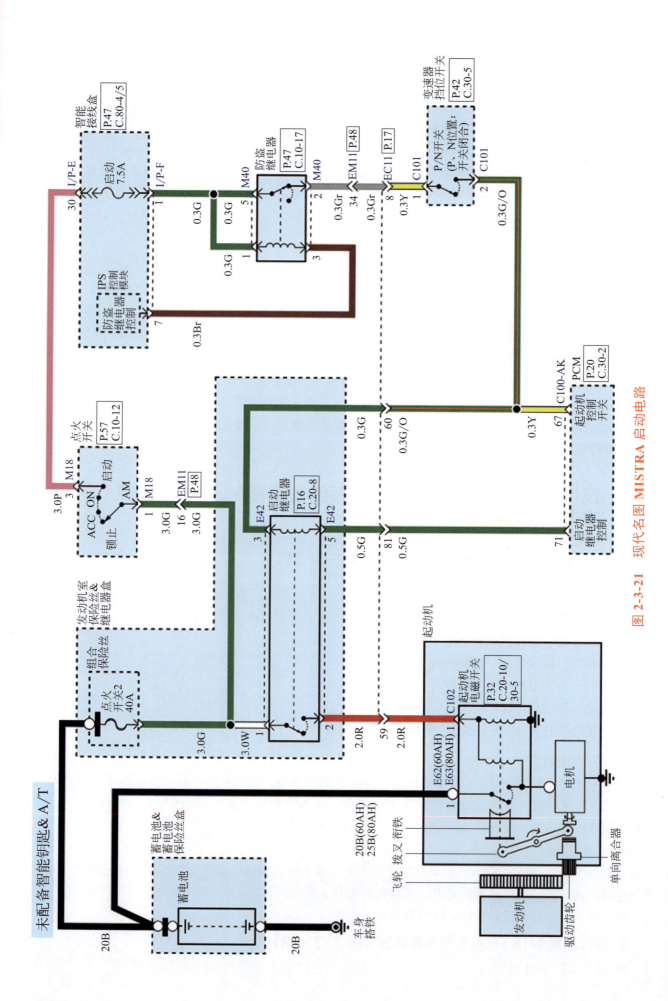

图 2-3-21 现代名图 MISTRA 启动电路

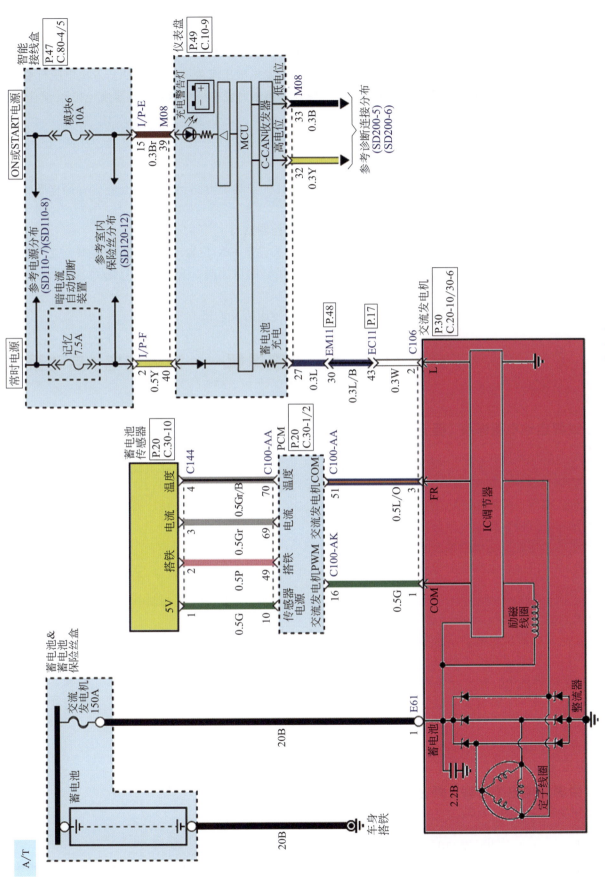

图 2-3-22 现代名图 MISTRA 充电电路

蓄电池：提供启动所需的电源。

发电机：交流发电机的输出电压受 S 端子内的 IC 调压器控制。IC 调压器根据接收到的发电指令信号（PWM 信号）的目标发电电压控制发电电压。当没有发电指令信号（PWM 信号）时，交流发电机根据 IC 调压器的特性执行正常发电

电压调节器：位于发电机内部，控制发电机的输出

ECU 发动机控制单元：根据蓄电池状态判断是否执行发电电压可变控制。当执行发电电压可变控制时，ECM 根据蓄电池状态计算目标发电电压，并将计算值作为发电指令信号发送至发电机 IC 调压器

组合仪表：控制充电指示灯

蓄电池传感器：给 PCM 提供蓄电池温度、电量信息

❷ 充电电路详解

当点火开关在启动位置，发动机运行时，发电机 E61/1 号端子电路给蓄电池充电，并操作车辆电气系统。

发电机 C106/1 端子，为发动机控制发电机发电量的控制信号。

发电机 C106/2 端子电路控制充电警告灯。当点火开关设至 ON 位置或 START 位置时，充电警告灯点亮。当交流发电机在发动机运转的情况下能够提供足够的电压时，充电警告灯熄灭。如果在发动机运转时充电警告灯点亮，则表示出现故障。

发电机 C106/3 端子，为发电机的负载信号，此信息传递给发动机。

十四、福特车型典型充电/启动系统电路详解——锐界充电/启动系统电路

1. 锐界启动电路详解（图 2-3-23）

❶ 相关部件作用

防盗继电器：监测车辆状态是否正常，控制变速器挡位开关的电源

启动继电器：控制起动机供电

点火开关：提供启动、断开信号

起动机：带动发动机曲轴旋转

蓄电池：提供启动需要的电量

变速箱挡位开关（抑制开关）：提供挡位信号

❷ 启动控制电路

点火开关在启动位置，离合器踏板踩下或自动变速器挡位在 N 挡或 P 挡→动力系统控制模块 62 号端子→启动继电器线圈 1 号端子→启动继电器线圈 2 号端子→动力系统控制模块 43 号端子→搭铁，此时启动继电器通电，常开开关闭合。

蓄电池正极→大电流蓄电池接线盒→启动继电器 3 号端子→启动继电器 5 号端子→起动机励磁线圈→搭铁，此时起动机励磁线圈通电，起动机内部开关闭合。

❸ 启动主电路

蓄电池正极→起动机→搭铁，此时起动机工作。

2. 锐界充电电路详解（图 2-3-24）

❶ 相关部件作用

蓄电池：提供启动所需的电源

发电机：交流发电机的输出电压受 S 端子内的 IC 调压器控制。IC 调压器根据接收到的发电指令信号（PWM 信号）的目标发电电压控制发电电压。当没有发电指令信号（PWM 信号）时，交流发电机根据 IC 调压器的特性执行正常发电

第二章

充电/启动系统典型控制电路详解

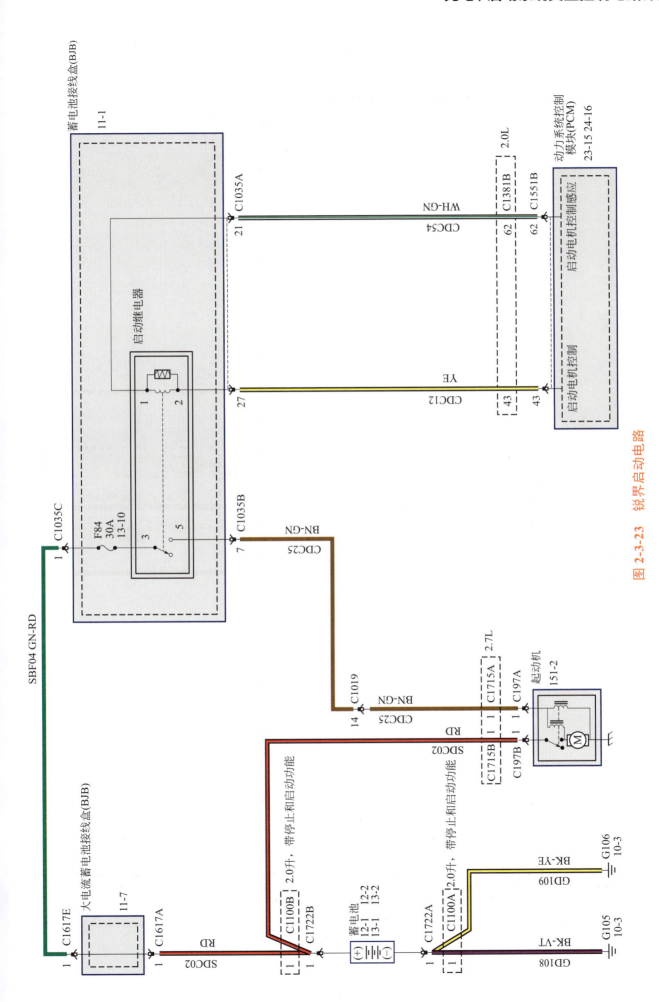

图 2-3-23 锐界启动电路

069

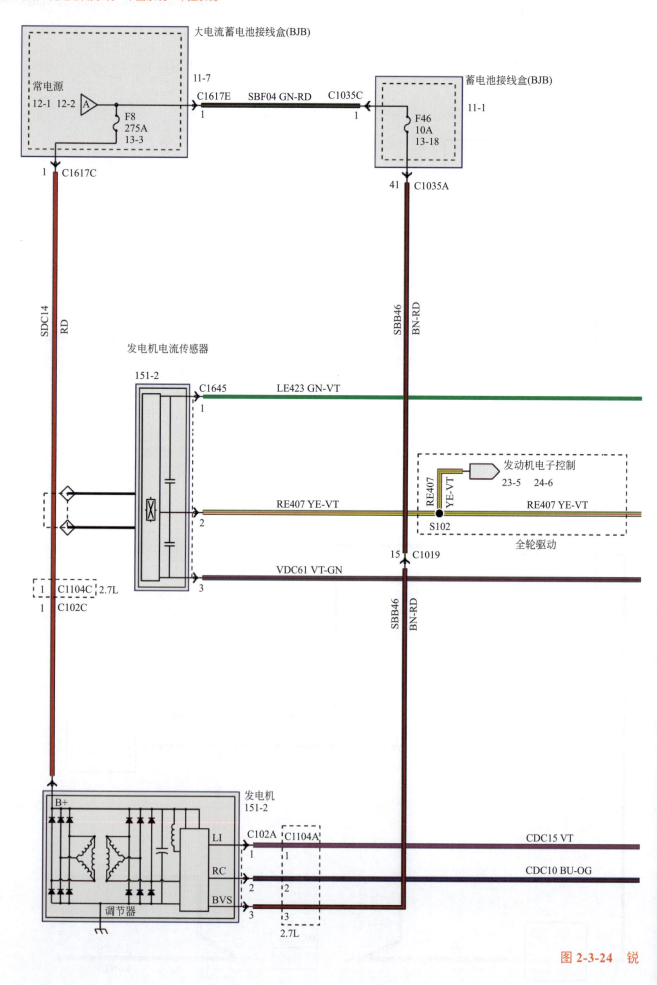

图 2-3-24 锐

第二章

充电/启动系统典型控制电路详解

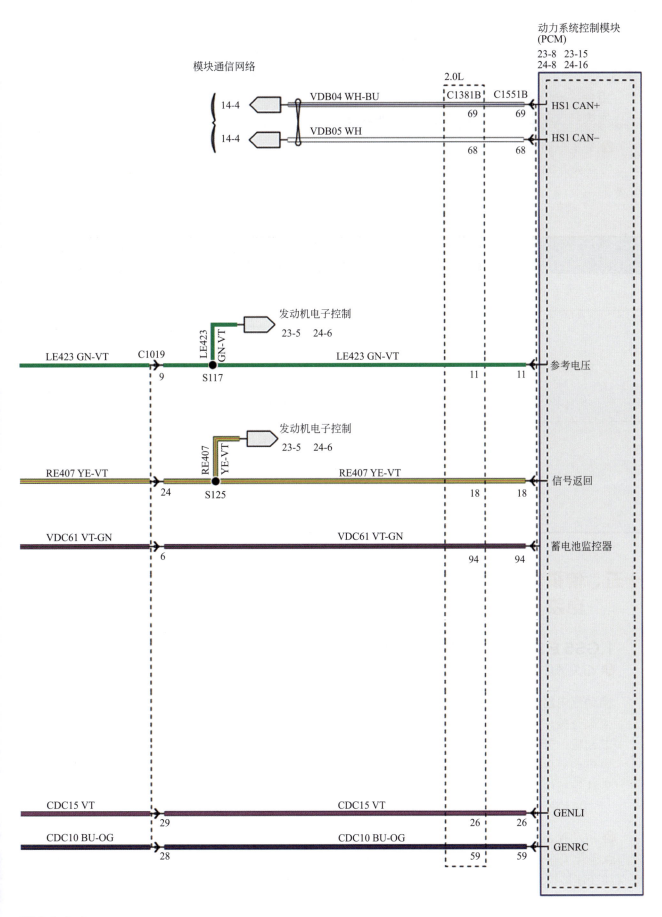

界充电电路

071

电压调节器：位于发电机内部，控制发电机的输出

动力系统控制模块：根据蓄电池状态判断是否执行发电电压可变控制。当执行发电电压可变控制时，PCM 根据蓄电池状态计算目标发电电压，并将计算值作为发电指令信号发送至发电机 IC 调压器

组合仪表：控制充电指示灯

发电机电流传感器：给动力系统控制模块提供信号

❷ 充电电路详解

当点火开关在启动位置，发动机运行时，发电机和发电机电流传感器上端子的作用如表 2-3-1 所示。

表 2-3-1 发电机和发电机电流传感器端子作用

所在部件	端子序号	作用说明
发电机 C102C	1	端子电路给蓄电池充电，并操作车辆电气系统
发电机 C102A	1	发电机的负载信号端，此信息传递给动力系统控制模块
	2	连接励磁控制线，控制发电机的输出电压
	3	接发电机电源线
发电机电流传感器	1	发送给发动机控制模块和动力系统控制模块的参考电压
	2	发动机控制模块和动力系统控制模块控制发电机发电量
	3	监测蓄电池温度、电量

十五、传祺车型典型充电/启动系统电路详解——GS5 充电/启动系统电路

1. GS5 启动电路详解（图 2-3-25）

❶ 相关部件作用

启动继电器：控制起动机供电
点火开关：提供启动、断开信号
起动机：带动发动机曲轴旋转
蓄电池：提供启动需要的电量
变速箱挡位开关：提供挡位信号
发动机控制单元：控制启动继电器线圈搭铁

❷ 启动控制电路

点火开关在启动位置→启动继电器线圈 86 号端子→启动继电器线圈 85 号端子→离合器踏板踩下或自动变速器挡位在 N 挡或 P 挡→搭铁，此时启动继电器线圈通电，常开开关闭合。

❸ 启动主电路

蓄电池正极→ 175A 保险丝→ 30A 保险丝→启动继电器线圈 30 号端子→启动继电器线圈 87 号端子→起动机励磁线圈→搭铁，此时起动机励磁线圈通电，起动机内部开关闭合。

蓄电池正极→150A 保险丝→起动机→搭铁，此时起动机工作。

2. GS5 充电电路详解（图 2-3-26）

❶ 相关部件作用

> 蓄电池：提供启动所需的电源
> 发电机：交流发电机的输出电压受 S 端子内的 IC 调压器控制。IC 调压器根据接收到的发电指令信号（PWM 信号）的目标发电电压控制发电电压。当没有发电指令信号（PWM 信号）时，交流发电机根据 IC 调压器的特性执行正常发电
> 电压调节器：位于发电机内部，控制发电机的输出
> 发动机控制元：根据蓄电池状态判断是否执行发电电压可变控制。当执行发电电压可变控制时，PCM 根据蓄电池状态计算目标发电电压，并将计算值作为发电指令信号发送至发电机 IC 调压器
> 组合仪表：控制充电指示灯

❷ 充电电路详解

当点火开关在启动位置，发动机运行时，发电机 BATT 端子电路给蓄电池充电，并操作车辆电气系统。

发电机 M 端子，为发动机控制发电机发电量的控制信号、发电机的负载信号，此信息传递给发动机。

发电机 L 端子电路控制充电警告灯。当点火开关设至 ON 位置或 START 位置时，充电警告灯点亮。当交流发电机在发动机运转的情况下能够提供足够的电压时，充电警告灯熄灭。如果在发动机运转时充电警告灯点亮，则表示出现故障。

十六、宝马车型典型充电/启动系统电路详解——宝马 3 系 G28 充电/启动系统电路

1. 宝马 3 系 G28 启动电路详解（图 2-3-27）

❶ 相关部件作用

> 零挡传感器：发动机控制单元借助挡位传感器和永久磁铁准确识别挂入的手动变速箱挡位。挡位传感器是发动机启动/停止自动装置（MSA）的一个重要部件
> 数字式发动机电子伺控系统（DME）：接收零挡传感器的 N 挡或 P 挡信号
> 车身域控制器（BDC）：接收启动信号，并对起动机发出启动信号
> 点火开关：提供启动、断开信号
> 起动机：带动发动机曲轴旋转
> 蓄电池：提供启动所需的电量

❷ 启动控制电路

点火开关在启动位置→DME 检测到变速器挡位在 N 挡或 P 挡→BDC 车身域控制器→BDC 车身域控制器 A258/2B 端子→起动机 M92/1B 端子→搭铁，此时起动机励磁线圈通电，起动机内部开关闭合。

❸ 启动主电路

蓄电池正极→气体发生器安全蓄电池接线柱→转接接线柱→发动机室配电盒 Z4/4B 端子→发动机室配电盒 Z4/5B 端子→起动机 M92/2B 端子→搭铁，此时起动机工作。

2. 宝马 3 系 G28 充电电路详解（图 2-3-28）

❶ 相关部件作用

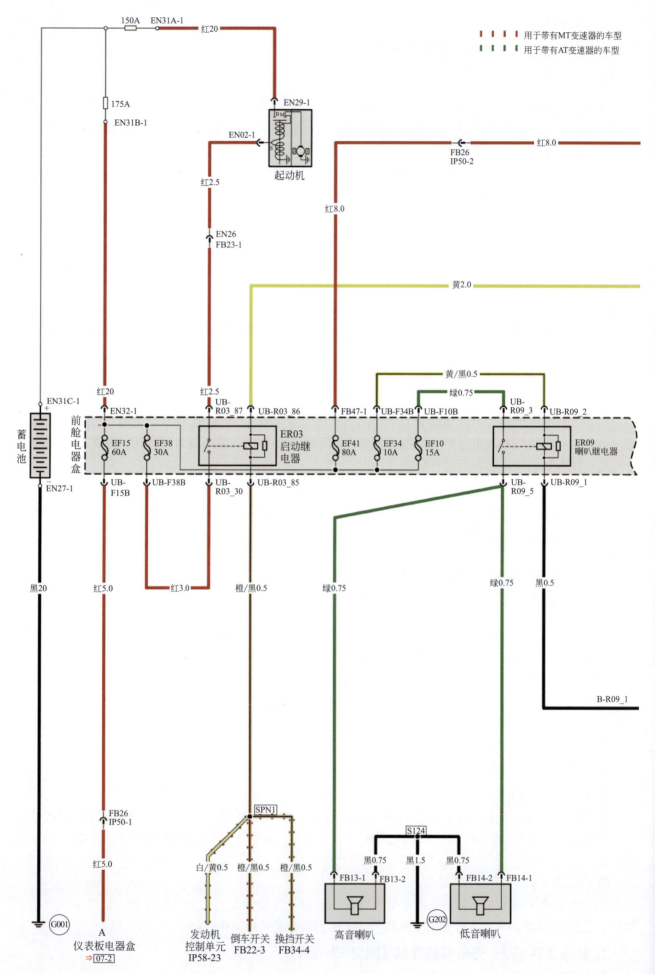

图 2-3-25 GS5

第二章

充电/启动系统典型控制电路详解

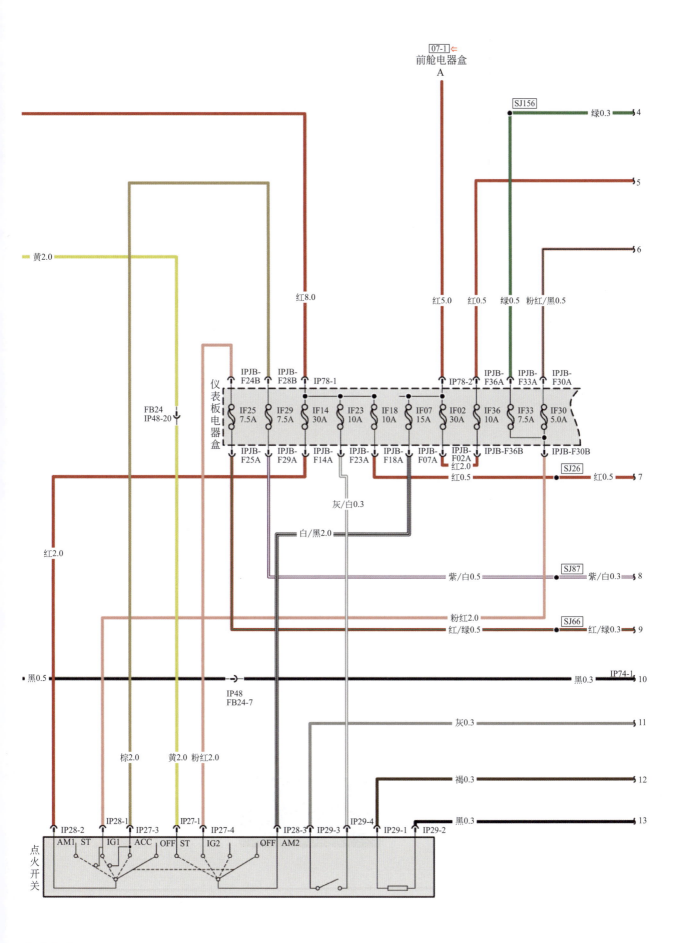

启动电路

075

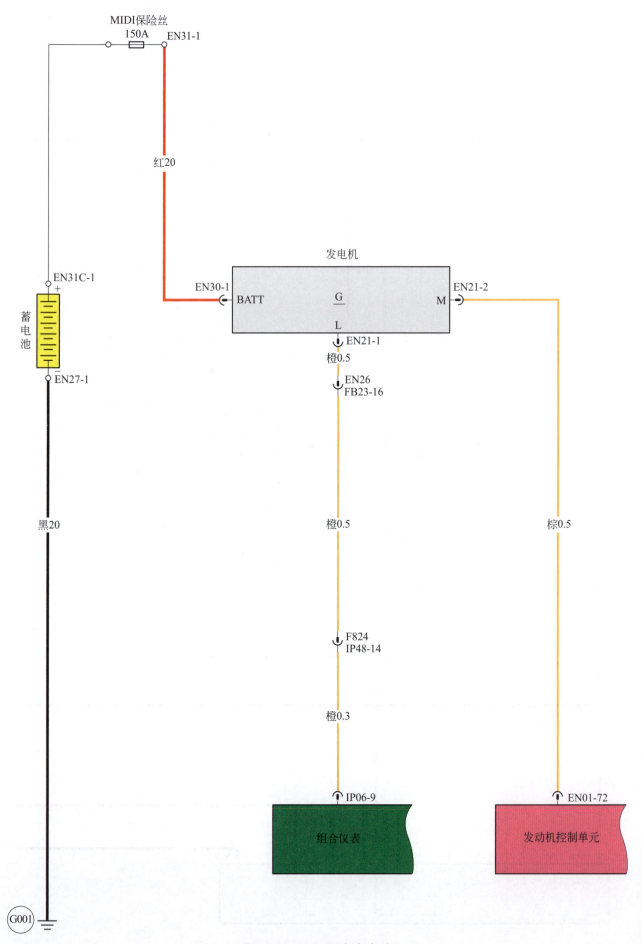

图 2-3-26　GS5 充电电路

蓄电池传感器（IBS）：用于监控蓄电池状态的机械电子部件。此外，它探测下列测量值：蓄电池端电压、充电电流、放电电流、蓄电池温度

发电机：交流发电机的输出电压受 S 端子内的 IC 调压器控制。IC 调压器根据接收到的发电指令信号（PWM 信号）的目标发电电压控制发电电压。当没有发电指令信号（PWM 信号）时，交流发电机根据 IC 调压器的特性执行正常发电

电压调节器：位于发电机内部，控制发电机的输出

发动机控制元：根据蓄电池状态判断是否执行发电电压可变控制。当执行发电电压可变控制时，PCM 根据蓄电池状态计算目标发电电压，并将计算值作为发电指令信号发送至发电机 IC 调压器

组合仪表：控制充电指示灯

❷ 充电电路详解

发电机通过一个串行数据接口或在 LIN 总线上与发动机控制单元交换数据。发电机向发动机控制单元传送诸如型号和制造商之类的信息。由此发电机的特定信息由发动机控制单元进行处理，并根据安装的发电机型号对发电机进行调节。

发动机运行后，发电机向蓄电池充电路径：发电机 G2/2B 端子→发动机室配电盒 Z4/6B 端子→发动机室配电盒 Z4/1B 端子→转接接线柱→气体发生器安全蓄电池接线柱→ B73/1B →蓄电池正极→搭铁。

十七、长城车型典型充电/启动系统电路详解——哈弗 H6 充电/启动系统电路

1. 哈弗 H6 启动电路详解（图 2-3-29）

❶ 相关部件作用

启动继电器：控制起动机供电
点火开关：提供启动、断开信号
起动机：带动发动机曲轴旋转
蓄电池：提供启动需要的电量
变速箱挡位开关：提供挡位信号
发动机控制单元：控制启动继电器线圈搭铁，发送启动信号

❷ 启动控制电路

点火开关在启动位置→发动机控制单元检测到变速器挡位在 N 挡或 P 挡。

蓄电池正极→点火开关在启动位置（START）→启动继电器 85 端子→启动继电器 86 端子→搭铁，此时启动继电器线圈通电，启动继电器常开开关闭合。

❸ 启动主电路

蓄电池正极→ 30A 保险丝→启动继电器 30 端子→启动继电器 87 端子→起动机 B 端子励磁线圈→搭铁，此时起动机 B 端子励磁线圈通电，起动机常开开关闭合。

蓄电池正极→起动机 C 端子→搭铁，此时起动机工作。

2. 哈弗 H6 充电电路详解

❶ 相关部件作用

启动继电器：控制起动机供电
点火开关：提供启动、断开信号
起动机：带动发动机曲轴旋转
蓄电池：提供启动需要的电量
变速箱挡位开关：负责提供挡位信号
发动机控制单元：控制启动继电器线圈搭铁，发送启动信号

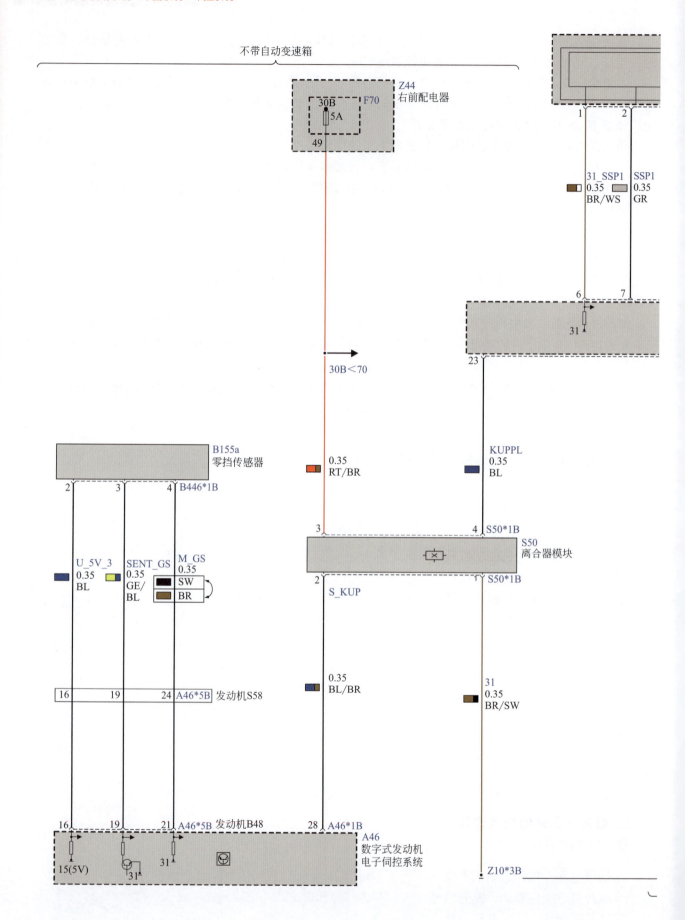

图 2-3-27 宝马 3 系

充电/启动系统典型控制电路详解

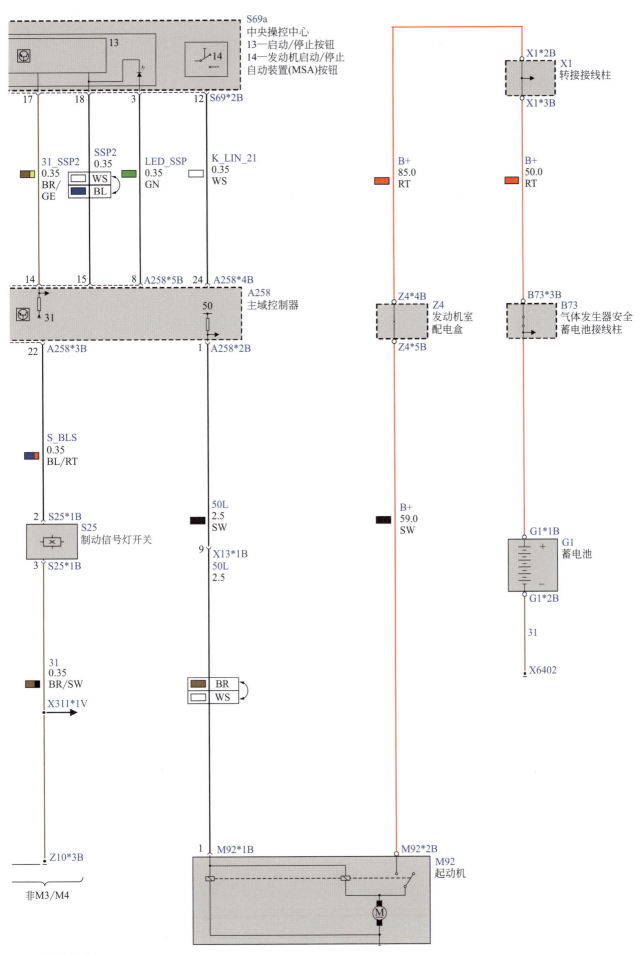

G28 启动电路

❷ 充电电路详解

发动机运行后，发电机向蓄电池充电路径：发电机 B 端子→ 150A 保险丝→蓄电池正极→搭铁。

发电机 L 端子电路控制充电警告灯。

当点火开关设至 ON 位置或 START 位置时，充电警告灯点亮。

当交流发电机在发动机运转的情况下能够提供足够的电压时，充电警告灯熄灭。

如果在发动机运转时充电警告灯点亮，则表示出现故障。

发电机 IG 端子连接点火开关的 IG 挡，通常是给调节器、发电机励磁线圈供电。

发电机 E 端子为接地。

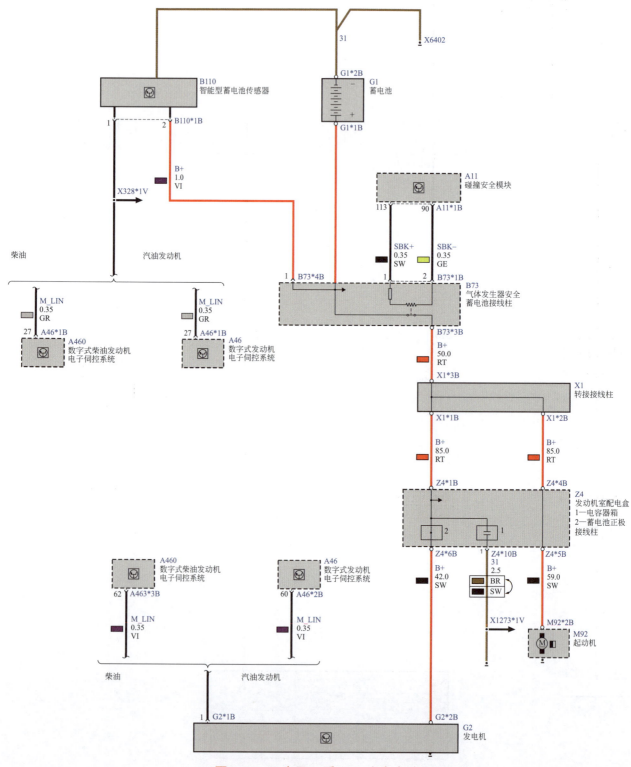

图 2-3-28　宝马 3 系 G28 充电电路

第二章

充电/启动系统典型控制电路详解

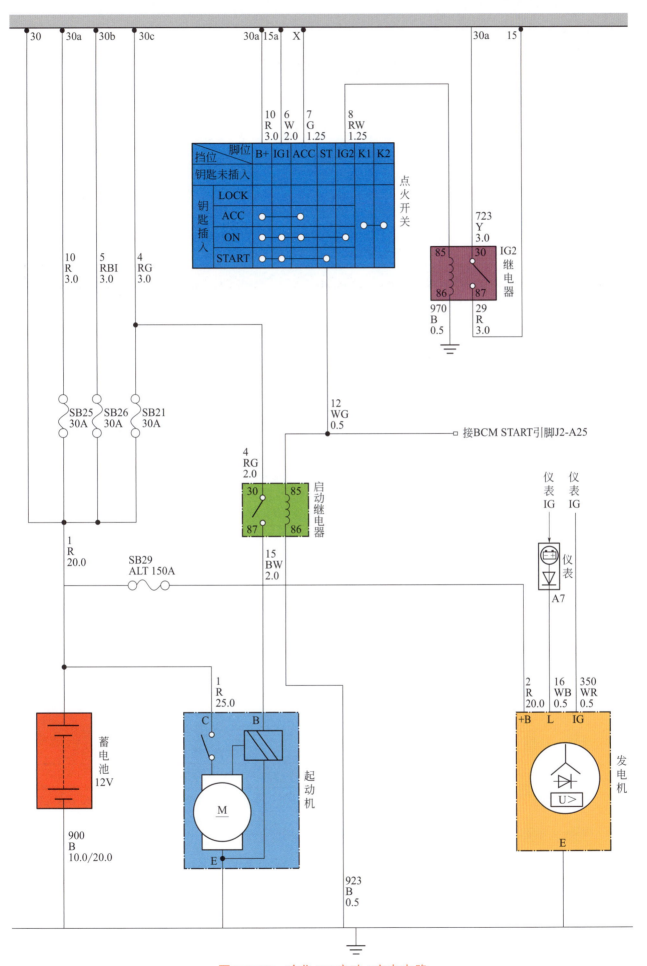

图 2-3-29　哈弗 H6 启动/充电电路

第四节
充电/启动系统常见故障及检修技巧

本节内容以丰田卡罗拉车型为例。

一、常见故障

常见故障见表 2-4-1。

表 2-4-1 常见故障及解决方法

故障现象		故障部位	解决方法
电源不能打开	ACC 和 IG 均不能打开	保险丝	更换保险丝
		发动机开关	更换发动机开关
		线束或连接器	更换或修复损坏的线束或连接器
		智能上车和启动系统（上车功能）	维修智能上车和启动系统
		主车身 ECU（仪表板接线盒）	更换主车身 ECU（仪表板接线盒）
		认证 ECU	匹配认证 ECU
		识别码盒	匹配识别码盒
		转向锁 ECU	匹配或更换转向锁 ECU
	仅 ACC 不能打开	保险丝	更换保险丝
		ACC 继电器	更换 ACC 继电器
		线束或连接器	更换或修复损坏的线束或连接器
		主车身 ECU（仪表板接线盒）	更换主车身 ECU（仪表板接线盒）
	仅 IG 不能打开	保险丝	更换保险丝
		IG1 继电器	更换 IG1 继电器
		IG2 继电器	更换 IG2 继电器
		线束或连接器	更换或修复损坏的线束或连接器
		主车身 ECU（仪表板接线盒）	更换主车身 ECU（仪表板接线盒）
发动机不启动		智能上车和启动系统（上车功能）	维修智能上车和启动系统
		发动机开关	更换发动机开关
		驻车挡/空挡位置开关	维修驻车挡/空挡位置开关
		STOP 保险丝	更换 STOP 保险丝
		刹车灯开关	更换刹车灯开关
		电子转向锁功能	维修电子转向锁功能
		起动机切断继电器	更换起动机继电器
		启动继电器	更换启动继电器
		ECM	匹配或更换 ECM
		发动机停机系统	维修发动机停机系统
		线束或连接器	更换或修复损坏的线束或连接器
		主车身 ECU（仪表板接线盒）	更换主车身 ECU（仪表板接线盒）

二、ACC 继电器故障诊断与排除

1. 电路图（图 2-4-1）

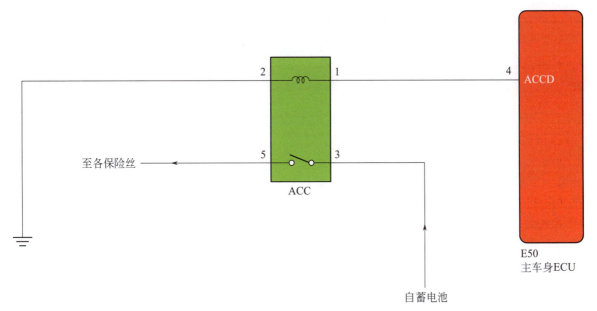

图 2-4-1　ACC 继电器电路图

2. 故障描述

当 ACCD 输出电路（此电路从主车身 ECU 内部至 ACC 继电器）发生故障时，输出此 DTC（诊断故障代码）。

 提示

当使用一个新的主车身 ECU 替换原有的主车身 ECU，且蓄电池负极（-）端子连接时，电源模式变为 IG-ON 模式。当拆下并重新安装蓄电池时，将恢复拆下蓄电池时所选择的电源模式。更换主车身 ECU 后，执行发动机停机系统的注册程序。

3. 故障诊断与排除

（1）故障码（表 2-4-2）

表 2-4-2　故障码

故障代码	故障码检测条件	故障部位
B2274	主车身 ECU 内部的 ACC 继电器执行电路或其他相关的电路出现故障	当点火开关置于 ON（IG）位置时蓄电池断开 • 电动车窗升降器电动机（驾驶员侧） • 电动车窗零部件安装错误

（2）故障诊断

❶ 使用电脑诊断仪进行检测

a. 将智能检测仪连接到车辆。

b. 将发动机开关置于 ON（IG）位置，并打开智能检测仪主开关。

c. 根据检测仪的显示读取数据表（表 2-4-3）。

表 2-4-3　检测仪测量范围

检测仪显示	测量项目/范围	正常状态
ACC Relay Mon（ACC 继电器显示）	ACC 继电器监视器状态 /ON 或 OFF	ON：发动机开关置于 ON（ACC）位置 OFF：发动机开关置于 OFF 位置

提示

当发动机开关置于 OFF 位置且使用智能检测仪时，以 1.5 秒或更小的时间间隔重复打开和关闭门控灯开关，直到检测仪和车辆间开始通信为止。

正常：屏幕上出现"ON"（发动机开关置于 ON（ACC）位置）。

如果检测结果异常，则检查继电器（ACC 继电器）；如果检测结果正常，则检查发动机开关状态。

❷ 检查发动机开关状态

检查电源模式变化。

当钥匙在车内且换挡杆置于 P 位置时，检查并确认按下发动机开关可引起电源模式如下改变：OFF → ON（ACC）→ ON（IG）→ OFF，此即为正常。

如果检测结果异常，则检查电源模块切换；如果检测结果正常，则检查继电器（ACC 继电器）。

❸ 检查继电器（ACC 继电器）

a. 将 ACC 继电器从 5 号继电器盒上拆下。

b. 根据图 2-4-2 和表 2-4-4 中的值测量电阻。

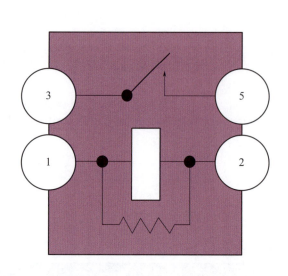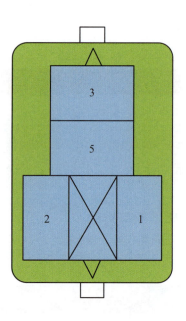

图 2-4-2　ACC 继电器

表 2-4-4　标准电阻值

检测仪连接	条件	规定状态
3—5	端子 1 和 2 之间未施加蓄电池电压	10kΩ 或更大
	端子 1 和 2 之间施加蓄电池电压	小于 1Ω

如果检测结果异常，则更换 ACC 继电器；如果检测结果正常，则检查线束和连接器（ACC 继电器—主车身 ECU）。

❹ 检查线束和连接器（ACC 继电器—主车身 ECU）

a. 断开 ECU 连接器 E50。

b. 根据图 2-4-3 和表 2-4-5 中的值测量电阻。

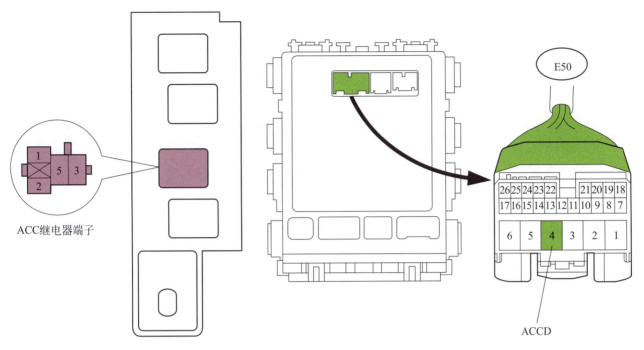

(a) 没有连接继电器的部件(5号继电器盒)   (b) 线束连接器前视图(至主车身ECU)

图 2-4-3   ACC 继电器和主车身线束

表 2-4-5   标准电阻值

检测仪连接	条件	规定状态
5 号继电器盒 ACC 继电器端子 1—E50-4（ACCD）	始终	小于 1Ω
E50-4（ACCD）或 5 号继电器盒 ACC 继电器端子 1—车身搭铁	始终	10kΩ 或更大

如果检测结果异常，则维修或更换线束或连接器；如果检测结果正常，则检查线束和连接器（ACC 继电器—蓄电池和车身搭铁）。

❺ 检查线束和连接器（ACC 继电器—蓄电池和车身搭铁）

a. 根据图 2-4-4 和表 2-4-6 中的值测量电阻。

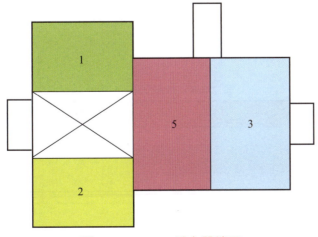

图 2-4-4   ACC 继电器端子

085

表 2-4-6　标准电阻

检测仪连接	条件	规定状态
5 号继电器盒 ACC 继电器端子 2—车身搭铁	始终	小于 1Ω

b. 根据图 2-4-4 和表 2-4-7 中的值测量电压。

表 2-4-7　标准电压

检测仪连接	条件	规定状态
5 号继电器盒 ACC 继电器端子 3—车身搭铁	始终	11～14V

如果检测结果异常，则维修或更换线束或连接器。如果检测结果正常，则更换主车身 ECU（仪表板接线盒）。

三、主车身 ECU STSW 监视器故障诊断与排除

1. 电路图（图 2-4-5）

图 2-4-5　STSW 电路图

2. 故障描述

当主车身 ECU 内部的发动机启动请求输出电路或外部电路中发生断路、短路或其他故障时，输出此 DTC。

3. 故障诊断与排除

（1）故障码（表 2-4-8）

表 2-4-8　故障代码及说明

故障代码	故障码检测条件	故障部位
B2275	主车身 ECU 内部的 STSW 输出电路（发动机启动请求信号电路）或其他相关电路出现故障	主车身 ECU ECM 线束或连接器

（2）故障诊断与排除

❶ 使用电脑诊断仪读取故障码

a. 清除故障码。

提示

清除所有故障码后，将发动机开关置于 ON（IG）位置，踩下制动踏板。15 秒后，检查是否再次出现故障。

b. 再次检查故障码。

正常：未输出 DTC。

如果检测结果异常，则检查线束和连接器（主车身 ECU—ECM）；如果检测结果正常，则检查间歇性故障。

❷ 检查线束和连接器（主车身 ECU—ECM）

a. 断开 ECU 连接器 E52。

b. 断开 ECM 连接器 A50。

c. 根据图 2-4-6 和表 2-4-9 中的值测量电阻。

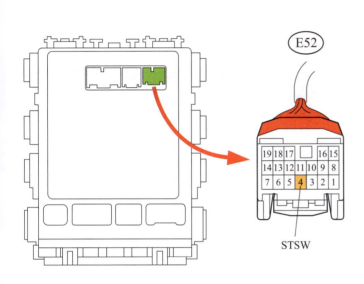
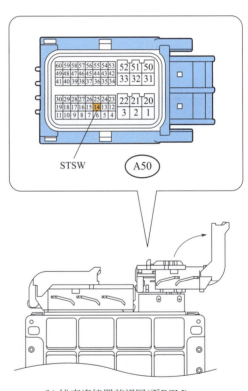

(a) 线束连接器前视图(至主车身ECU)　　(b) 线束连接器前视图(至ECM)

图 2-4-6　STSW 连接器线束

表 2-4-9　标准电阻

检测仪连接	条件	规定状态
E52-4（STSW）—A50-14（STSW）	始终	小于 1Ω
E52-4（STSW）—车身搭铁	始终	10kΩ 或更大

如果检测结果异常，则维修或更换线束或连接器；如果检测结果正常，则检查主车身 ECU。

❸ 检查主车身 ECU

a. 重新连接连接器 E52。

b. 根据图 2-4-7 中表 2-4-10 的值测量电压。

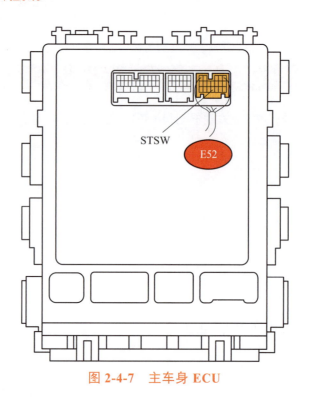

图 2-4-7　主车身 ECU

表 2-4-10　标准电压

检测仪连接	条件	规定状态
E52-4（STSW）—车身搭铁	踩下制动踏板，发动机开关保持在 ON（ST）位置	端子 AM1 或 AM2 输出电压为 -2V 或更高

如果检测结果异常，则更换主车身 ECU（仪表板接线盒）；如果检测结果正常，则检查主车身 ECU 工作情况。

❹ 检查主车身 ECU 工作情况

a. 使用功能正常的 ECU 替换主车身 ECU 之后，检查并确认发动机可以启动。确保此时踩下制动踏板且换挡杆位置为 P。

b. 检查并确认可以通过按下发动机开关来改变发动机开关模式。

 提示

未踩下制动踏板，重复按下发动机开关。发动机开关模式应从 OFF 到 ON（ACC）到 ON（IG）再回到 OFF。踩下制动踏板，重复按下发动机开关。发动机开关模式应从任何其他状态转到 ENGINE START（发动机启动）。

正常：发动机启动正常。

如果检测结果异常，则转至发动机控制系统；如果检测结果正常，则结束（主车身 ECU 故障）。

第三章
车窗控制系统典型控制电路详解

第一节
车窗控制的分类

电动车窗的控制有手动控制和自动控制两种。所谓手动控制是指按着相应的手动按钮，车窗可以上升或下降，若中途松开按钮，上升或下降的动作即停止。自动控制是指按下自动按钮，松开手后车窗会一直上升至最高或下降至最低。

第二节
车窗系统的组成、作用及工作原理

一、电动车窗的组成

电动车窗就是用伺服电机驱动玻璃的升降，它取代了传统的转动摇柄升降玻璃，使得玻璃的升降更加轻松。装有电动车窗的车，在各个车门都装有玻璃升降开关，向上按玻璃上升，向下按玻璃下降。在驾驶员侧的车门上，还有一个总开关，可以控制各个车窗玻璃的升降，并可关闭全车的玻璃升降机构。

电动车窗主要由车窗玻璃、车窗玻璃升降器、电动机和控制开关等组成（图3-2-1）。

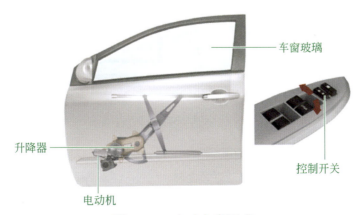

图 3-2-1　电动车窗组成

二、电动车窗的作用

电动车窗上的电动机的作用是为车窗玻璃的升降提供动力。它是双向的，有永磁型和双绕组型两种。每个车门各有一个电动机，通过开关控制电动机中的电流方向从而控制玻璃的升降。

控制开关一般有两套，一套为总开关，装在仪表盘或驾驶员侧的车门上，这样，驾驶员就可以控制每个车窗的升降；另一套为分开关，分别安装在每个车窗上，这样，乘客也可以对各个车窗进行升降控制。由于所有车窗的电动机都要通过总开关搭铁，所以如果总开关断开，分开关就不能起作用。

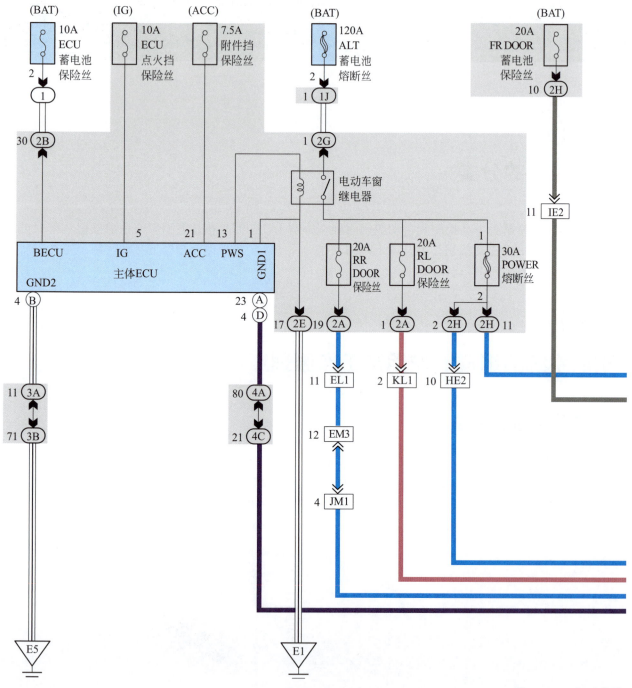

图 3-2-2　电动车窗

三、电动车窗的工作原理

当接通点火开关后,车窗继电器触点闭合,电动门电路与电源接通,将组合开关或分开关与"上"位接通,电流流进车窗电动机,电动机旋转带动升降器,使车窗玻璃上升;将组合开关或分开关与"下"位接通,流进车窗电动机的电流改变方向,电动机的旋转方向因而改变,升降器带动车窗玻璃下降。当车窗玻璃上升或下降到终点时,断路开关切断一段时间,然后再恢复到接通状态(图3-2-2)。

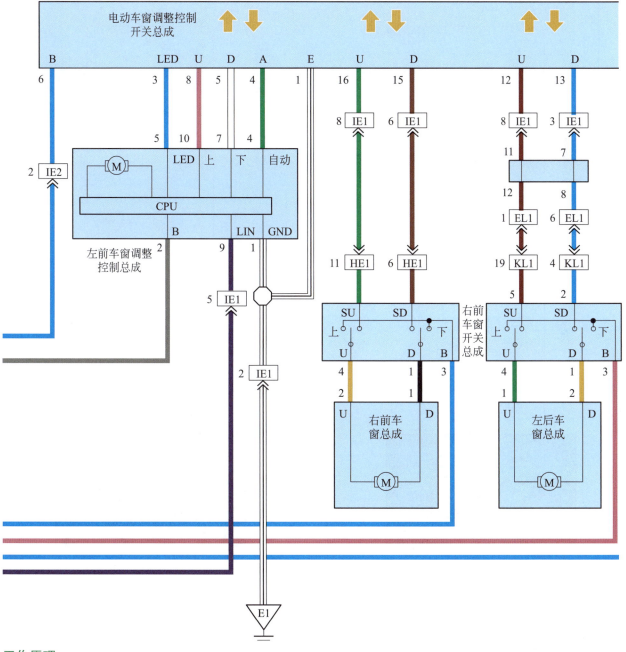

工作原理

第三节
车窗控制系统控制方式

一、开关直控式

直接由开关控制车窗电动机,中间不经任何继电器和控制器(图 3-3-1)。

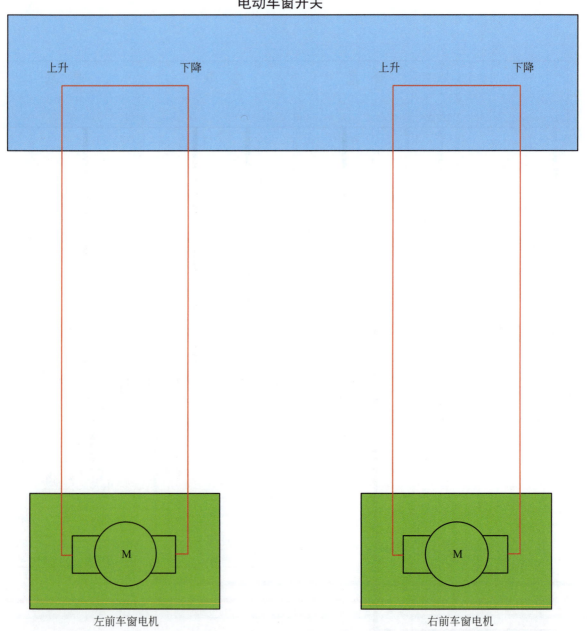

图 3-3-1 开关直控式

二、二次控制式

当按下升降器开关时,开关向 BCM 控制单元发送电动车窗升/降信号,BCM 控制单元控制继电器控制端搭铁,继电器常开开关闭合,车窗升降电机工作使车窗上升或下降。电路如图 3-3-2 所示。

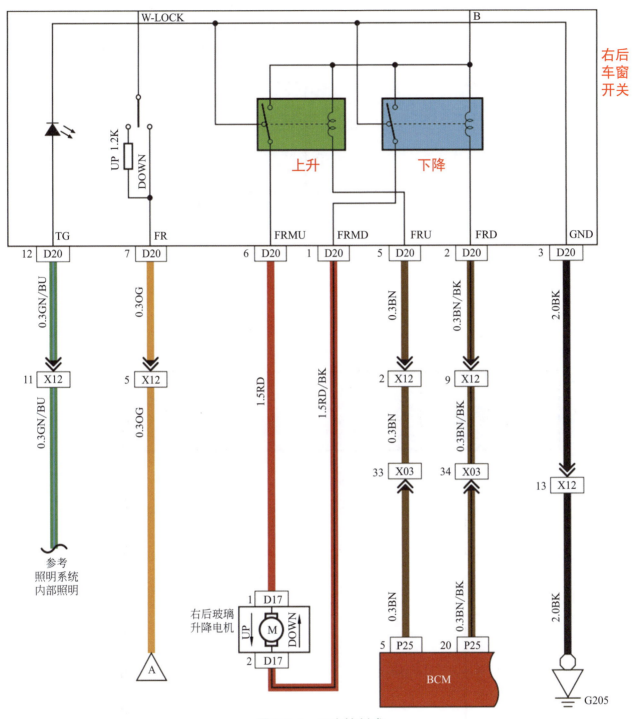

图 3-3-2　二次控制式

第四节
车窗系统控制模块

一、车身控制模块

玻璃升降器开关将上升或下降的信号发送至BCM控制单元，BCM控制单元控制玻璃升降电机使车窗玻璃上升或下降。电路图见图3-4-1。

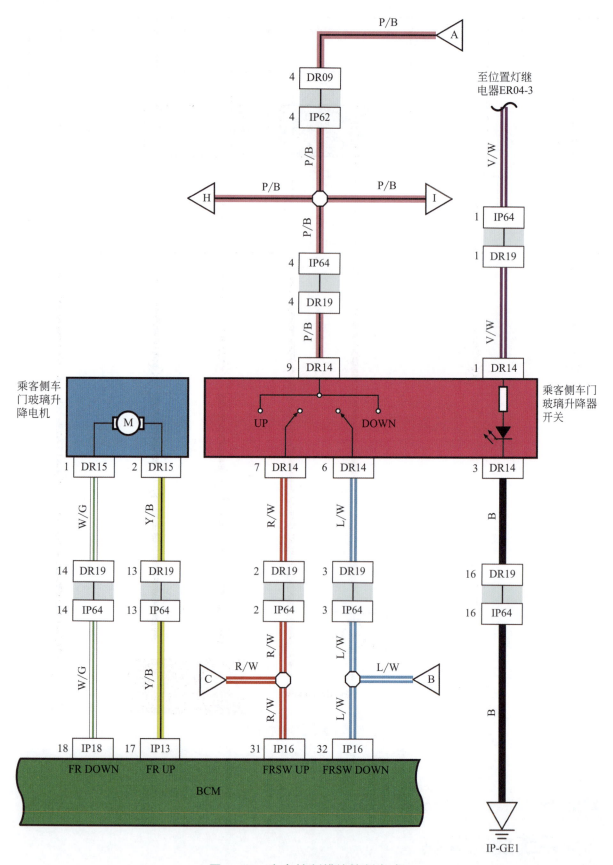

图 3-4-1　车身控制模块控制方式

二、车门控制模块

车门开关将上升或下降的信号发送至车门控制模块，车门控制模块控制玻璃升降电机动作，使车窗玻璃上升或下降。电路图见图 3-4-2。

第三章
车窗控制系统典型控制电路详解

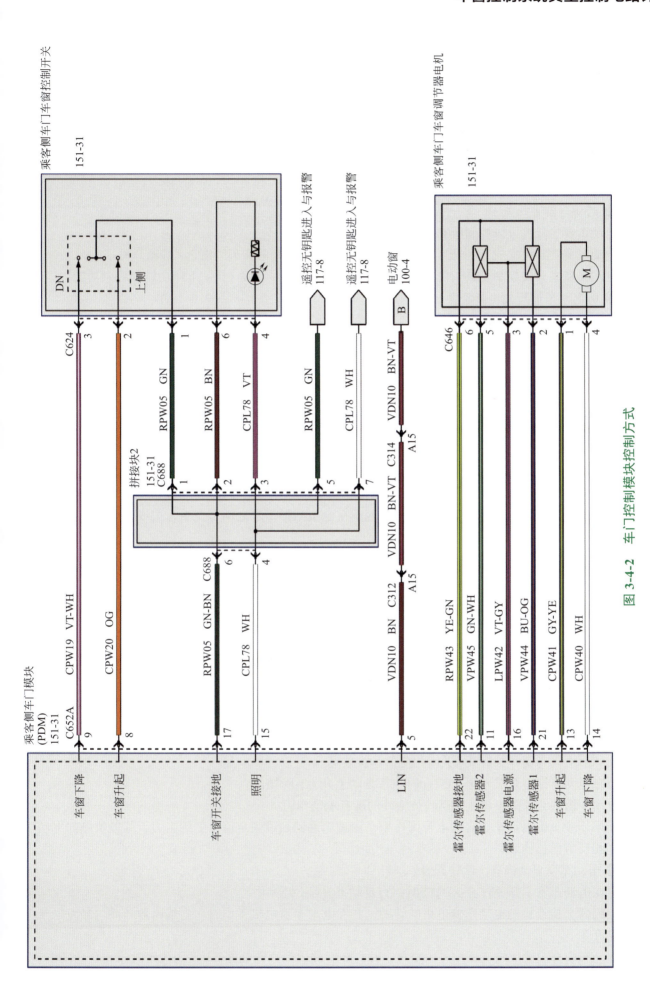

图 3-4-2 车门控制模块控制方式

095

第五节
车窗系统控制电路

一、相关部件作用及功能操作

1. 零部件作用

❶ 电动车窗主开关

电动车窗主开关可以控制所有电动车窗。

电动车窗主开关集成了上升/下降开关、电动车窗锁止开关和车门锁止/解锁开关。

电动车窗主开关控制驾驶员侧车窗的电动车窗锁止功能、自动上升/下降功能和防夹功能。

❷ 前电动车窗开关（乘客侧）

前电动车窗开关（乘客侧）将上升/下降信号发送至电动车窗电机（乘客侧）。

前电动车窗开关（乘客侧）将来自电动车窗主开关的上升/下降信号发送至电动车窗电机（乘客侧）。

❸ 后电动车窗开关

后电动车窗开关将上升/下降信号发送至后电动车窗电机。

后电动车窗开关将来自电动车窗主开关的上升/下降信号发送至后电动车窗电机。

❹ 电动车窗电机

接收到来自电动车窗主开关的信号后开始操作。

将前电动车窗电机（驾驶员侧）转动作为脉冲信号发送至电动车窗主开关。

除驾驶员侧车门的电动车窗电机外，其他车窗电机根据来自电动车窗主开关或各电动车窗开关的信号开始操作。

❺ 车身控制单元

接收玻璃升降器开关上升或下降信号，然后控制玻璃升降电机动作，使车窗玻璃上升或下降。

❻ 车门控制模块

接收玻璃升降器开关上升或下降信号，然后控制玻璃升降电机动作，使车窗玻璃上升或下降，并与车身控制单元通信。

2. 功能操作

❶ 电动车窗操作

当点火开关转至ON位置时，电动车窗开关启动电动车窗系统。

电动车窗主开关打开/关闭所有车窗玻璃。

前和后电动车窗开关打开/关闭相应的车窗玻璃。

可在电动车窗主开关转至AUTO时执行自动上升/下降操作。

电动车窗锁止开关可锁止除驾驶员侧外的所有电动车窗。

如果驾驶员侧电动车窗自动上升操作中车窗玻璃遇到超过规定值以上的阻力，驾驶员侧的电动车窗将向相反方向操作。

❷ 电动车窗自动操作（驾驶员侧）

可在电动车窗主开关转至AUTO时执行自动上升/下降操作。

编码器会持续检测电动车窗电机的转动，并在电动车窗电机工作时作为编码器脉冲信号发送至电动车窗开关。

电动车窗开关读取编码器信号的变化，并在车窗玻璃到达完全打开/关闭位置时停止自动操作。

电动车窗电机在编码器故障时仍可以操作。

❸ 电动车窗锁

当电动车窗锁止开关处于 ON 位置时，电动车窗主开关内部的接地电路切断。禁止电动车窗主开关以外的电动车窗开关进行操作。

❹ 防夹系统（驾驶员侧）

车窗玻璃在自动上升期间夹住异物时，防夹功能会在检测到异物后降下车窗玻璃 150mm。

编码器会持续检测前电动车窗电机（驾驶员侧）的转动，并在前电动车窗电机（驾驶员侧）操作时作为编码器脉冲信号发送至电动车窗主开关。

如果车窗玻璃夹到异物，前电动车窗电机（驾驶员侧）的转动会遇到阻力，使编码器脉冲信号频率改变。

电动车窗主开关会在检测到编码器脉冲信号频率改变时控制车窗玻璃下降 150mm。

❺ 操作条件

当执行前车窗玻璃（驾驶员侧）自动上升操作时才能执行防夹功能（在车窗玻璃关闭和即将完全关闭之前，防夹功能不起作用）。

二、大众 / 奥迪车型典型车窗控制电路详解——大众迈腾车窗控制电路

这里以大众迈腾车型为例进行介绍，同样适用于大众 / 奥迪其他车型，限于篇幅不再赘述。

❶ 驾驶侧车窗控制电路详解（图 3-5-1）

驾驶员侧车门控制单元 J386 的 T20g/18 为来自 SC12-15A 保险丝的电源；

T20g/20 端子为来自 SC44-25A 保险丝的电源；

T20g/15 端子为信息传输线 LIN 线，与其他车门控制模块相连；

T20g/8 端子为 CAN-H，T20g/9 端子为 CAN-L，通过 CAN-H 和 CAN-L 与 J393 舒适 / 便捷系统的中央控制单元连接。

升降器开关的 T10t/5、T10t/6、T10t/8、T10t/7 将左前、右前、左后、右后的玻璃升降按钮信号发送给 J386（信号是通过直接接地或串一个电阻接地来区别升降信号）；

T10t/9 端子为来自小灯开关的电源，当打开小灯开关，有电流到 L76 灯泡，从而点亮 L76。

❷ 副驾驶侧车窗控制电路详解（图 3-5-2）

副驾驶侧车门控制单元 J387 的 T20j/18 端子为来自 SC28-25A 保险丝的电源；

T20j/20 端子为来自 SC35-25A 保险丝的电源；

T20j/15 端子为信息传输线 LIN 线，与其他车门控制模块相连；

J387 的 T20j/8 端子为 CAN-H，T20j/9 端子为 CAN-L，通过 CAN-H 和 CAN-L 与 J393 舒适 / 便捷系统的中央控制单元连接。

升降器开关的 T4av/4 端子与 T32a/15 端子的电动摇窗器电机连接，将玻璃升降按钮信号发送给 J387（信号是通过直接接地或串一个电阻接地来区别升降信号）；

T4av/2 端子为来自小灯开关的电源，打开小灯开关，有电流到 L76 灯泡，从而点亮 L76；

T4av/1 端子为搭铁线。

❸ 左后车窗控制电路详解（图 3-5-3）

左后车门控制单元 J926 的 T20l/9 端子为来自 SC12-25A 保险丝的电源；

T20l/20 端子为来自 SC44-25A 保险丝的电源；

T20l/8 端子为信息传输线 LIN 线，与其他车门控制模块相连；

T20l/19 端子为搭铁线。

升降器开关的 T4aj/4 端子与 T20l/2 端子的电动摇窗器电机连接，将玻璃升降按钮信号发给 J926（信号是通过直接接地或串一个电阻接地来区别升降信号）；

T4aj/2 端子为来自小灯开关的电源，打开小灯开关，有电流到 L76 灯泡，从而点亮 L76；

T4aj/1 端子为升降器开关搭铁线。

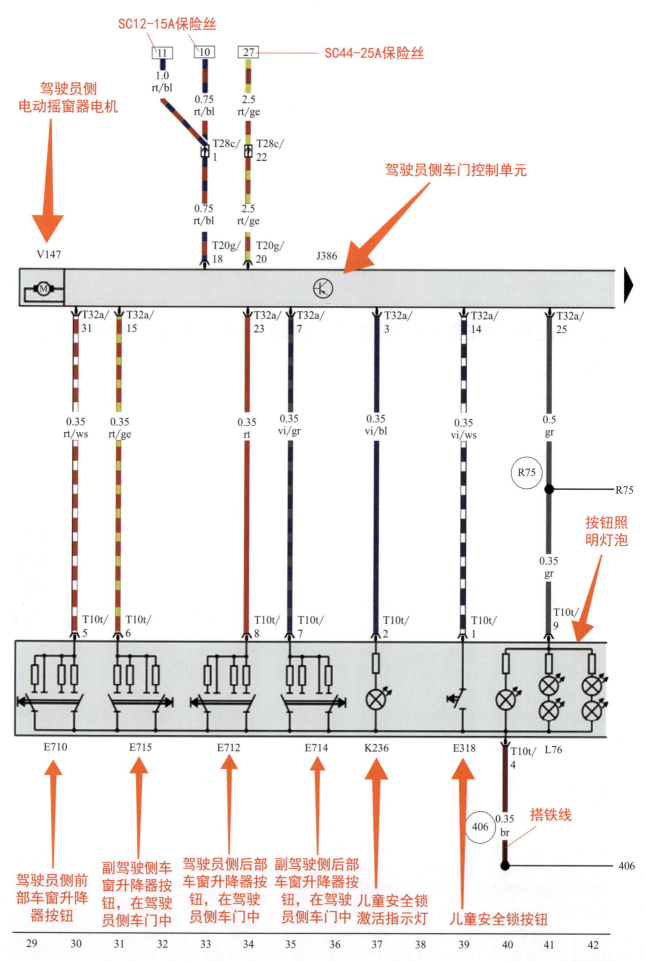

图 3-5-1 迈腾驾驶员

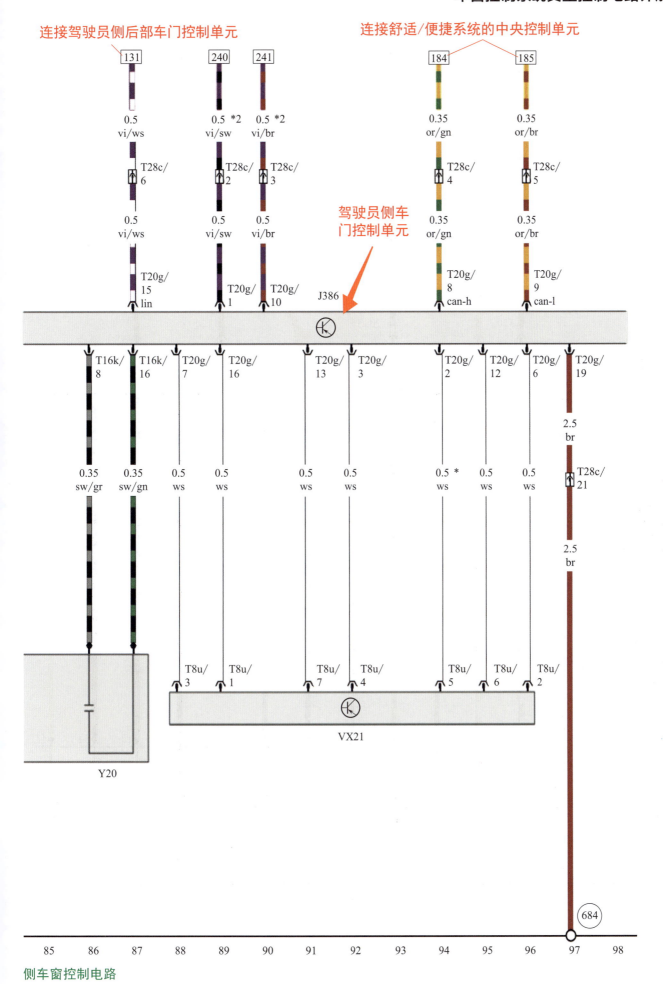

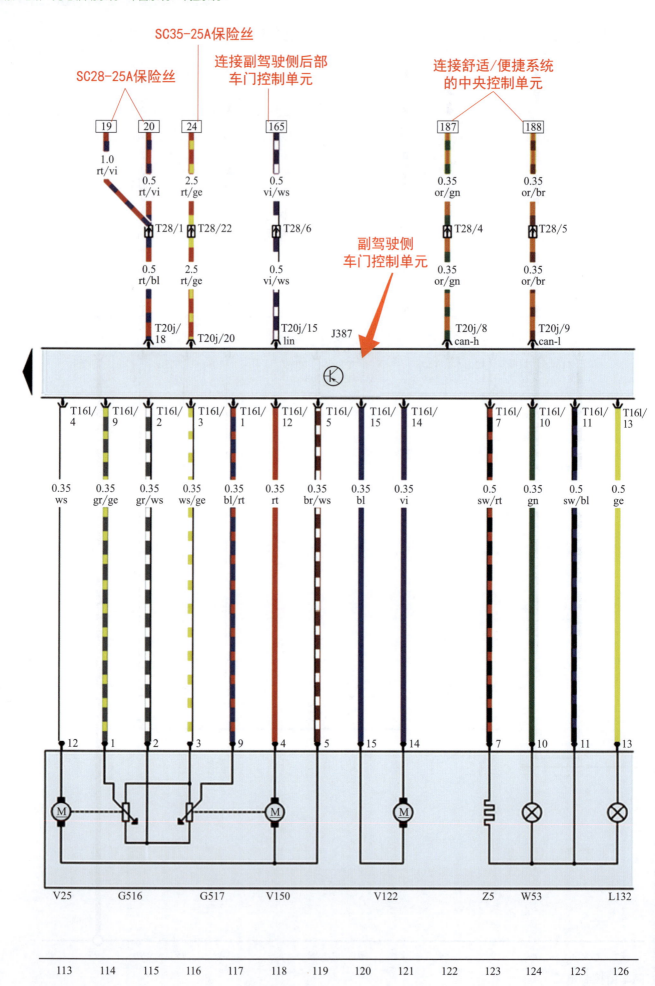

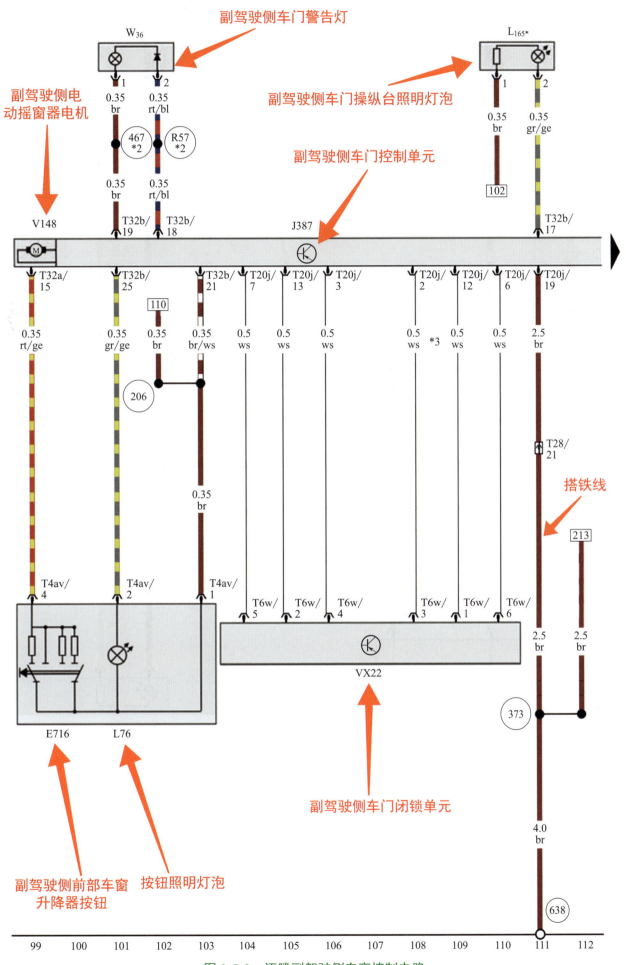

图 3-5-2 迈腾副驾驶侧车窗控制电路

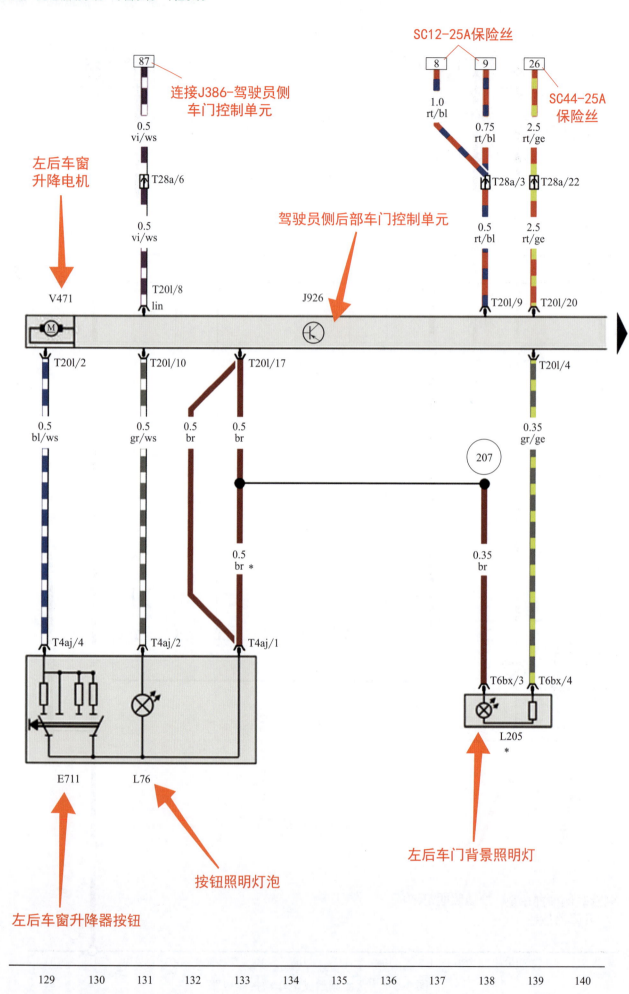

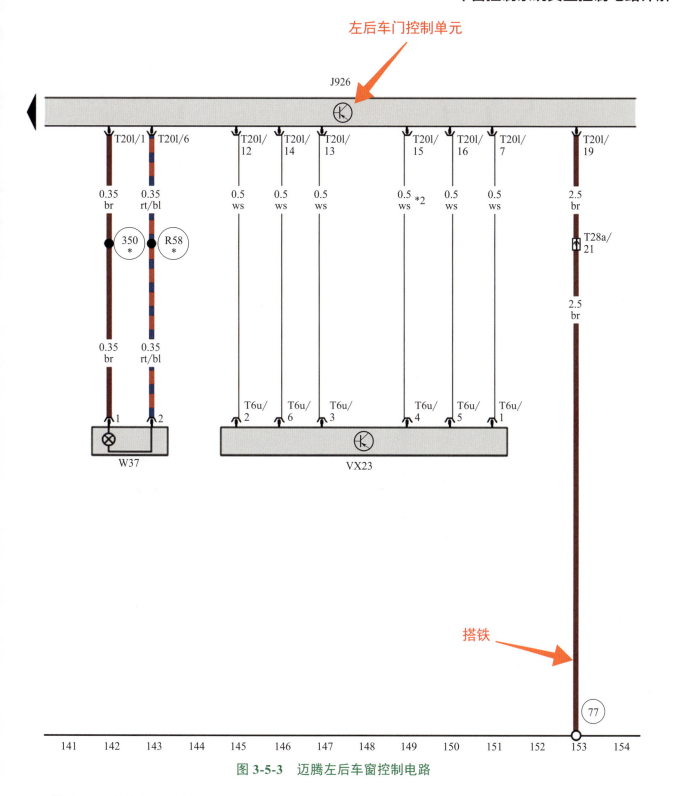

图 3-5-3　迈腾左后车窗控制电路

❹ 右后车窗控制电路详解（图 3-5-4）
右后车门控制单元 J927 的 T20k/9 端子为来自 SC28-25A 保险丝的电源；
T20k/20 端子为来自 SC35-25A 保险丝的电源；
T20k/8 端子为信息传输线 LIN 线，与其他车门控制模块相连；
T20k/19 端子为搭铁线。
升降器开关的 T4an/4 端子与 T20k/2 端子的电动升降电机连接，将玻璃升降按钮信号发给 J927（信号是通过直接接地或串一个电阻接地来区别升降信号）；
T4an/2 端子为来自小灯开关的电源，打开小灯开关，有电流到 L76 灯泡，从而点亮 L76；
T4an/1 端子为升降器开关搭铁线。

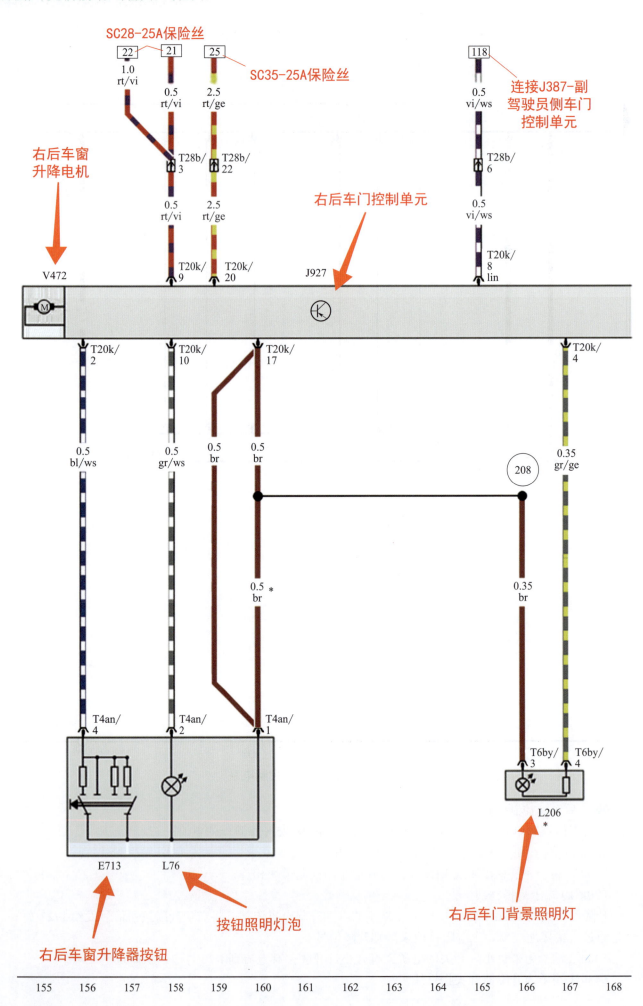

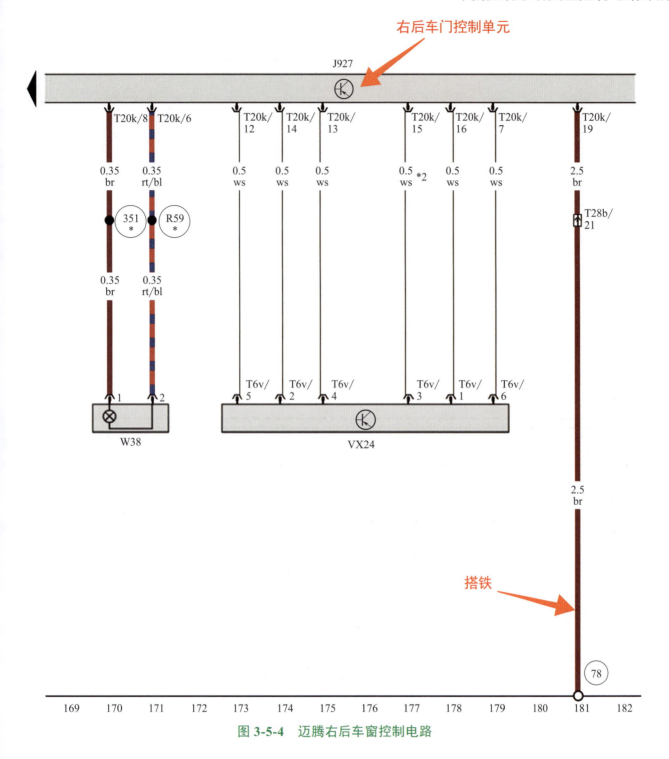

图 3-5-4 迈腾右后车窗控制电路

三、别克/雪佛兰/凯迪拉克车型典型车窗控制电路详解——别克威朗车窗控制电路

这里以别克威朗车型为例进行介绍，同样适用于别克/雪佛兰/凯迪拉克其他车型，限于篇幅不再赘述。

❶ 驾驶员侧车窗控制电路详解（图 3-5-5）

车窗开关激活后，车窗电机将为其各自的车窗开关提供车身系统电压信号电路，开关关闭时向相应的信号电路提供搭铁并让电压下降至 0V。车窗电机将检测信号电路中的压降，然后指令车窗向需要的方向移动。驾驶员侧车窗电机主开关还包含控制乘客侧、左后和右后车窗的功能。

当按下车窗开关后，一个串行数据信息将发送至车身控制模块（K9）。车身控制模块检验该请求并检查是否有来自其他电动车窗电机的禁止车窗移动的信息。如果没有收到禁止信息，车身控制模块将向乘客侧车窗电机或相应的后车窗电机发送串行数据信息以按照请求执行指令。

105

驾驶员侧车窗开关端子和车窗电机端子说明如表3-5-1所示。

表3-5-1 驾驶员侧车窗开关和车窗电机端子作用说明

所在部件	端子序号	作用说明
车窗开关	1	搭铁端
	2	接车窗上升下降控制信号线
	3	接车窗下降控制信号线
	4	接蓄电池正极电源线
	5	连接K9车身控制模块的信号线
	6	车窗上升控制信号输出端
车窗电机	1	搭铁端
	2	接蓄电池正极电源线
	3	连接K9车身控制模块的信号线

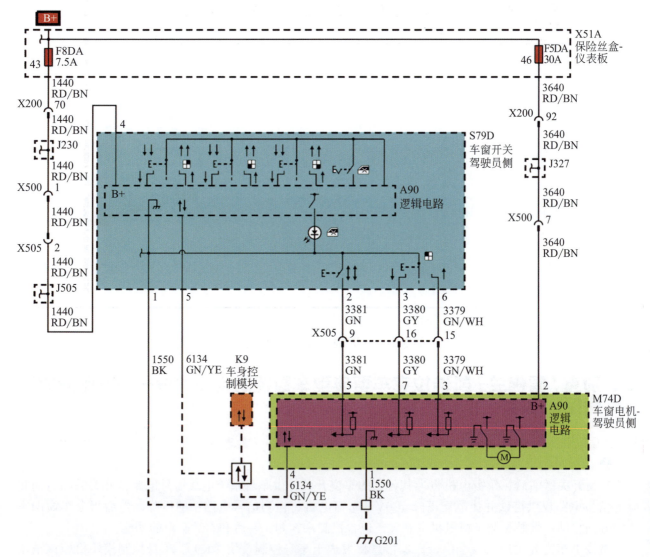

图3-5-5 别克威朗驾驶员侧（左前）车窗控制电路

❷ 副驾驶侧车窗控制电路详解（图3-5-6）

副驾驶侧车窗开关和车窗电机部分端子作用见表 3-5-2。

表 3-5-2　副驾驶侧车窗开关和车窗电机部分端子作用说明

所在部件	端子序号	作用说明
车窗开关	1	搭铁端
	6	车窗上升下降控制信号线
	7	车窗下降控制信号线
	8	车窗上升控制信号线
车窗电机	1	搭铁端
	2	接蓄电池正极电源线
	4	连接 K9 车身控制模块的信号线
	6	车门锁开关控制信号输入端

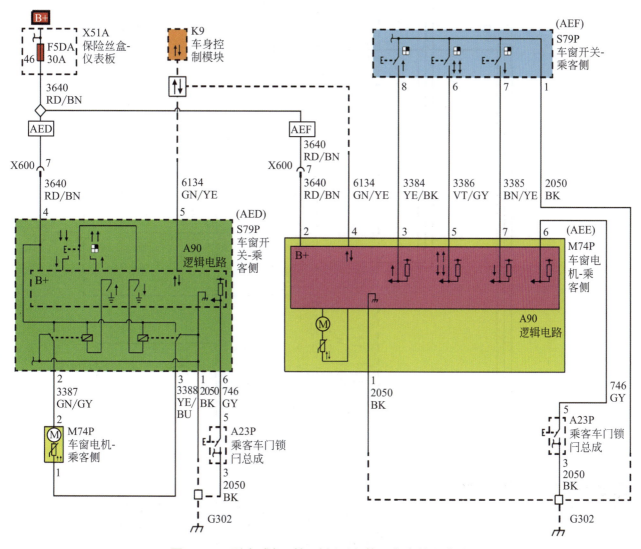

图 3-5-6　别克威朗副驾驶侧（右前）车窗控制电路

❸ 后门车窗控制电路详解（图 3-5-7）

107

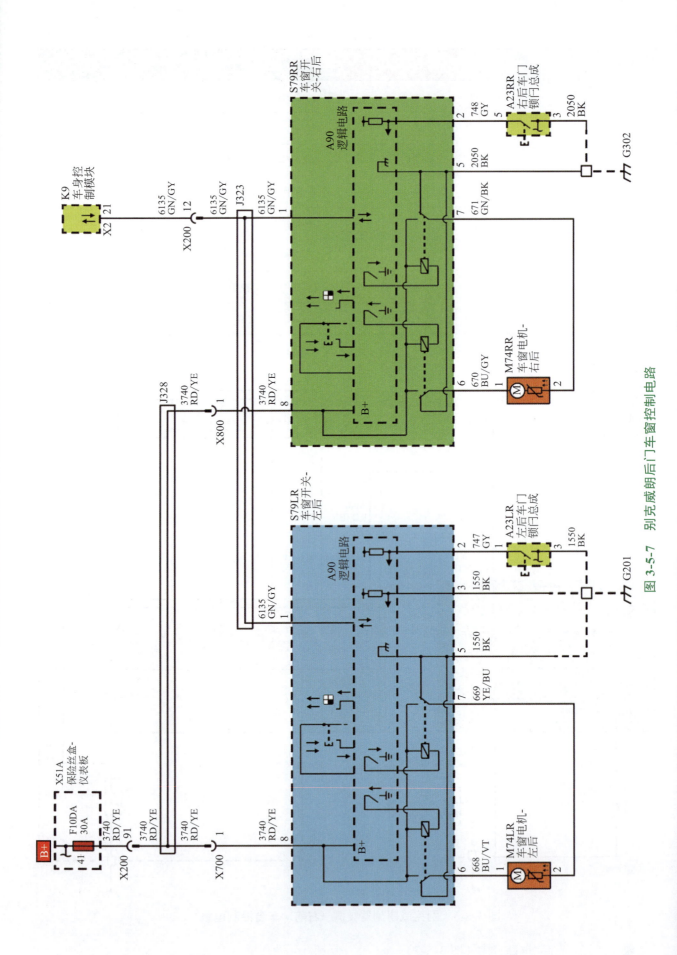

图 3-5-7 别克威朗后门车窗控制电路

左后车窗控制电路中车窗开关和车窗电机端子作用说明见表3-5-3。

表3-5-3 左后车窗开关和车窗电机部分端子作用说明

所在部件	端子序号	作用说明
车窗开关	1	接车窗上升下降控制信号线
	2	搭铁端
	3	搭铁端
	5	搭铁端
	6	接车窗上升控制信号线
	7	接车窗下降控制信号线
	8	接蓄电池正极电源线
车窗电机	1	车窗上升信号输入端
	2	车窗下降信号输入端

右后车窗控制电路中车窗开关和车窗电机端子作用说明见表3-5-4。

表3-5-4 右后车窗开关和车窗电机部分端子作用说明

所在部件	端子序号	作用说明
车窗开关	1	接车窗上升下降控制信号线
	2	搭铁端
	5	搭铁端
	6	车窗上升控制信号输出端
	7	车窗下降控制信号输出端
	8	接蓄电池正极电源线
车窗电机	1	车窗上升信号输入端
	2	车窗下降信号输入端

四、比亚迪车型典型车窗控制电路详解——L3车窗控制电路

❶ 驾驶员侧车窗控制电路详解（图3-5-8）

电动车窗系统通过操作车门饰板上的开关来使车窗升降，驾驶员可通过驾驶员侧（左前）电动车窗控制开关来操作各车窗的开关。电动车窗闭锁开关位于驾驶员侧前门饰板上，它可以让驾驶员使所有乘客车窗开关禁用。

只有当点火开关置于ON，IG1继电器闭合，供电通过仪表保险丝F2/3到达门窗继电器，使该继电器工作时，电动车窗系统才能工作。自动（AUTO）降窗特性可以使驾驶员侧车窗自动降到底。

门窗继电器闭合后，输出5路供电，分别通往左前电动车窗控制开关、天窗控制器（A线路）、左后控制开关（B线路）、右后控制开关（C线路）和右前控制开关（D线路）。

电动车窗闭锁开关通过左前电动车窗控制开关控制其他车窗控制开关的接地线路。接通，则右前、右后、左后控制开关可以改变相应车窗电机的电流方向，升起或降下车窗玻璃。

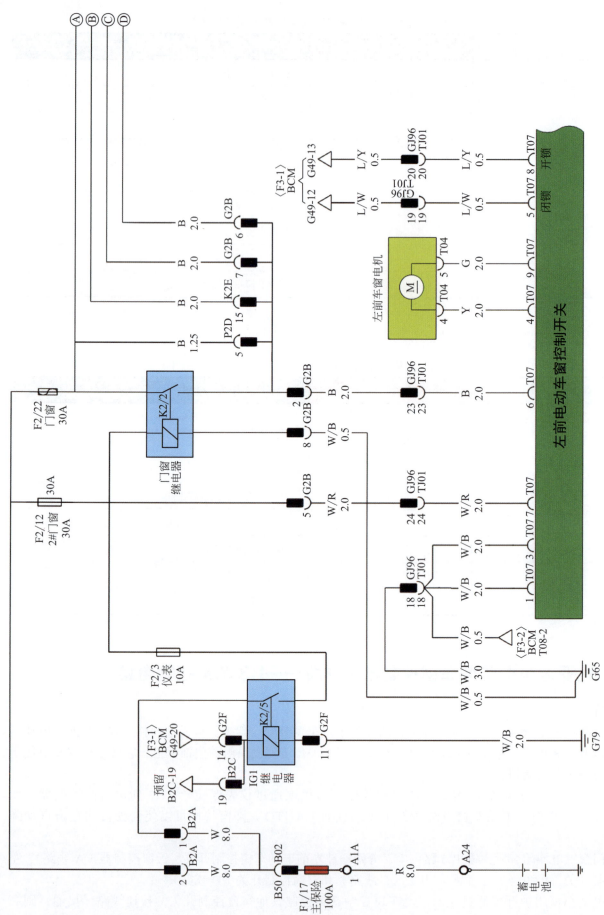

图 3-5-8 L3 驾驶员侧车窗控制电路

❷ 副驾驶侧车窗控制电路详解（图 3-5-9）

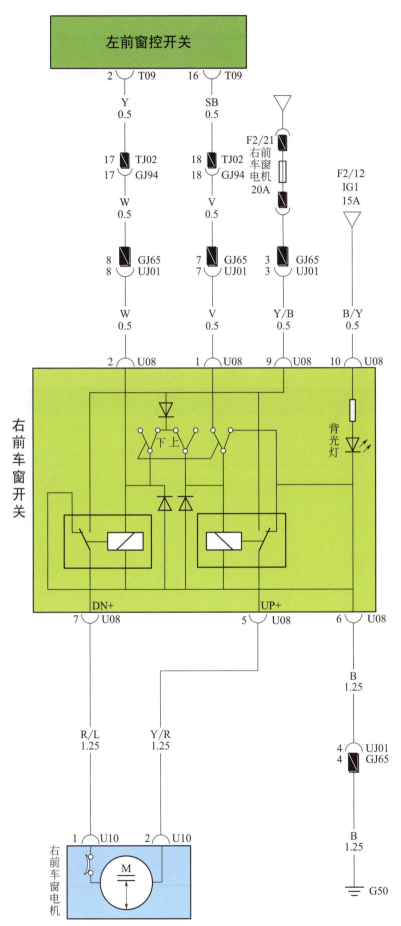

图 3-5-9　L3 副驾驶侧车窗控制电路

副驾驶侧（右前）车窗开关和车窗电机端子作用说明见表 3-5-5。

表 3-5-5　副驾驶侧车窗开关和车窗电机部分端子作用说明

所在部件	端子序号	作用说明
车窗开关	1	车窗上升控制信号输出端
	2	车窗下降控制信号输出端
	5	与电机 2 号端子连接，为车窗上升信号线
	6	搭铁
	7	与电机 1 号端子连接，为车窗下降信号线
	9	经 F2/12（15A）保险丝与车窗控制开关电源相连
	10	车窗控制开关背光灯
车窗电机	1	车窗下降信号输入端
	2	车窗上升信号输入端

❸ 左后车窗控制电路详解（图 3-5-10）

左后车窗开关和电机端子作用说明如表 3-5-6 所示。

表 3-5-6　左后车窗开关和车窗电机部分端子作用说明

所在部件	端子序号	作用说明
车窗开关	1	车窗下降控制信号输出端
	2	车窗上升控制信号输出端
	3	与电机 2 号端子连接，为车窗下降信号线
	4	左后车窗控制开关电源，F2/18 为左后车窗控制开关保险丝
	5	搭铁
	6	与电机 1 号端子连接，为车窗上升信号线
车窗电机	1	车窗上升信号线
	2	车窗下降信号线

❹ 右后车窗控制电路详解（图 3-5-11）

右后车窗开关和电机端子作用说明见表 3-5-7。

表 3-5-7　右后车窗开关和车窗电机部分端子作用说明

所在部件	端子序号	作用说明
车窗开关	1	车窗下降控制信号输出端
	2	车窗上升控制信号输出端
	3	与电机 2 号端子连接，为车窗下降信号线
	4	右后车窗控制开关电源，F2/19 为右后车窗控制开关保险丝
	5	搭铁
	6	与电机 1 号端子连接，为车窗上升信号线
车窗电机	1	接车窗上升信号线
	2	接车窗下降信号线

第三章
车窗控制系统典型控制电路详解

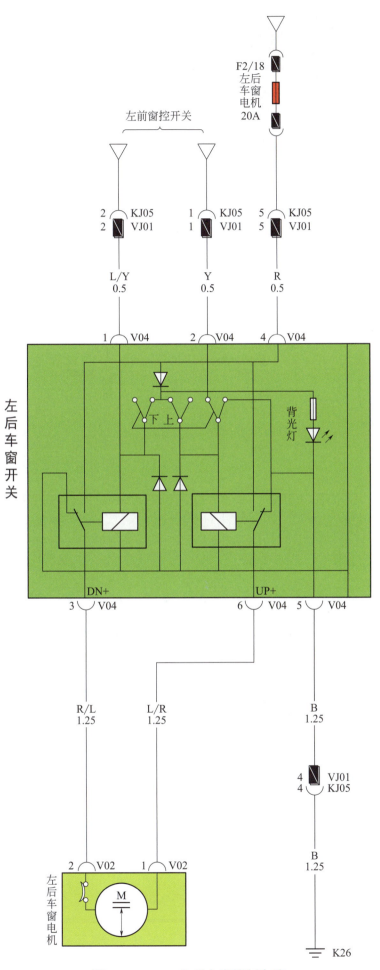

图 3-5-10　L3 左后车窗控制电路

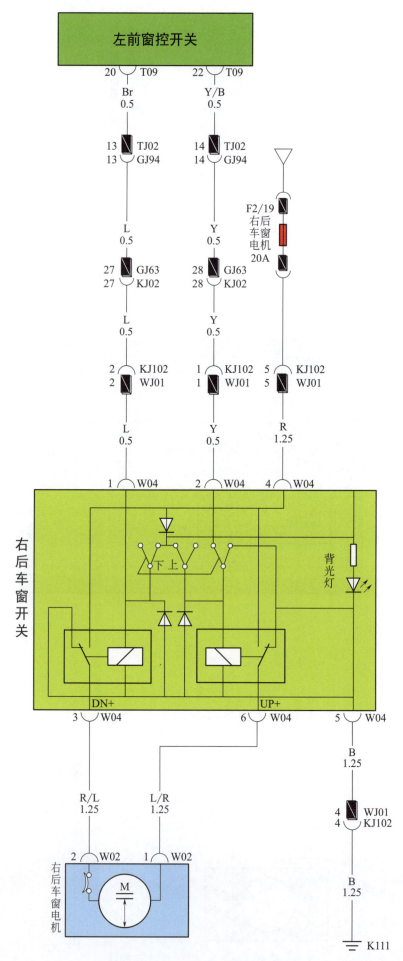

图 3-5-11　L3 右后车窗控制电路

五、吉利车型典型车窗控制电路详解——帝豪 GS 车窗控制电路

❶ 驾驶员侧车窗控制电路详解（图 3-5-12）

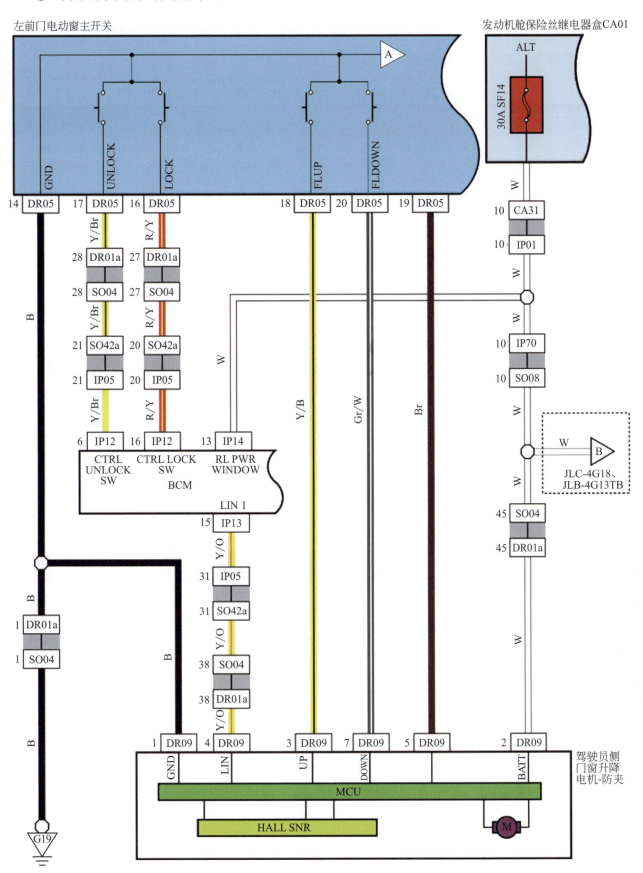

图 3-5-12　帝豪 GS 驾驶员侧（左前）车窗控制电路

车窗玻璃采用电动升降方式,当需要升降车窗玻璃时,只需按动玻璃升降器按钮。驾驶员侧车门内侧设有全车车窗玻璃升降器开关,其他车门上的开关则控制相应的车窗玻璃。当点火开关处于"ON"位置,车窗开关处于上升挡时,电机驱动车窗玻璃上升;当车窗开关处于下降挡时,电机驱动车窗玻璃下降。驾驶员侧车窗开关上有玻璃升降控制开关,按动玻璃升降控制开关能锁止和解锁除驾驶员侧车窗以外的其余三个车窗玻璃上升或下降。

驾驶员侧车窗主开关和门窗升降电机端子作用说明如表 3-5-8 所示。

表 3-5-8　驾驶员侧车窗主开关和车窗电机部分端子作用说明

所在部件	端子序号	作用说明
车窗主开关	14	搭铁
	16	锁止信号输出端,可锁止车门
	17	解除锁止信号输出端,可解除车门锁止状态
	18	在开关闭合时发出电动车窗上升信号
	20	在开关闭合时发出电动车窗下降信号
车窗电机	1	搭铁
	2	为蓄电池供电,经 SF14(30A) 保险丝
	3	接收到上升信号时电动机开始工作,车门玻璃上升
	4	LIN 线,与 BCM 连接
	7	接收到下降信号时电动机开始工作,车门玻璃下降

❷ 副驾驶侧车窗控制电路详解(图 3-5-13)

副驾驶侧车窗开关和电机端子说明见表 3-5-9。

表 3-5-9　副驾驶侧车窗开关、左前车窗主开关和车窗电机部分端子作用说明

所在部件	端子序号	作用说明
副驾驶侧车窗开关	2	电动车窗上升信号输出端,当开关闭合时发出电动车窗上升信号
	4	电动车窗下降信号输出端,当开关闭合时发出电动车窗下降信号
	6	搭铁
左前车窗主开关	11	左前门电动窗开关控制前乘客侧门窗下降信号端
	13	左前门电动窗开关控制前乘客侧门窗上升信号端
车窗电机	1	搭铁
	2	接蓄电池电源,蓄电池供电经 SF15(25A) 保险丝到达副驾驶侧车窗升降电机
	3	接收到上升信号时电动机开始工作,车门玻璃上升
	4	LIN 线,与 BCM 连接
	7	接收到下降信号时电动机开始工作,车门玻璃下降

第三章

车窗控制系统典型控制电路详解

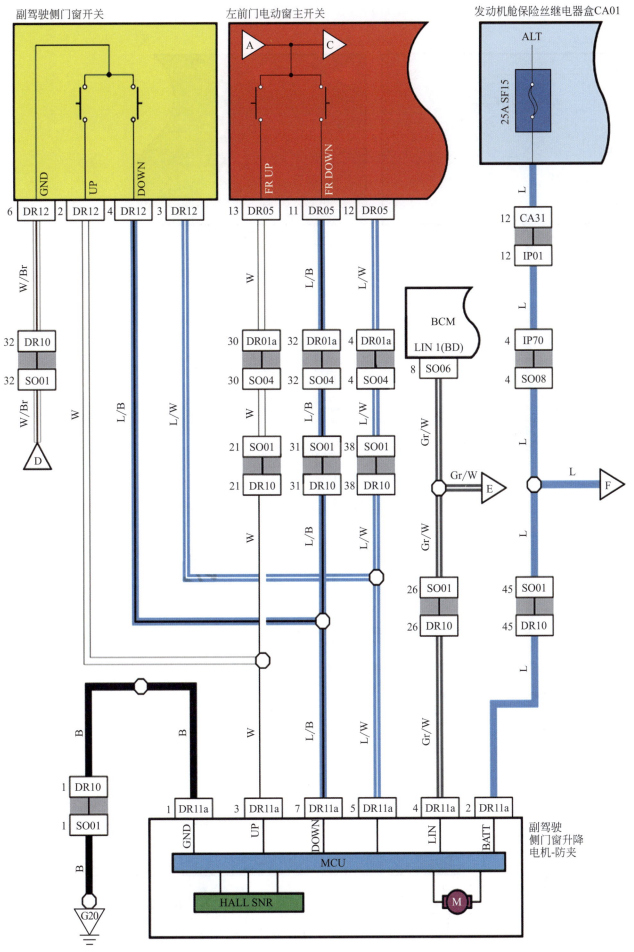

图 3-5-13　帝豪 GS 副驾驶侧车窗控制电路

❸ 左后车窗控制电路详解（图 3-5-14）

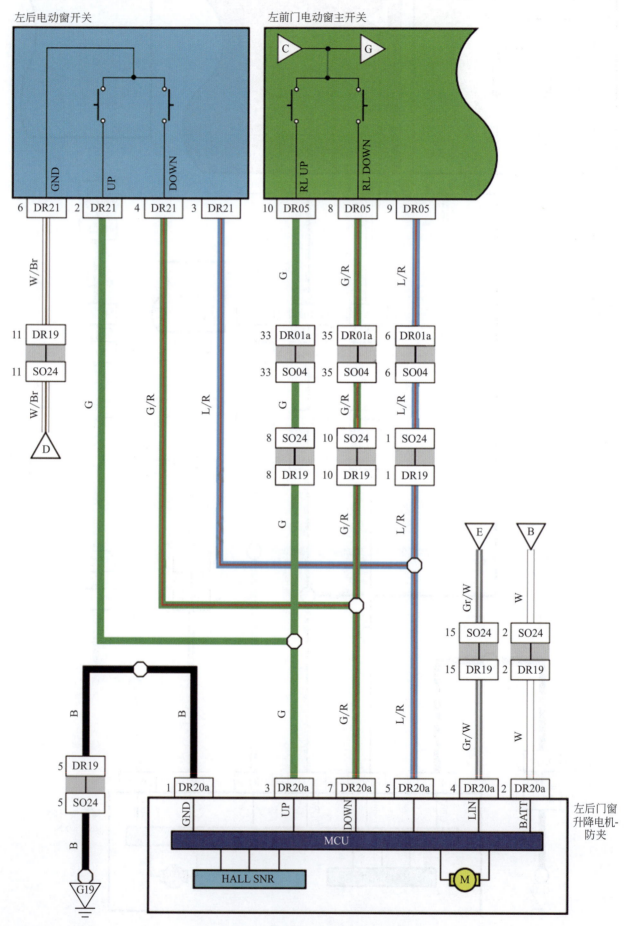

图 3-5-14　帝豪 GS 左后车窗控制电路

左后车窗开关和电机端子作用说明见表 3-5-10。

表 3-5-10　左后车窗开关、左前车窗主开关和车窗电机部分端子作用说明

所在部件	端子序号	作用说明
左后车窗开关	2	电动车窗上升信号输出端，当开关闭合时发出电动车窗上升信号
	4	电动车窗下降信号输出端，当开关闭合时发出电动车窗下降信号
	6	搭铁
左前车窗主开关	8	左前电动门窗开关控制左后门窗下降信号端
	10	左前电动门窗开关控制左后门窗上升信号端
车窗电机	1	搭铁
	2	接蓄电池电源
	3	接收到上升信号时电动机开始工作，车门玻璃上升
	4	LIN 线，与 BCM 连接
	7	接收到下降信号时电动机开始工作，车门玻璃下降

❹ 右后车窗控制电路详解（图 3-5-15）

右后车窗开关和电机端子作用说明见表 3-5-11。

表 3-5-11　右后车窗开关、左前车窗主开关和车窗电机部分端子作用说明

所在部件	端子序号	作用说明
右后车窗开关	2	电动车窗上升信号输出端，当开关闭合时发出电动车窗上升信号
	4	电动车窗下降信号输出端，当开关闭合时发出电动车窗下降信号
	6	搭铁
左前车窗主开关	1	电动车窗下降信号输出端，左前电动门窗开关控制前乘客侧门窗下降
	3	电动车窗上升信号输出端，左前电动门窗开关控制前乘客侧门窗上升
	4	开关背光灯
	15	接电动门窗锁止开关信号、搭铁线，开关接通时除驾驶员侧电动门窗外锁止其他三个电动门窗
车窗电机	1	搭铁
	2	接蓄电池电源
	3	接收到上升信号时电动机开始工作，车门玻璃上升
	4	LIN 线，与 BCM 连接
	7	接收到下降信号时电动机开始工作，车门玻璃下降

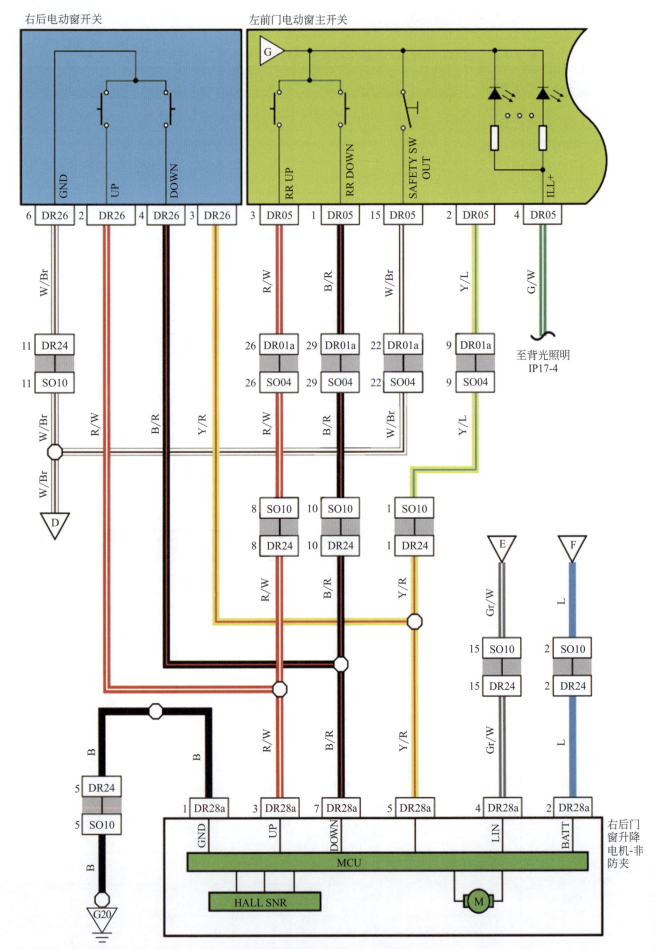

图 3-5-15 帝豪 GS 右后车窗控制电路

六、奇瑞车型典型车窗控制电路详解——艾瑞泽 5 车窗控制电路（图 3-5-16）

车窗玻璃采用电动升降方式，当需要升降车窗玻璃时，只需按动玻璃升降器按钮。

❶ 左前玻璃升降开关电路

a. 控制左前玻璃升降。左前玻璃升降开关 8、11 号端子为搭铁端子，与 BCM 连接。

当按下左前玻璃手动下降开关时，332Ω 电阻接通 6 号端子，BCM 通过 1-9 端子接收到需要下降的信号，BCM 从 4-1 端子向左前玻璃升降电机发出下降信号，电机工作，左前玻璃下降。

当按下左前玻璃自动下降开关时，开关接通 6 号端子，BCM 通过 1-9 端子接收到需要下降的信号，BCM 从 4-1 端子向左前玻璃升降电机发出下降信号，电机工作，左前玻璃下降。

当按下左前玻璃自动上升开关时，1500Ω 和 3000Ω 电阻接通 6 号端子，BCM 通过 1-9 端子接收到需要上升的信号，BCM 从 4-2 端子向左前玻璃升降电机发出上升信号，电机工作，左前玻璃自动上升。

当按下左前玻璃手动上升开关时，3000Ω 电阻接通 6 号端子，BCM 通过 1-9 端子接收到需要上升的信号，BCM 从 4-2 端子向左前玻璃升降电机发出上升信号，电机工作，左前玻璃上升。

b. 控制右前玻璃升降。当按下右前玻璃下降开关时（驾驶员控制开关），开关接通 5 号端子，BCM 通过 1-10 端子接收到需要下降的信号，BCM 从 4-3 端子向右前玻璃升降电机发出下降信号，电机工作，右前玻璃下降。

当按下右前玻璃手动上升开关时（驾驶员控制开关），3000Ω 或 332Ω 电阻接通 5 号端子，BCM 通过 1-10 端子接收到需要上升的信号，BCM 从 4-4 端子向右前玻璃升降电机发出上升信号，电机工作，右前玻璃上升。

c. 控制左后玻璃升降。当按下左后玻璃下降开关时（驾驶员控制开关），开关接通 4 号端子，BCM 通过 1-11 端子接收到需要下降的信号，BCM 从 4-8 端子向左后玻璃升降电机发出下降信号，电机工作，左后玻璃下降。

当按下左后玻璃手动上升开关时（驾驶员控制开关），3000Ω 或 332Ω 电阻接通 4 号端子，BCM 通过 1-11 端子接收到需要上升的信号，BCM 从 4-6 端子向左后玻璃升降电机发出上升信号，电机工作，左后玻璃上升。

d. 控制右后玻璃升降。当按下右后玻璃下降开关时（驾驶员控制开关），开关接通 3 号端子，BCM 通过 1-12 端子接收到需要下降的信号，BCM 从 4-12 端子向右后玻璃升降电机发出下降信号，电机工作，右后玻璃下降。

当按下右后玻璃手动上升开关时（驾驶员控制开关），3000Ω 或 332Ω 电阻接通 3 号端子，BCM 通过 1-12 端子接收到需要上升的信号，BCM 从 4-11 端子向右后玻璃升降电机发出上升信号，电机工作，右后玻璃上升。

e. 玻璃禁止开关。当按下玻璃禁止开关时，玻璃禁止开关闭合，闭合信号通过左前玻璃升降开关传给 BCM，BCM 控制其他三个电动门窗的升降。

f. 玻璃禁止指示灯。BCM 通过 1-28 将信号发送到左前玻璃升降开关 9 号端子，通过左前玻璃升降开关 12 号端子搭铁，玻璃禁止指示灯亮。

❷ 右前玻璃升降开关电路

当按下右前玻璃下降开关时，开关接通 2 号端子，BCM 通过 1-13 端子接收到需要下降的信号，BCM 从 4-3 端子向右前玻璃升降电机发出下降信号，电机工作，右前玻璃下降。

当按下右前玻璃手动上升开关时，3000Ω 或 332Ω 电阻接通 2 号端子，BCM 通过 1-13 端子接收到需要上升的信号，BCM 从 4-4 端子向右前玻璃升降电机发出上升信号，电机工作，右前玻璃上升。

❸ 左后玻璃升降开关电路

当按下左后玻璃下降开关时，开关接通 2 号端子，BCM 通过 1-14 端子接收到需要下降的信号，BCM 从 4-8 端子向左后玻璃升降电机发出下降信号，电机工作，左后玻璃下降。

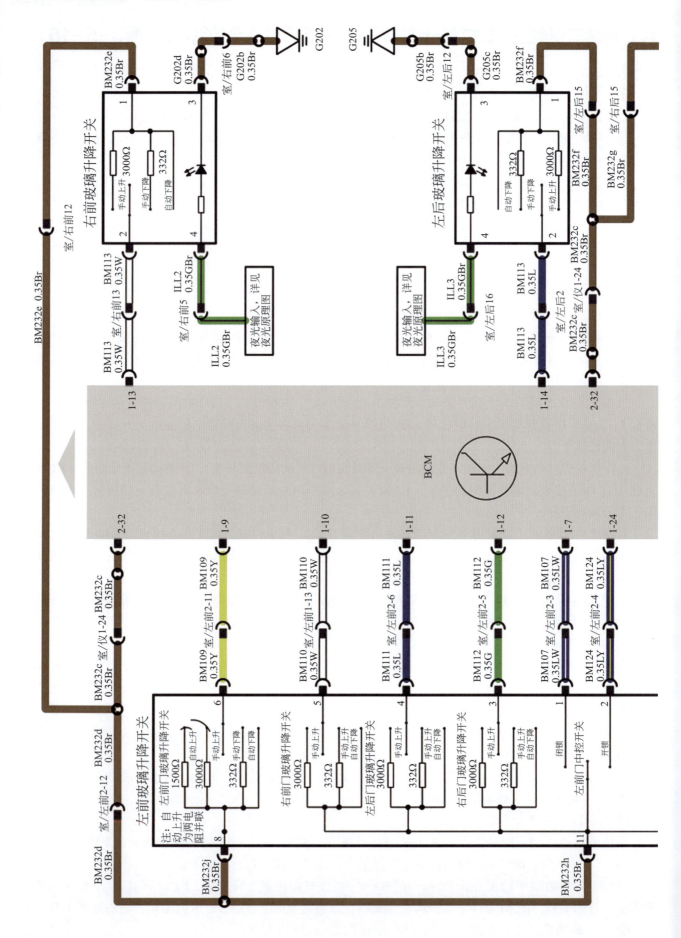

第三章

车窗控制系统典型控制电路详解

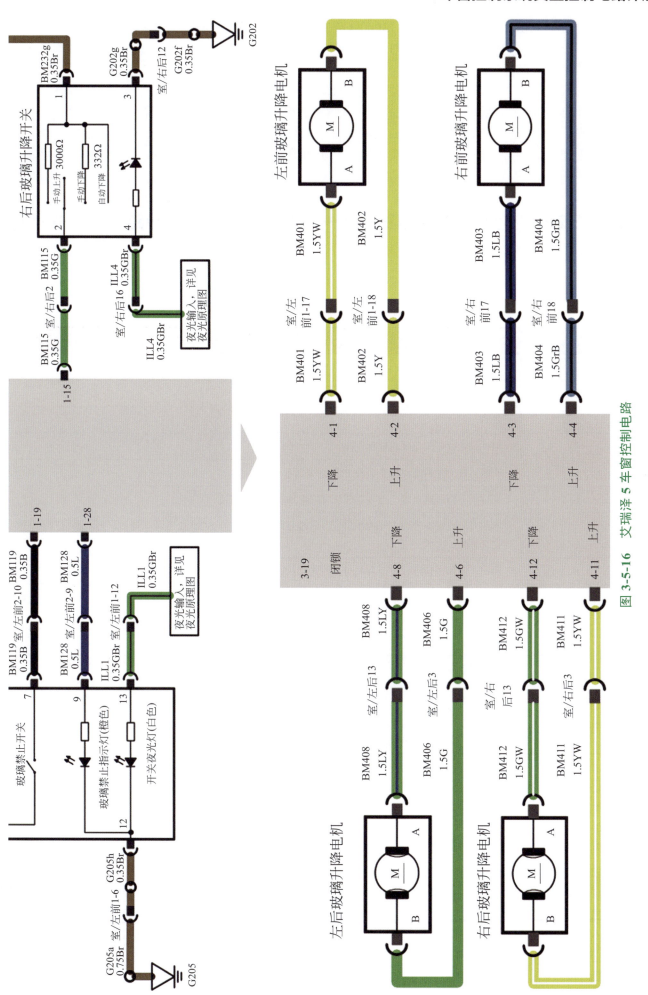

图 3-5-16 艾瑞泽 5 车窗控制电路

当按下左后玻璃手动上升开关时,3000Ω 或 332Ω 电阻接通 2 号端子,BCM 通过 1-14 端子接收到需要上升的信号,BCM 从 4-6 端子向左后玻璃升降电机发出上升信号,电机工作,左后玻璃上升。

❹ 右后玻璃升降

当按下右后玻璃下降开关时,开关接通 2 号端子,BCM 通过 1-15 端子接收到需要下降的信号,BCM 从 4-12 端子向右后玻璃升降电机发出下降信号,电机工作,右后玻璃下降。

当按下右后玻璃手动上升开关时,3000Ω 或 332Ω 电阻接通 2 号端子,BCM 通过 1-15 端子接收到需要上升的信号,BCM 从 4-11 端子向右后玻璃升降电机发出上升信号,电机工作,右后玻璃上升。

七、长安车型典型车窗控制电路详解——悦翔 V7 车窗控制电路(图 3-5-17)

❶ 驾驶员侧车窗开关电路

驾驶员侧车窗开关端子说明见表 3-5-12。

表 3-5-12 驾驶员侧车窗开关端子作用说明

端子序号	作用说明
1	车窗下降信号输出端,与左前玻璃升降电机 2 号端子连接
2	车窗下降继电器线圈搭铁,与 BCM17 号端子连接
3	搭铁
4	SB12(30A) 保险丝接蓄电池电源
5	车窗上升继电器线圈搭铁,与 BCM2 号端子连接
6	车窗上升信号输出端,与左前玻璃升降电机 1 号端子连接
7	输出右后车窗上升或下降控制信号,信号分两路:一路与 BCM32 号端子连接,另一路与右后车窗开关 7 号端子连接
8	输出车窗锁止信号,按下开关时,除驾驶员侧车窗外,其他三个车窗均不能工作
9	输出右前车窗上升或下降控制信号,信号分两路:一路与 BCM31 号端子连接,另一路与右前车窗开关 7 号端子连接
10	锁止开关信号搭铁
12	接按键背景灯电源
13	输出左后车窗上升或下降控制信号,信号分两路:一路与 BCM15 号端子连接,另一路与左后车窗开关 7 号端子连接
14	接点火开关 IGN 挡电源

a. 控制左前玻璃升降。当按下左前玻璃下降开关时,BCM 控制下降(DOWN)继电器线圈通电。电流经过继电器开关,通过驾驶员侧车窗开关 1 号端子流向左前玻璃升降电机 2 号端子,电机工作,车窗玻璃下降。

当按下左前玻璃上升开关时,BCM 控制上升(UP)继电器线圈通电。电流经过继电器开关,通过驾驶员侧车窗开关 6 号端子流向左前玻璃升降电机 1 号端子,电机工作,车窗玻璃上升。

b. 控制右前玻璃升降。当按下右前玻璃下降开关时(驾驶员控制开关),开关接通 DOWN 端子。玻璃下降信号通过驾驶员侧车窗开关 9 号端子流出,分两路:一路流向 BCM31 号端子,一路流向右前车窗开关 7 号端子。BCM 接收到右前玻璃下降信号,控制 DOWN 继电器线圈通电,电流经过继电器开关,通过右前车窗开关 1 号端子流向右前玻璃升降电机 2 号端子,电机工作,车窗玻璃下降。

第三章

车窗控制系统典型控制电路详解

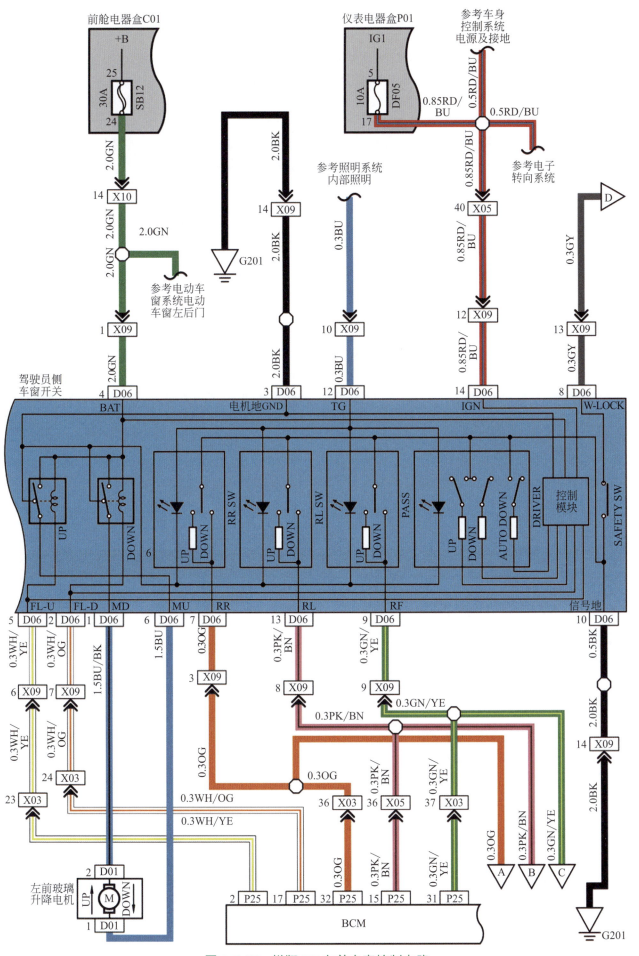

图 3-5-17 悦翔 V7 左前车窗控制电路

当按下右前玻璃上升开关时（驾驶员控制开关），开关接通 UP 端子。玻璃上升信号通过驾驶员侧车窗开关 9 号端子流出，分两路：一路流向 BCM31 号端子，一路流向右前车窗开关 7 号端子。BCM 接收到右前玻璃上升信号，控制 UP 继电器线圈通电。电流经过继电器开关，通过右前车窗开关 6 号端子流向右前玻璃升降电机 1 号端子，电机工作，车窗玻璃上升。

c. 控制左后玻璃升降。当按下左后玻璃下降开关时（驾驶员控制开关），开关接通 DOWN 端子。玻璃下降信号通过驾驶员侧车窗开关 13 号端子流出，分两路：一路流向 BCM15 号端子，一路流向右后车窗开关 7 号端子。BCM 接收到左后玻璃下降信号，控制 DOWN 继电器线圈通电。电流经过继电器开关，通过左后车窗开关 1 号端子流向左后玻璃升降电机 2 号端子，电机工作，车窗玻璃下降。

当按下左后玻璃上升开关时（驾驶员控制开关），开关接通 UP 端子。玻璃上升信号通过驾驶员侧车窗开关 13 号端子流出，分两路：一路流向 BCM15 号端子，一路流向左后车窗开关 7 号端子。BCM 接收到左后玻璃上升信号，控制 UP 继电器线圈通电。电流经过继电器开关，通过左后车窗开关 6 号端子流向左后玻璃升降电机 1 号端子，电机工作，车窗玻璃上升。

d. 控制右后玻璃升降。当按下左后玻璃下降开关时（驾驶员控制开关），开关接通 DOWN 端子。玻璃下降信号通过驾驶员侧车窗开关 7 号端子流出，分两路：一路流向 BCM32 号端子，一路流向右后车窗开关 7 号端子。BCM 接收到右后玻璃下降信号，控制 DOWN 继电器线圈通电。电流经过继电器开关，通过右后车窗开关 1 号端子流向右后玻璃升降电机 2 号端子，电机工作，车窗玻璃下降。

当按下左后玻璃上升开关时（驾驶员控制开关），开关接通 UP 端子。玻璃上升信号通过驾驶员侧车窗开关 7 号端子流出，分两路：一路流向 BCM32 号端子，一路流向右后车窗开关 7 号端子。BCM 接收到右后玻璃上升信号，控制 UP 继电器线圈通电。电流经过继电器开关，通过右后车窗开关 6 号端子流向右后玻璃升降电机 1 号端子，电机工作，车窗玻璃上升。

❷ 右前车窗开关控制电路（图 3-5-18）

右前车窗开关端子作用说明见表 3-5-13。

表 3-5-13　右前车窗开关端子作用说明

端子序号	作用说明
1	车窗下降信号输出端，连接右前玻璃升降电机 2 号端子
2	车窗下降继电器控制线，连接 BCM18 号端子
3	搭铁
4	经 SB11(30A) 保险丝接蓄电池电源
5	车窗上升继电器控制线，连接 BCM3 号端子
6	车窗上升信号输出端，连接右前玻璃升降电机 1 号端子
7	左前车窗开关控制信号输入端，与左前车窗开关 9 号端子连接
8	接左前车窗开关控制搭铁线，与左前车窗开关 8 号端子连接
12	接车窗开关背景灯电源线

当按下右前玻璃下降开关时，开关接通 DOWN 端子。玻璃下降信号通过右前车窗开关 2 号端子流出，BCM18 端子接收到右前玻璃下降信号，控制 DOWN 继电器线圈通电。电流经过继电器开关，通过右前车窗开关 1 号端子流向右前玻璃升降电机 2 号端子，电机工作，车窗玻璃下降。

当按下右前玻璃上升开关时，开关接通 UP 端子。玻璃上升信号通过右前车窗开关 5 号端子流出，BCM3 号端子接收到右前玻璃上升信号，控制 UP 继电器线圈通电。电流经过继电器开关，通过右前车窗开关 6 号端子流向右前玻璃升降电机 1 号端子，电机工作，车窗玻璃上升。

第三章
车窗控制系统典型控制电路详解

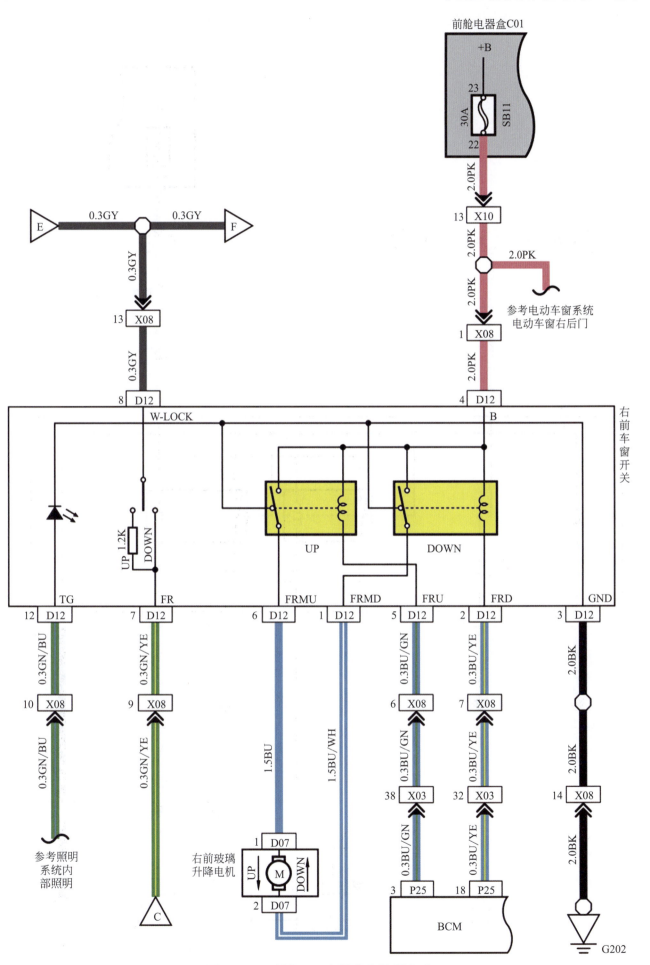

图 3-5-18　悦翔 V7 右前车窗控制电路

127

❸ 左后车窗开关控制电路（图 3-5-19）

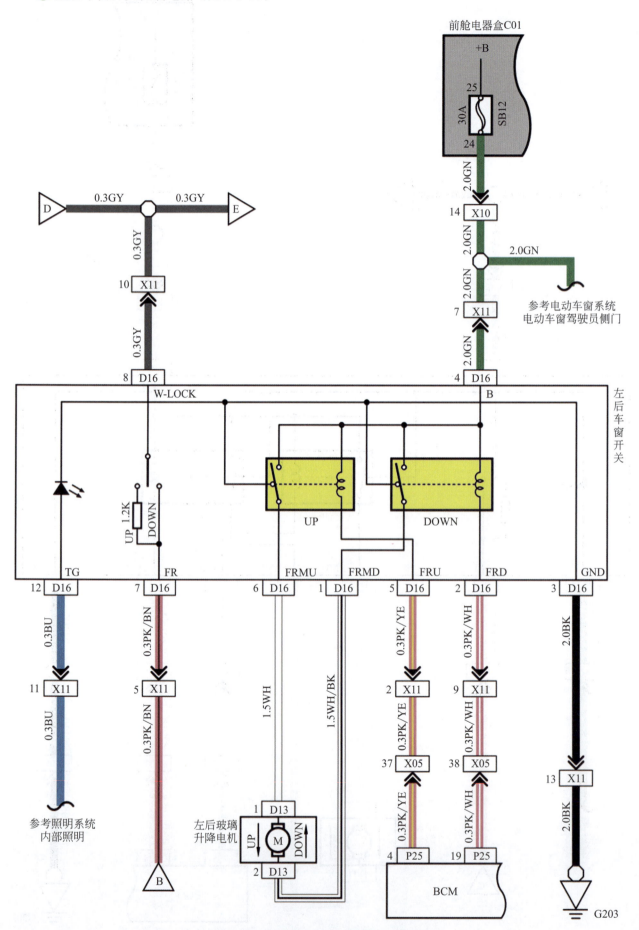

图 3-5-19　悦翔 V7 左后车窗控制电路

左后车窗开关端子作用说明见表 3-5-14。

表 3-5-14　左后车窗开关端子作用说明

端子序号	作用说明
1	车窗下降信号输出端，连接左后玻璃升降电机 2 号端子
2	车窗下降继电器控制线，连接 BCM19 号端子
3	搭铁
4	经 SB12(30A) 保险丝接蓄电池电源
5	车窗上升继电器控制线，连接 BCM4 号端子
6	车窗上升信号输出端，连接左后玻璃升降电机 1 号端子
7	左前车窗开关控制信号输入端，与左前车窗开关 13 号端子连接
8	接左前车窗开关控制搭铁线，与左前车窗开关 8 号端子连接
12	接车窗开关背景灯电源线

当按下左后玻璃下降开关时，开关接通 DOWN 端子。玻璃下降信号通过左后车窗开关 2 号端子流出，BCM19 端子接收到左后玻璃下降信号，控制 DOWN 继电器线圈通电。电流经过继电器开关，通过左后车窗开关 1 号端子流向左后玻璃升降电机 2 号端子，电机工作，车窗玻璃下降。

当按下左后玻璃上升开关时，开关接通 UP 端子。玻璃上升信号通过左后车窗开关 5 号端子流出，BCM4 号端子接收到左后玻璃上升信号，控制 UP 继电器线圈通电。电流经过继电器开关，通过左后车窗开关 6 号端子流向左后玻璃升降电机 1 号端子，电机工作，车窗玻璃上升。

❹ 右后车窗开关控制电路（图 3-5-20）

右后车窗开关端子作用说明见表 3-5-15。

表 3-5-15　右后车窗开关端子作用说明

端子序号	作用说明
1	车窗下降信号输出端，连接右后玻璃升降电机 2 号端子
2	车窗下降继电器控制线，连接 BCM20 号端子
3	搭铁
4	经 SB11(30A) 保险丝接蓄电池电源
5	车窗上升继电器控制线，连接 BCM5 号端子
6	车窗上升信号输出端，连接右后玻璃升降电机 1 号端子
7	左前车窗开关控制信号输入端，与左前车窗开关 7 号端子连接
8	接左前车窗开关控制搭铁线，与左前车窗开关 8 号端子连接
12	接车窗开关背景灯电源线

当按下右后玻璃下降开关时，开关接通 DOWN 端子。玻璃下降信号通过右后车窗开关 2 号端子流出，BCM20 端子接收到右后玻璃下降信号，控制 DOWN 继电器线圈通电。电流经过继电器开关，通过右后门电动窗开关 1 号端子流向右后玻璃升降电机 2 号端子，电机工作，车窗玻璃下降。

当按下右后玻璃上升开关时，开关接通 UP 端子。玻璃上升信号通过右后车窗开关 5 号端子流出，BCM5 号端子接收到右后玻璃上升信号，接制 UP 继电器线圈通电。电流经过继电器开关，通过右后车窗开关 6 号端子流向右后玻璃升降电机 1 号端子，电机工作，车窗玻璃上升。

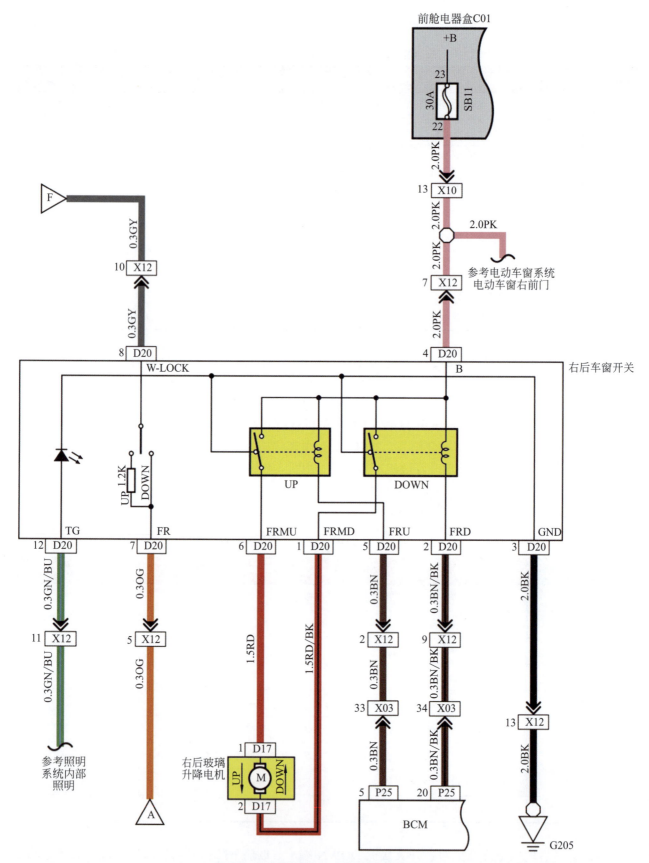

图 3-5-20　悦翔 V7 右后车窗控制电路

八、丰田/雷克萨斯车型典型车窗控制电路详解——丰田卡罗拉车窗控制电路

这里以丰田卡罗拉车型为例进行介绍，同样适用于雷克萨斯车型，限于篇幅不再赘述。

❶ 驾驶员侧车窗控制电路（图 3-5-21）

第三章
车窗控制系统典型控制电路详解

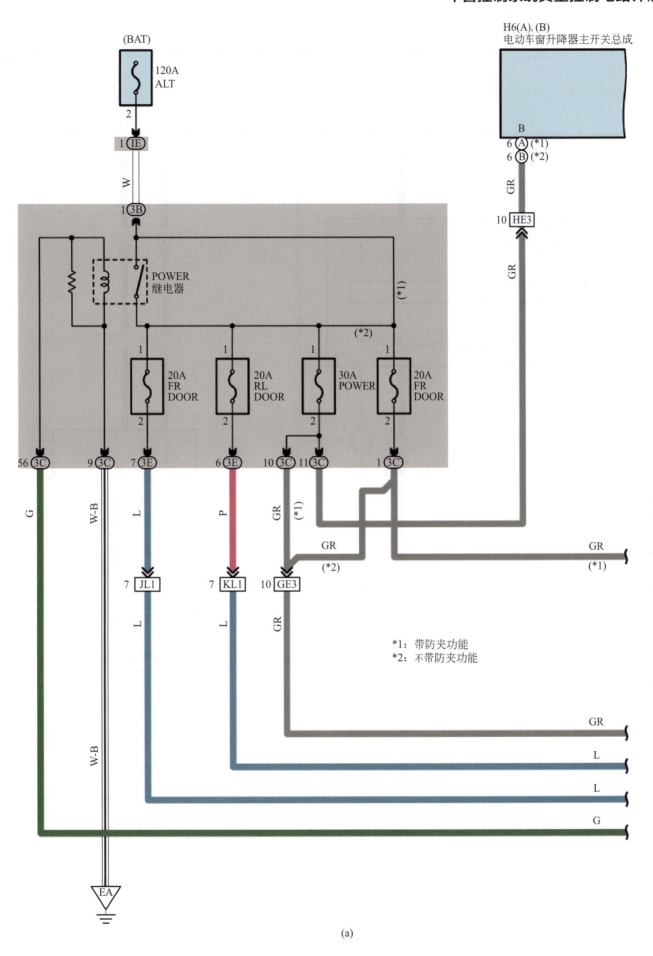

图 3-5-21

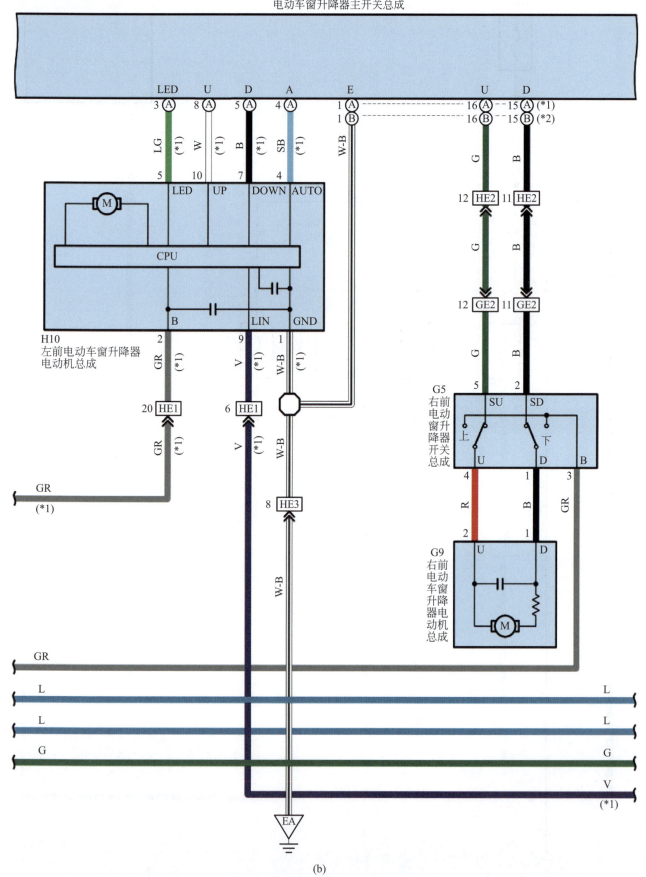

图 3-5-21 前侧车窗开关控制电路

驾驶员侧车窗开关和电动机端子作用说明见表 3-5-16。

表 3-5-16　驾驶员侧车窗开关和电动机端子作用说明

所在部件	端子序号	作用说明
车窗开关	1	搭铁
	3	车窗开关背景灯，与左前车窗电动机 5 号端子连接
	4	一键升降信号输出端，与左前车窗电动机 4 号端子连接
	5	车窗下降信号输出端，与左前车窗电动机 7 号端子连接
	6	接电源线，由蓄电池经 30A 保险丝供电
	8	车窗上升信号输出端，与左前车窗电动机 10 号端子连接
	10	控制右后车窗上升信号输出端，与右后车窗开关 5 号端子连接
	12	控制左后车窗上升信号输出端，与左后车窗开关 5 号端子连接
	13	控制左后车窗下降信号输出端，与左后车窗开关 2 号端子连接
	18	控制右后车窗下降信号输出端，与右后车窗开关 2 号端子连接
车窗电动机	1	搭铁
	2	接电源线，由蓄电池经 20A 保险丝供电
	9	LIN 线，与主车身控制单元 2 号端子连接

❷ 副驾驶侧车窗控制电路

副驾驶侧车窗开关端子作用说明见表 3-5-17。

表 3-5-17　副驾驶侧车窗开关端子作用说明

端子序号	作用说明
1	车窗下降信号输出端，连接副驾驶侧车窗玻璃升降电动机 1 号端子
2	车窗上升信号输出端，连接副驾驶侧车窗玻璃升降电动机 2 号端子
3	接电源线，由蓄电池经 20A 保险丝供电

❸ 左后车窗控制电路（图 3-5-22）

左后车窗开关端子作用说明见表 3-5-18。

表 3-5-18　左后车窗开关端子作用说明

端子序号	作用说明
1	车窗下降信号输出端，连接左后车窗玻璃升降电动机 1 号端子
2	左前车窗控制左后车窗下降信号输入端，与左前车窗开关 13 号端子连接
3	接电源线，由蓄电池经 RLDOOR20A 保险丝供电
4	车窗上升信号输出端，与左后车窗电动机 2 号端子连接
5	左前车窗控制左后车窗上升信号输入端，与左前车窗开关 12 号端子连接

❹ 右后车窗控制电路（图 3-5-22）

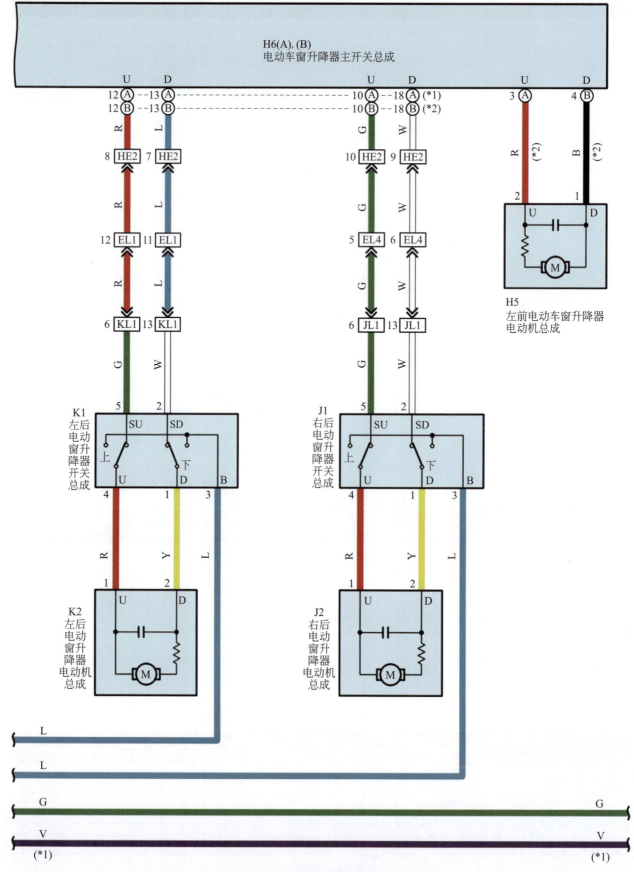

图 3-5-22　后侧车窗开关控制电路

右后车窗开关端子作用说明见表 3-5-19。

表 3-5-19　右后车窗开关端子作用说明

端子序号	作用说明
1	车窗下降信号输出端，连接右后车窗玻璃升降电动机 2 号端子
2	左前车窗控制右后车窗下降信号输入端，与左前车窗开关 18 号端子连接
3	接电源线，由蓄电池经 RRDOOR20A 保险丝供电
4	车窗上升信号输出端，与右后车窗电动机 1 号端子连接
5	左前车窗控制右后车窗上升信号输入端，与左前车窗开关 10 号端子连接

九、本田车型典型车窗控制电路详解——飞度车窗控制电路

❶ 驾驶员侧车窗控制电路（图 3-5-23）

驾驶员侧车窗开关端子的作用说明见表 3-5-20。

表 3-5-20　驾驶员侧车窗开关端子作用说明

端子序号	作用说明
1	车窗上升信号输出端，与驾驶员侧车窗升降电动机 4 号端子连接
2	车窗下降信号输出端，与驾驶员侧车窗升降电动机 1 号端子连接
3	3 号 20A 保险丝、驾驶员侧车窗开关供电
4	17 号 20A 保险丝、副驾驶侧车窗开关供电
5	与驾驶员侧电动车窗电动脉冲发生器 6 号端子连接
6	与驾驶员侧电动车窗电动脉冲发生器 3 号端子连接
7	与驾驶员侧电动车窗电动脉冲发生器 2 号端子连接
9	驾驶员侧车窗控制副驾驶侧车窗下降信号输出端，与副驾驶侧车窗开关 4 号端子连接
10	驾驶员侧车窗控制副驾驶侧车窗上升信号输出端，与副驾驶侧车窗开关 1 号端子连接
11	锁止开关信号搭铁
12	驾驶员侧车窗开关控制单元搭铁
13	驾驶员侧车窗开关控制右后车窗上升信号输出端，与右后车窗开关 13 号端子连接
14	驾驶员侧车窗开关控制右后车窗下降信号输出端，与右后车窗开关 4 号端子连接
15	为 18 号 20A 保险丝、右后车窗开关供电
20	为 19 号 20A 保险丝、左后车窗开关供电
21	驾驶员侧车窗开关控制左后车窗下降信号输出端，与左后车窗开关 4 号端子连接
22	驾驶员侧车窗开关控制左后车窗上升信号输出端，与左后车窗开关 1 号端子连接

❷ 副驾驶侧车窗控制电路（图 3-5-23）

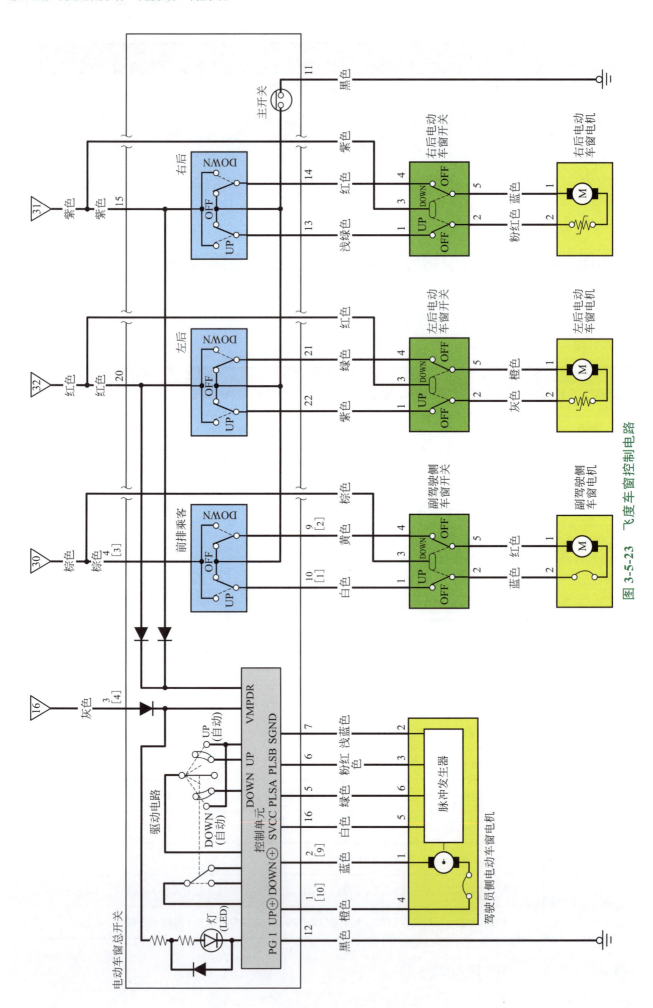

图 3-5-23 飞度车窗控制电路

副驾驶侧车窗开关端子的作用说明如表 3-5-21 所示。

表 3-5-21　副驾驶侧车窗开关端子作用说明

端子序号	作用说明
1	驾驶员侧车窗控制上升信号输入端，与驾驶员侧车窗开关 10 号端子连接
2	车窗上升信号输出端，与升降电机 2 号端子连接
3	接车窗控制开关电源线，由蓄电池经 17 号 20A 保险丝供电
4	驾驶员侧车窗控制下降信号输入端，与驾驶员侧车窗开关 9 号端子连接
5	车窗下降信号输出端，与升降电机 1 号端子连接

❸ 左后车窗控制电路（图 3-5-23）
左后车窗开关端子的作用说明如表 3-5-22 所示。

表 3-5-22　左后车窗开关端子作用说明

端子序号	作用说明
1	驾驶员侧车窗控制上升信号输入端，与驾驶员侧车窗开关 22 号端子连接
2	车窗上升信号输出端，与升降电机 2 号端子连接
3	接车窗控制开关电源线，由蓄电池经 19 号 20A 保险丝供电
4	驾驶员侧车窗控制下降信号输入端，与驾驶员侧车窗开关 21 号端子连接
5	车窗下降信号输出端，与升降电机 1 号端子连接

❹ 右后车窗控制电路（图 3-5-23）
右后车窗开关端子的作用说明如表 3-5-23 所示。

表 3-5-23　右后车窗开关端子作用说明

端子序号	作用说明
1	驾驶员侧车窗控制下降信号输入端，与驾驶员侧车窗开关 13 号端子连接
2	车窗上升信号输出端，与升降电机 2 号端子连接
3	接车窗控制开关电源线，由蓄电池经 18 号 20A 保险丝供电
4	驾驶员侧车窗控制上升信号输入端，与驾驶员侧车窗开关 14 号端子连接
5	车窗下降信号输出端，与升降电机 1 号端子连接

十、马自达车型典型车窗控制电路详解——马自达 8 车窗控制电路

（1）驾驶员侧车窗控制电路［图 3-5-24（b）和图 3-5-24（c）］
❶ 驾驶员侧车窗控制
　　当驾驶侧开关 LF 关闭端子闭合时，驾驶员侧 P/W CM 接收到车窗关闭信号，P/W CM 控制关闭继电器线圈搭铁通电，使常开开关闭合。此时电流经过关闭继电器开关到达 LF 电动车窗电机，电机工作，车窗关闭。

当驾驶侧开关 LF 开启端子闭合时，驾驶员侧 P/W CM 接收到车窗开启信号，P/W CM 控制开启继电器线圈搭铁通电，使常开开关闭合。此时电流经过开启继电器开关到达 LF 电动车窗电机，电机工作，车窗开启。

❷ 副驾驶侧车窗控制

当驾驶侧开关 RF 关闭端子闭合时，驾驶员侧 P/W CM 接收到车窗关闭信号，向副驾驶侧发出车窗关闭信号，P/W CM 控制关闭继电器线圈搭铁通电，使常开开关闭合。此时电流经过关闭继电器开关到达 RF 电动车窗电机，电机工作，车窗关闭。

当驾驶侧开关 RF 开启端子闭合时，驾驶员侧 P/W CM 接收到车窗开启信号，向副驾驶侧发出车窗开启信号，P/W CM 控制开启继电器线圈搭铁通电，使常开开关闭合。此时电流经过开启继电器开关到达 RF 电动车窗电机，电机工作，车窗开启。

❸ 左后车窗控制

当驾驶侧车窗开关 LR 关闭端子闭合时，驾驶员侧 P/W CM 接收到车窗关闭信号，向左后侧发出车窗关闭信号，P/W CM 控制关闭继电器线圈搭铁通电，使常开开关闭合。此时电流经过关闭继电器开关到达 LR 电动车窗电机，电机工作，车窗关闭。

当驾驶侧车窗开关 LR 开启端子闭合时，驾驶员侧 P/W CM 接收到车窗开启信号，向左后侧发出车窗开启信号，P/W CM 控制开启继电器线圈搭铁通电，使常开开关闭合。此时电流经过开启继电器开关到达 LR 电动车窗电机，电机工作，车窗开启。

❹ 右后车窗控制

当驾驶侧车窗开关 RR 关闭端子闭合时，驾驶员侧 P/W CM 接收到车窗关闭信号，向右后侧发出车窗关闭信号，P/W CM 控制关闭继电器线圈搭铁通电，使常开开关闭合。此时电流经过关闭继电器开关到达 RR 电动车窗电机，电机工作，车窗关闭。

当驾驶侧车窗开关 RR 开启端子闭合时，驾驶员侧 P/W CM 接收到车窗开启信号，向右后侧发出车窗开启信号，P/W CM 控制开启继电器线圈搭铁通电，使常开开关闭合。此时电流经过开启继电器开关到达 RR 电动车窗电机，电机工作，车窗开启。

（2）副驾驶侧车窗控制电路［图 3-5-24（d）］

当副驾驶侧车窗开关 RF 关闭端子闭合时，P/W CM 接收到车窗关闭信号后控制关闭继电器线圈搭铁通电，使常开开关闭合。此时电流经过关闭继电器开关通过 R 线（C/E）到达 RF 电动车窗电机，电机工作，车窗关闭。

当副驾驶侧车窗开关 RF 开启端子闭合时，P/W CM 接收到车窗开启信号后控制开启继电器线圈搭铁通电，使常开开关闭合。此时电流经过开启继电器开关通过 G 线到达 RF 电动车窗电机，电机工作，车窗开启。

（3）左后车窗控制电路［图 3-5-24（e）］

当左后车窗开关 LR 关闭端子闭合时，P/W CM 接收到车窗关闭信号后控制关闭继电器线圈搭铁通电，使常开开关闭合。此时电流经过关闭继电器开关通过 R 线（C/E）到达 LR 电动车窗电机，电机工作，车窗关闭。

当左后车窗开关 LR 开启端子闭合时，P/W CM 接收到车窗开启信号后控制开启继电器线圈搭铁通电，使常开开关闭合。此时电流经过开启继电器开关通过 G 线到达 LR 电动车窗电机，电机工作，车窗开启。

（4）右后车窗控制电路［图 3-5-24（f）］

当右后车窗开关 RR 关闭端子闭合时，P/W CM 接收到车窗关闭信号后控制关闭继电器线圈搭铁通电，使常开开关闭合。此时电流经过关闭继电器开关通过 R 线（C/E）到达 RR 电动车窗电机，电机工作，车窗关闭。

当右后车窗开关 RR 开启端子闭合时，P/W CM 接收到车窗开启信号后控制开启继电器线圈搭铁通电，使常开开关闭合。此时电流经过开启继电器开关通过 G 线到达 RR 电动车窗电机，电机工作，车窗开启。

第三章

车窗控制系统典型控制电路详解

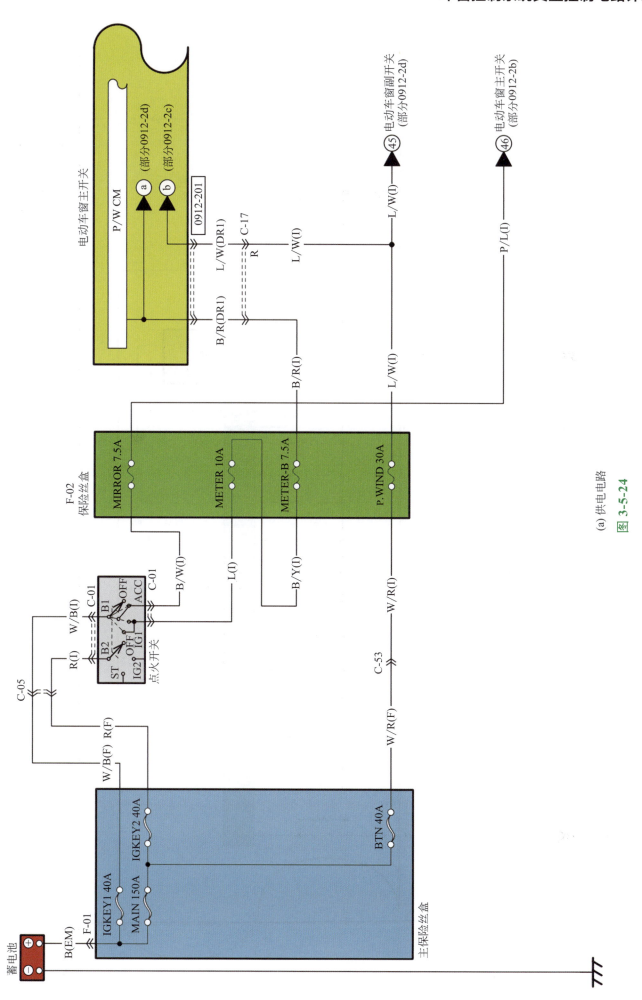

(a) 供电电路

图 3-5-24

(b) 驾驶侧车窗开关控制电路

第三章
车窗控制系统典型控制电路详解

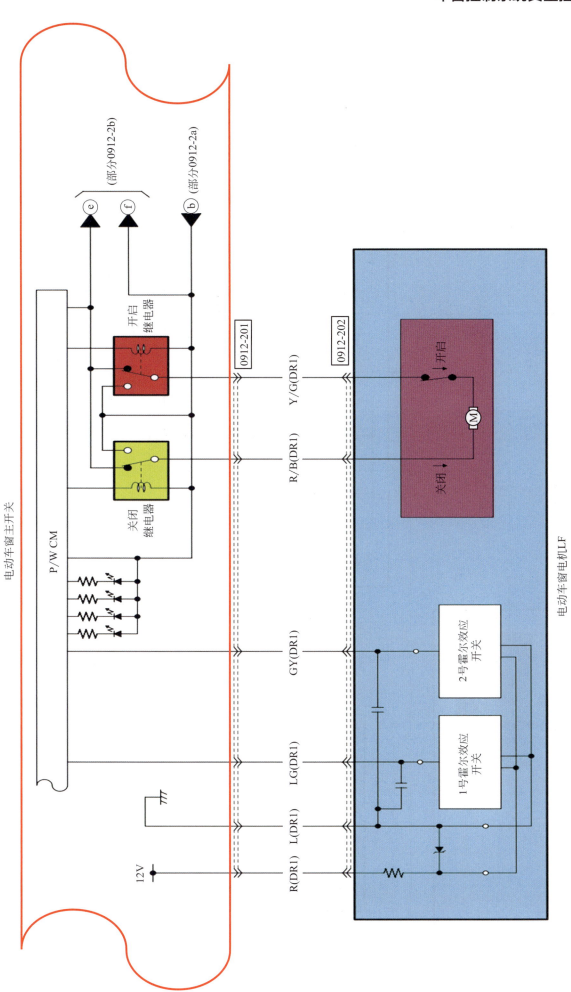

图 3-5-24
(c) 驾驶侧车窗开关控制电机电路

(d) 副驾驶侧喇叭车窗开关控制电路

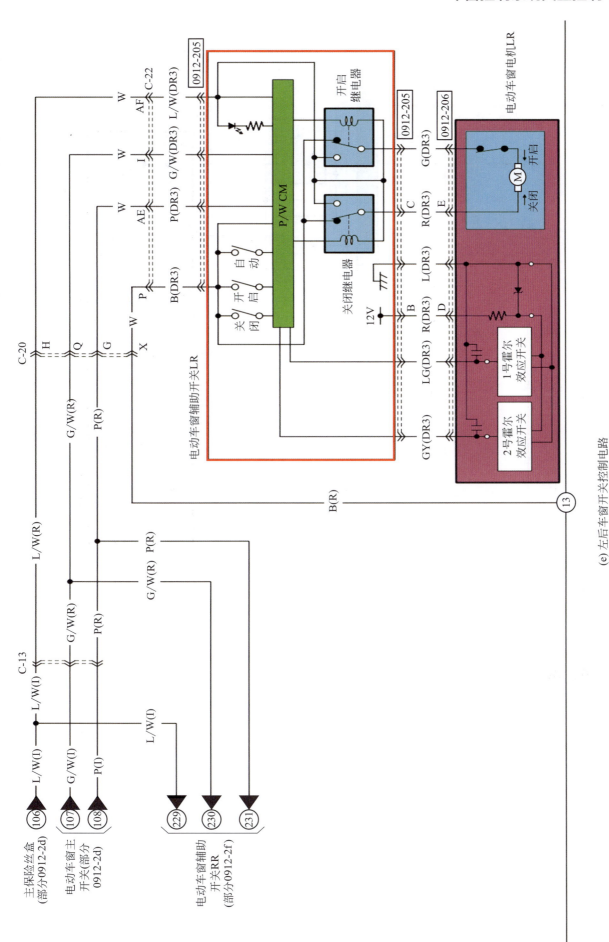

(e) 左后车窗开关控制电路

图 3-5-24

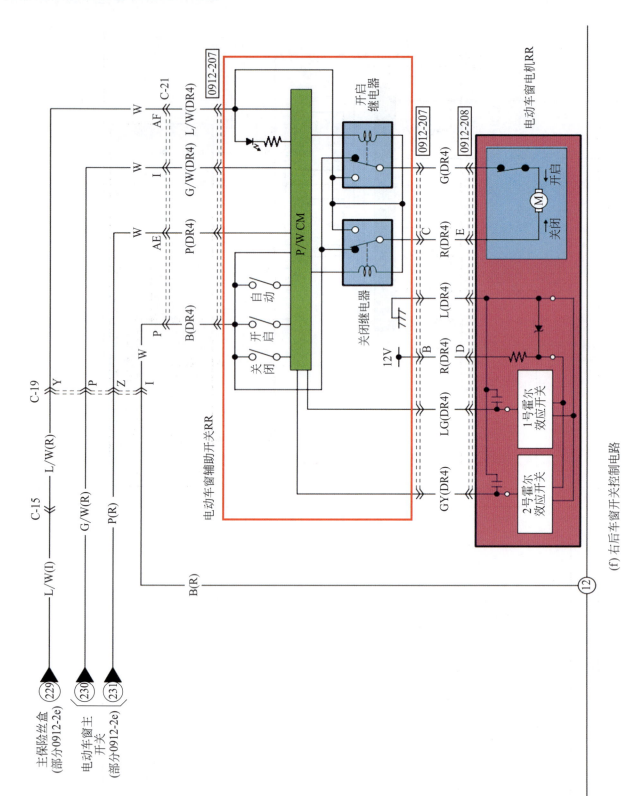

(f) 右后车窗开关控制电路

图 3-5-24 马自达 8 车窗开关控制

十一、日产车型典型车窗控制电路详解——轩逸车窗控制电路

❶ 驾驶员侧车窗控制电路（图 3-5-25）

驾驶员侧车窗开关端子作用说明见表 3-5-24。

表 3-5-24　驾驶员侧车窗开关端子作用说明

端子序号	作用说明
1	搭铁
2	副驾驶侧电动车窗下降信号输出端，与副驾驶侧电动车窗开关 3 号端子连接
4	编码器脉冲信号 2 输入端，与编码器 5 号端子连接
5	编码器脉冲信号 1 输入端，与编码器 6 号端子连接
6	右后电动车窗下降信号输出端，与右后电动车窗开关 3 号端子连接
7	右后电动车窗上升信号输出端，与右后电动车窗开关 2 号端子连接
8	左后电动车窗下降信号输出端，与左后电动车窗开关 3 号端子连接
9	左后电动车窗上升信号输出端，与左后电动车窗开关 2 号端子连接
12	编码器搭铁
14	接编码器电源，与编码器 2 号端子连接
16	副驾驶侧电动车窗上升信号输出端，与副驾驶侧电动车窗开关 2 号端子连接
17	左前电动车窗上升信号输出端，与左前电动机 3 号端子连接
19	左前电动车窗下降信号输出端，与左前电动机 1 号端子连接

❷ 前排乘客侧车窗控制电路（图 3-5-25）

前排乘客侧电动车窗开关端子作用说明见表 3-5-25。

表 3-5-25　前排乘客侧车窗开关端子作用说明

端子序号	作用说明
1	接电源线
2	驾驶员侧开关控制前排乘客侧电动车窗上升信号输入端，与驾驶员侧车窗开关 16 号端子连接
3	驾驶员侧开关控制前排乘客侧电动车窗下降信号输入端，与驾驶员侧车窗开关 2 号端子连接
4	电动机上升信号输出端，与前排乘客侧玻璃升降电动机 1 号端子连接
5	电动机下降信号输出端，与前排乘客侧玻璃升降电动机 3 号端子连接

❸ 左后车窗控制电路（图 3-5-25）

左后电动车窗开关端子作用说明见表 3-5-26。

表 3-5-26　左后车窗开关端子作用说明

端子序号	作用说明
1	接电源线
2	驾驶员侧开关控制左后电动车窗上升信号输入端，与驾驶员侧车窗开关 9 号端子连接
3	驾驶员侧开关控制左后电动车窗下降信号输入端，与驾驶员侧车窗开关 8 号端子连接
4	电动机上升信号输出端，与左后玻璃升降电动机 1 号端子连接
5	电动机下降信号输出端，与左后玻璃升降电动机 3 号端子连接

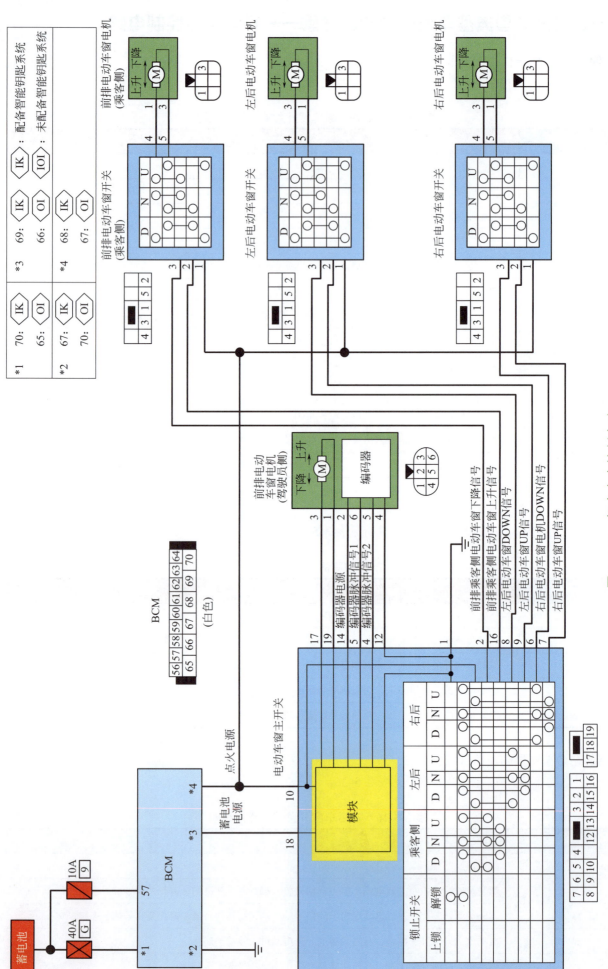

图 3-5-25 轩逸车窗控制电路

❹ 右后车窗控制电路（图 3-5-25）

右后电动车窗开关端子作用说明见表 3-5-27。

表 3-5-27　右后车窗开关端子作用说明

端子序号	作用说明
1	接电源线
2	驾驶员侧开关控制右后电动车窗上升信号输入端，与驾驶员侧车窗开关 7 号端子连接
3	驾驶员侧开关控制右后电动车窗下降信号输入端，与驾驶员侧车窗开关 6 号端子连接
4	电动机上升信号输出端，与右后玻璃升降电动机 1 号端子连接
5	电动机下降信号输出端，与右后玻璃升降电动机 3 号端子连接

十二、三菱车型典型车窗控制电路详解——帕杰罗车窗控制电路

❶ 驾驶员侧车窗控制电路 [图 3-5-26（a）]

驾驶员侧车窗控制开关端子作用说明见表 3-5-28。

表 3-5-28　驾驶员侧车窗开关端子作用说明

端子序号	作用说明
1	控制左后电动车窗上升信号输出端，与左后电动车窗开关 8 号端子连接
3	控制左后电动车窗下降信号输出端，与左后电动车窗开关 5 号端子连接
4	控制右后电动车窗上升信号输出端，与右后电动车窗开关 8 号端子连接
6	控制右后电动车窗下降信号输出端，与右后电动车窗开关 5 号端子连接
7	驾驶员侧电动车窗上升控制信号输出端，与驾驶员侧电动车窗电机 2 号端子连接
8	搭铁
9	驾驶员侧电动车窗下降控制信号输出端，与驾驶员侧电动车窗电机 1 号端子连接
10	接供电线，与电动车窗继电器 JC/6 插接器 7 号端子连接
12	控制前排乘客侧电动车窗上升信号输出端，与前排乘客侧电动车窗开关 8 号端子连接
14	控制前排乘客侧电动车窗下降信号输出端，与前排乘客侧电动车窗开关 5 号端子连接

❷ 前排乘客侧车窗控制电路 [图 3-5-26（a）]

前排乘客侧电动车窗开关端子作用说明见表 3-5-29。

表 3-5-29　前排乘客侧车窗开关端子作用说明

端子序号	作用说明
1	电动车窗下降信号输出端，与电动车窗电机 1 号端子连接
2	驾驶员侧车窗控制右前电动车窗下降控制信号输入端，与驾驶员侧车窗控制开关 14 号端子连接
3	接供电线，与电动车窗继电器 JC/6 插接器 2 号端子连接
4	电动车窗上升信号输出端，与电动车窗电机 2 号端子连接
5	驾驶员侧车窗控制前排乘客侧电动车窗上升控制信号输入端，与驾驶员侧车窗控制开关 12 号端子连接

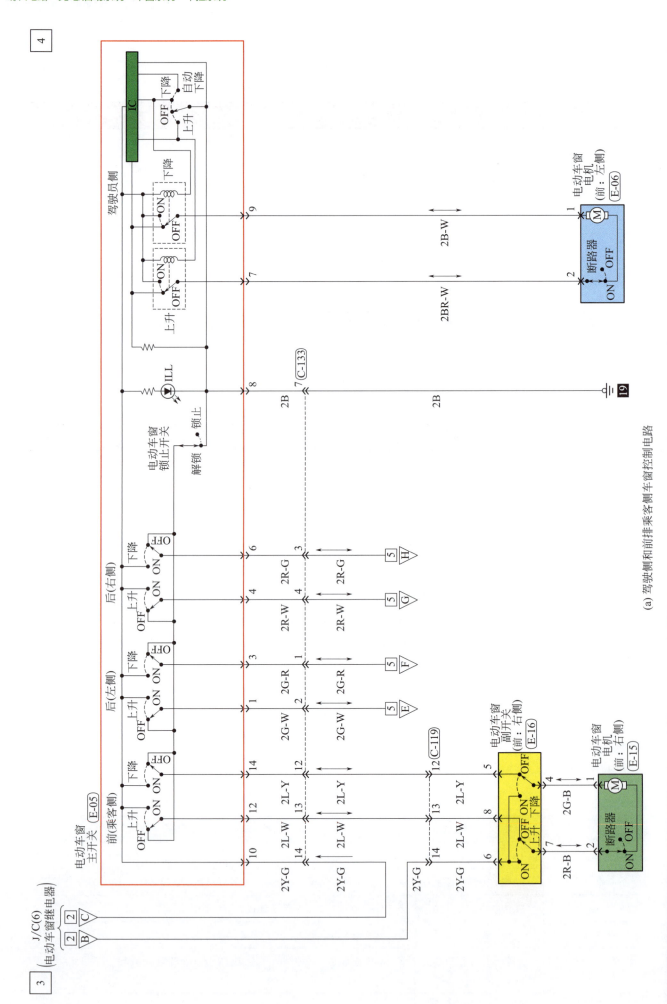

(a) 驾驶员和前排乘客侧车窗控制电路

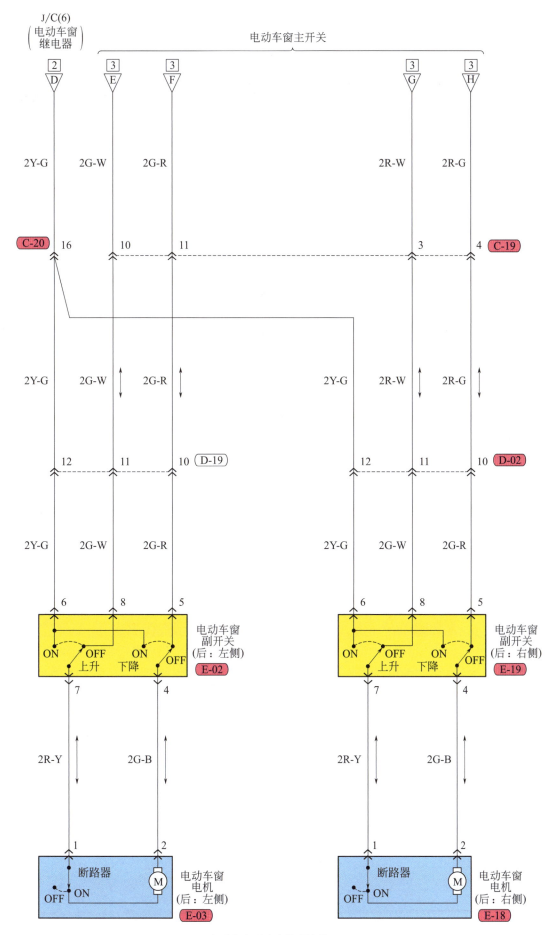

(b) 左后和右后车窗控制电路

图 3-5-26 帕杰罗车窗控制电路

❸ 左后车窗控制电路［图 3-5-26（b）］
左后电动车窗开关端子作用说明见表 3-5-30。

表 3-5-30　左后车窗开关端子作用说明

端子序号	作用说明
4	电动车窗下降信号输出端，与电动车窗电机 2 号端子连接
5	驾驶员侧车窗控制左后电动车窗下降控制信号输入端，与驾驶员侧车窗控制开关 3 号端子连接
6	接供电线，与电动车窗继电器 JC/6 插接器 1 号端子连接
7	电动车窗上升信号输出端，与电动车窗电机 1 号端子连接
8	驾驶员侧车窗控制左后电动车窗上升控制信号输入端，与驾驶员侧车窗控制开关 1 号端子连接

❹ 右后车窗控制电路［图 3-5-26（b）］
右后电动车窗开关端子作用说明见表 3-5-31。

表 3-5-31　右后车窗开关端子作用说明

端子序号	作用说明
4	电动车窗下降信号输出端，与电动车窗电机 2 号端子连接
5	驾驶员侧车窗控制右后电动车窗下降控制信号输入端，与驾驶员侧车窗控制开关 6 号端子连接
6	接供电线，与电动车窗继电器 JC/6 插接器 1 号端子连接
7	电动车窗上升信号输出端，与电动车窗电机 1 号端子连接
8	驾驶员侧车窗控制右后电动车窗上升控制信号输入端，与驾驶员侧车窗控制开关 4 号端子连接

十三、现代／起亚车型典型车窗控制电路详解——起亚秀尔车窗控制电路

❶ 驾驶员侧车窗控制电路（图 3-5-27）
驾驶员侧车窗控制开关端子的作用说明见表 3-5-32。

表 3-5-32　驾驶员侧车窗开关端子作用说明

端子序号	作用说明
1	控制前排乘客侧电动车窗上升信号输出端，与前排乘客侧电动门窗控制开关 2 号端子连接
2	控制前排乘客侧电动车窗下降信号输出端，与前排乘客侧电动门窗控制开关 7 号端子连接
3	开关照明灯电源
4	车门锁操纵开关闭锁线路
5	驾驶员侧电动车窗上升信号输出端，与驾驶员侧车窗电动机 1 号端子连接
6	驾驶员侧电动车窗下降信号输出端，与驾驶员侧车窗电动机 2 号端子连接
7	接乘客侧控制开关、右后门窗开关电源线，从室内接线盒 RH25A 保险丝流入
8	控制右后电动车窗上升信号输出端，与右后电动门窗控制开关 2 号端子连接
9	控制右后电动车窗下降信号输出端，与右后电动门窗控制开关 7 号端子连接
10	搭铁
11	车门锁操纵开关开锁线路
12	控制左后电动车窗上升信号输出端，与左后电动门窗控制开关 2 号端子连接
13	控制左后电动车窗下降信号输出端，与左后电动门窗控制开关 7 号端子连接
14	经室内接线盒 LH25A 保险丝接电源

第三章

车窗控制系统典型控制电路详解

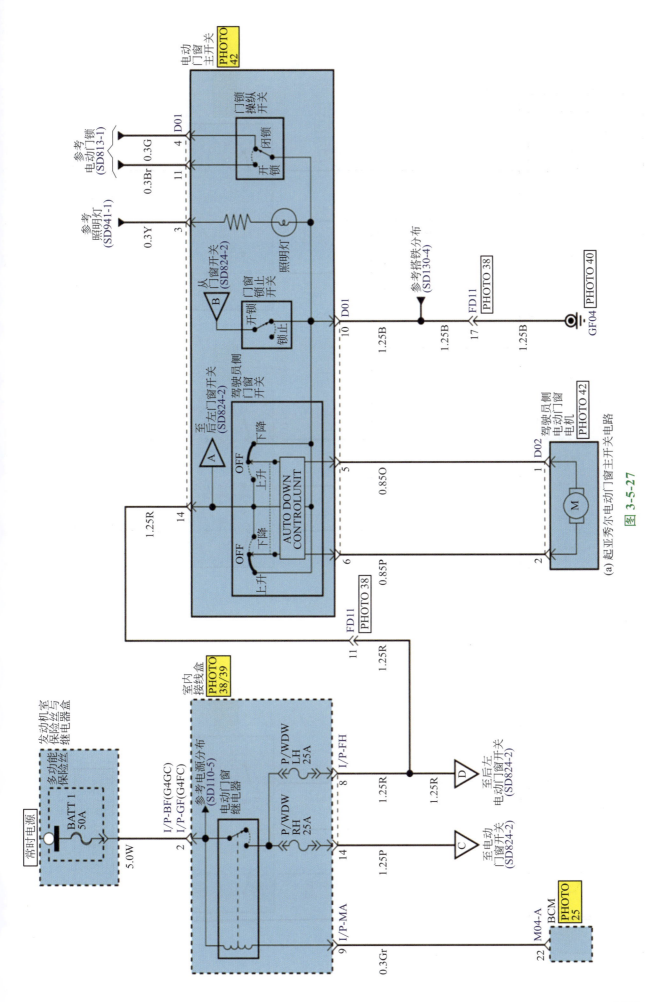

图 3-5-27 (a) 起亚秀尔电动门窗主开关电路

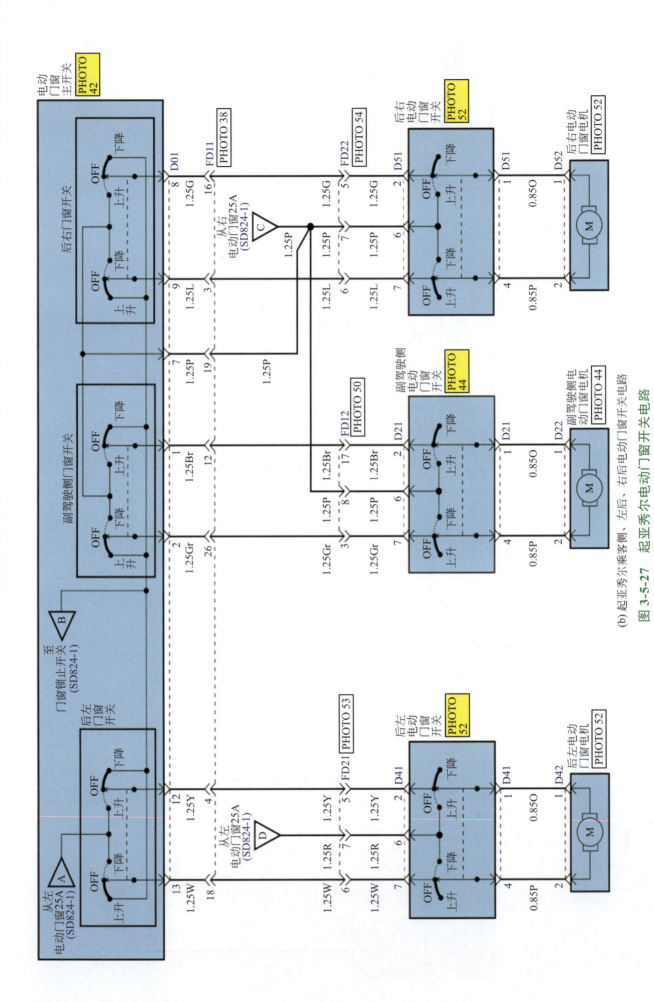

(b)起亚秀尔乘客侧、左后、右后电动门窗开关电路

图 3-5-27 起亚秀尔电动门窗开关电路

❷ 前排乘客侧车窗控制电路

前排乘客侧电动车窗开关端子作用说明见表3-5-33。

表3-5-33　前排乘客侧车窗开关端子作用说明

端子序号	作用说明
1	电动车窗上升信号输出端，与前排乘客侧电动门窗电动机1号端子连接
2	驾驶员侧车窗控制前排乘客侧电动车窗上升信号输入端，与驾驶员侧车窗控制开关1号端子连接
4	电动车窗下降信号输出端，与前排乘客侧电动门窗电动机2号端子连接
6	经室内接线盒RH25A保险丝接电源线
7	驾驶员侧车窗控制前排乘客侧电动车窗下降信号输入端，与驾驶员侧车窗控制开关2号端子连接

❸ 左后车窗控制电路

左后电动车窗开关端子作用说明见表3-5-34。

表3-5-34　左后车窗开关端子作用说明

端子序号	作用说明
1	电动车窗上升信号输出端，与左后电动门窗电动机1号端子连接
2	驾驶员侧车窗控制左后电动车窗上升信号端子，与驾驶员侧车窗控制开关12号端子连接
4	电动车窗下降信号输出端，与左后电动门窗电动机2号端子连接
6	电源线，从室内接线盒LH25A保险丝流入
7	驾驶员侧车窗控制左后电动车窗下降信号端子，与驾驶员侧车窗控制开关13号端子连接

❹ 右后车窗控制电路

右后电动车窗开关端子作用说明见表3-5-35。

表3-5-35　右后车窗开关端子作用说明

端子序号	作用说明
1	电动车窗上升信号输出端，与右后电动门窗电动机1号端子连接
2	驾驶员侧车窗控制右后电动车窗上升信号端子，与驾驶员侧车窗控制开关8号端子连接
4	电动车窗下降信号输出端，与右后电动门窗电动机2号端子连接
6	电源线，从室内接线盒RH25A保险丝流入
7	驾驶员侧车窗控制右后电动车窗下降信号端子，与驾驶员侧车窗控制开关9号端子连接

十四、福特车型典型车窗控制电路详解——锐界车窗控制电路

❶ 驾驶员侧车窗控制电路（图3-5-28）

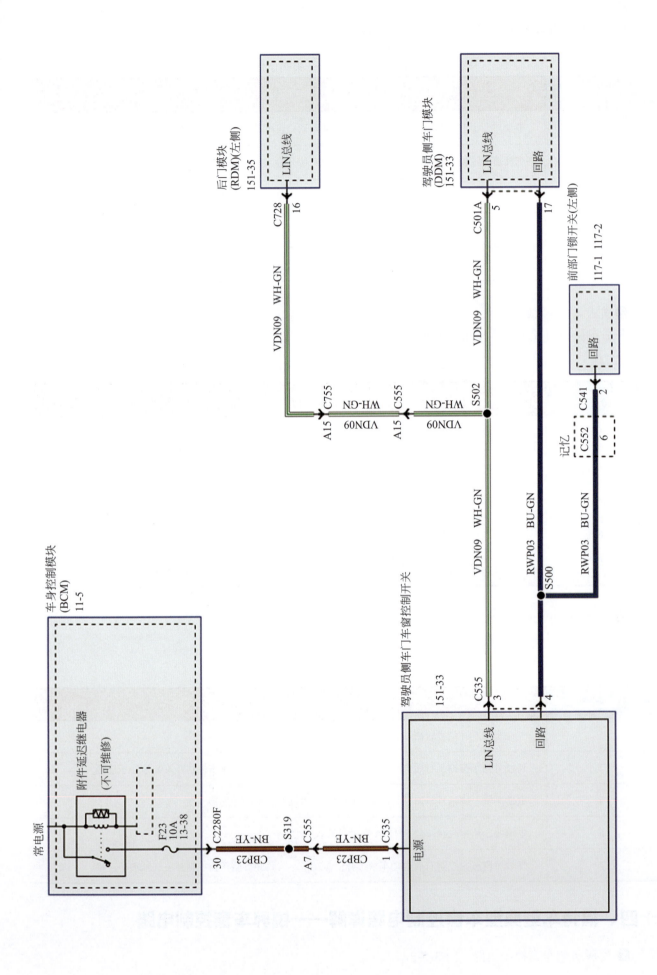

第三章 车窗控制系统典型控制电路详解

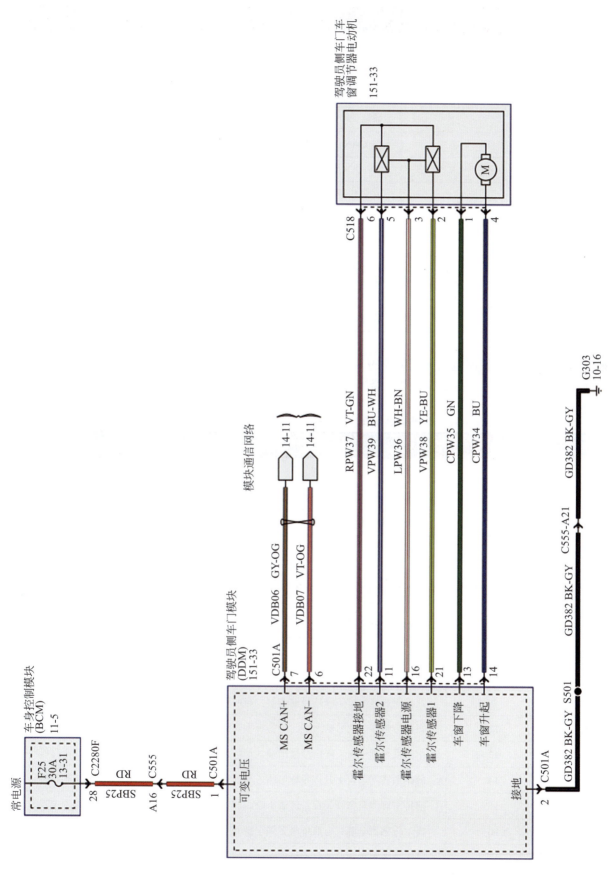

图 3-5-28 驾驶员侧电动车窗控制电路

驾驶员侧车窗开关和车门模块部分端子作用说明见表 3-5-36。

表 3-5-36　驾驶员侧车窗开关和车门模块部分端子作用说明

所在部件	端子序号	作用说明
车窗开关	3	LIN 线，与驾驶员侧车门模块 5 号端子连接发送开关信号
	4	回路线，与驾驶员侧车门模块 17 号端子连接
车门模块	1	接电源线
	2	搭铁
	6	接 CAN- 信号线
	7	接 CAN+ 信号线
	11	霍尔传感器 2 信号输出端，与驾驶员侧车门车窗调节电机 5 号端子连接
	13	车窗下降信号输出端，与驾驶员侧车门车窗调节电机 1 号端子连接
	14	车窗上升信号输出端，与驾驶员侧车门车窗调节电机 4 号端子连接
	16	接霍尔传感器电源线，与驾驶员侧车门车窗调节电机 3 号端子连接
	21	霍尔传感器 1 信号输出端，与驾驶员侧车门车窗调节电机 2 号端子连接
	22	霍尔传感器接地端，与驾驶员侧车门车窗调节电机 6 号端子连接

❷ 前排乘客侧车窗控制电路（图 3-5-29）

前排乘客侧车窗控制开关和车门模块端子作用说明见表 3-5-37。

表 3-5-37　前排乘客侧车窗开关和车门模块部分端子作用说明

所在部件	端子序号	作用说明
车窗开关	1	回路线
	2	前排乘客侧车窗上升信号输出端，与乘客侧车门模块 8 号端子连接
	3	前排乘客侧车窗下降信号输出端，与乘客侧车门模块 9 号端子连接
	4	乘客侧车窗控制开关背景灯控制端，与乘客侧车门模块 15 号端子连接
车门模块	1	接电源线
	2	搭铁
	6	接 CAN- 信号线
	7	接 CAN+ 信号线
	8	前排乘客侧车窗上升信号输入端，与前排乘客侧车窗控制开关 2 号端子连接
	9	前排乘客侧车窗下降信号输入端，与前排乘客侧车窗控制开关 3 号端子连接
	11	霍尔传感器 2 信号输出端，与前排乘客侧车窗升降电动机 5 号端子连接
	13	前排乘客侧车窗下降信号输出端，与前排乘客侧车窗升降电动机 1 号端子连接
	14	前排乘客侧车窗上升信号输出端，与前排乘客侧车窗升降电动机 4 号端子连接
	15	前排乘客侧车窗开关背景灯输出端，与前排乘客侧车窗控制开关 4 号端子连接
	16	霍尔传感器电源，与前排乘客侧车窗升降电动机 3 号端子连接
	17	前排乘客侧车窗开关背景灯搭铁，与前排乘客侧车窗控制开关 6 号端子连接
	21	霍尔传感器 1 信号输出端，与前排乘客侧车窗升降电动机 2 号端子连接
	22	霍尔传感器接地端，与前排乘客侧车窗升降电动机 6 号端子连接

第三章

车窗控制系统典型控制电路详解

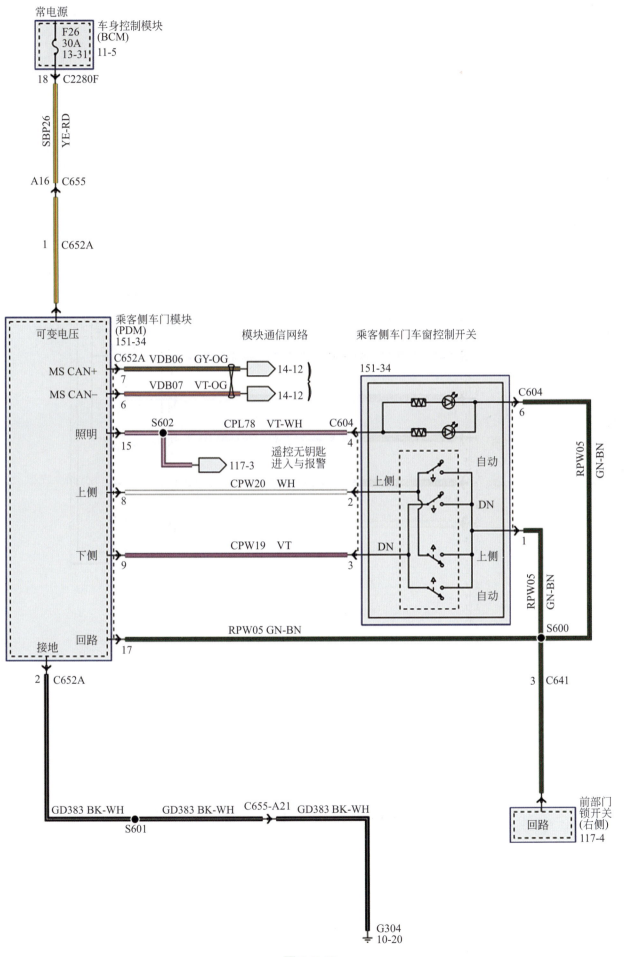

图 3-5-29

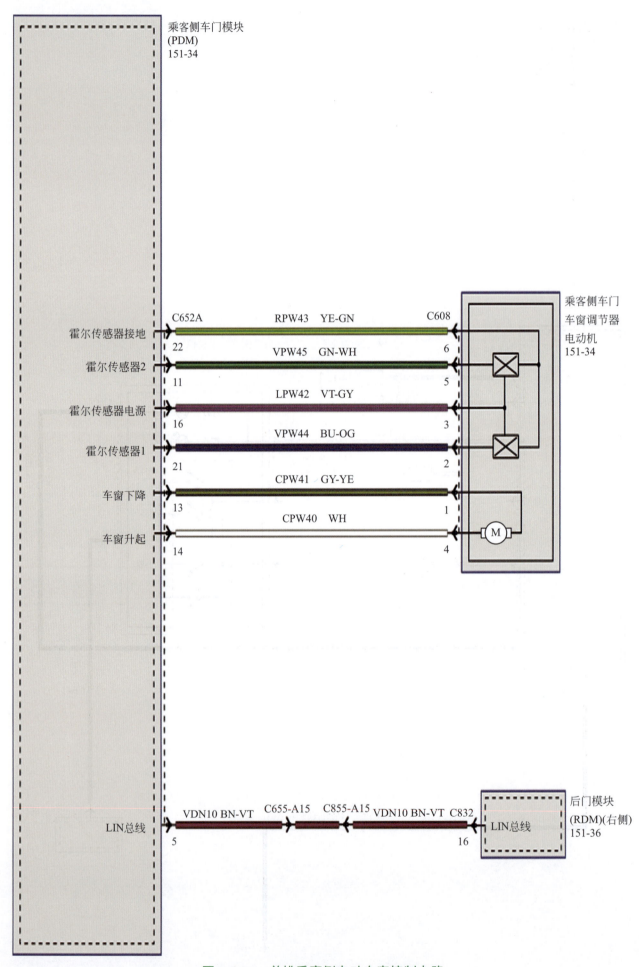

图 3-5-29 前排乘客侧电动车窗控制电路

❸ 左后车窗控制电路（图3-5-30）

左后电动车窗开关、电动机和车门模块端子作用说明见表3-5-38。

表3-5-38 左后车窗开关、电动机和车门模块部分端子作用说明

所在部件	端子序号	作用说明
车窗开关	1	搭铁
	2	电动车窗上升信号输出端，与左后车门模块11号端子连接
	3	电动车窗下降信号输出端，与左后车门模块9号端子连接
	4	电动车窗开关背景灯电源输入端，与左后车门模块3号端子连接
	6	电动车窗开关背景灯搭铁，与左后车门模块18号端子连接
车门模块	1	接电源线
	2	搭铁
	3	左后电动车窗开关背景灯电源输出端，与左后电动车窗开关4号端子连接
	4	霍尔传感器电源，与左后电动车窗电动机3号端子连接
	7	霍尔传感器1信号输出端，与左后电动车窗电动机2号端子连接
	8	霍尔传感器2信号输出端，与左后电动车窗电动机5号端子连接
	9	左后电动车窗开关下降信号输入端，与左后电动车窗开关3号端子连接
	11	左后电动车窗开关上升信号输入端，与左后电动车窗开关2号端子连接
	13	左后电动车窗开关上升信号输出端，与左后电动车窗电动机1号端子连接
	14	左后电动车窗开关下降信号输出端，与左后电动车窗电动机4号端子连接
	17	霍尔传感器搭铁端，与左后电动车窗电动机6号端子连接
	18	左后电动车窗开关背景灯搭铁输入端，与左后电动车窗开关6号端子连接
电动机	1	左后电动车窗开关上升信号输入端，与左后车门模块13号端子连接，接收到上升信号后，电动机工作，车窗上升
	2	霍尔传感器1信号输入端，与左后车门模块7号端子连接
	3	霍尔传感器电源，与左后门模块4号端子连接
	4	左后电动车窗开关下降信号输入端，与左后车门模块14号端子连接，接收到下降信号后，电动机工作，车窗下降
	5	子霍尔传感器2信号输入端，与左后车门模块8号端子连接
	6	霍尔传感器搭铁端，与左后车门模块17号端子连接

❹ 右后电动车窗开关（图3-5-31）

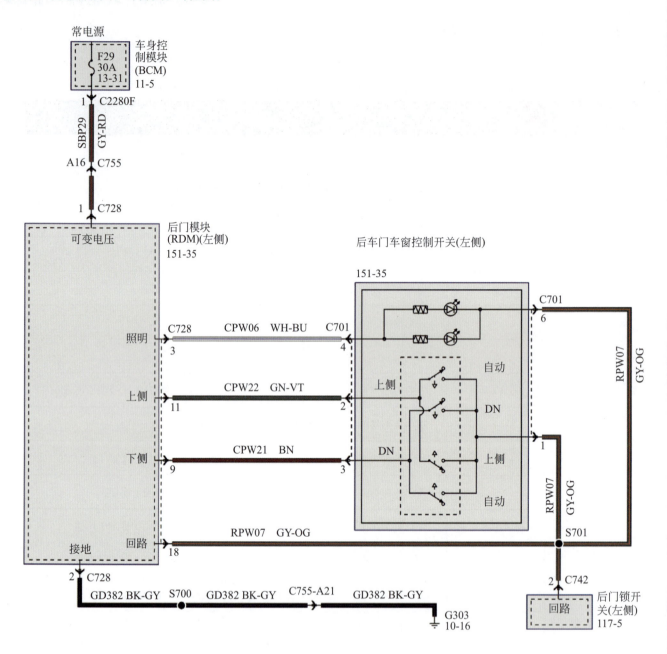

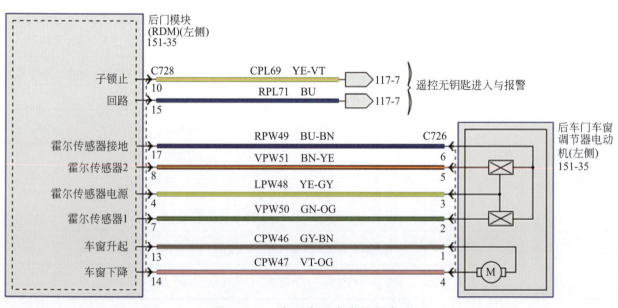

图 3-5-30 左后电动车窗控制电路

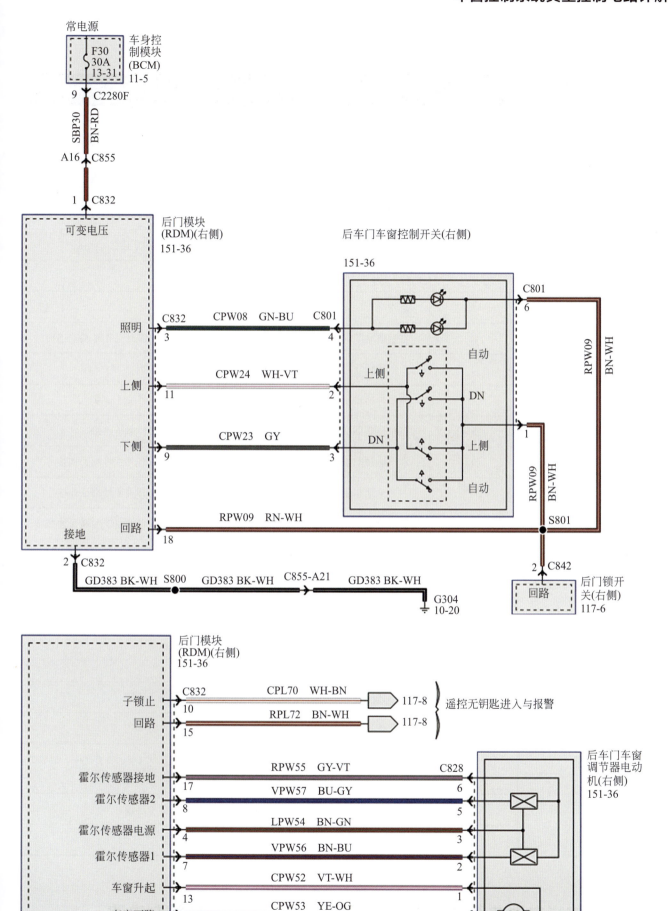

图 3-5-31　右后电动车窗控制电路

右后电动车窗开关车门模块和电动机端子的作用说明见表 3-5-39。

表 3-5-39　右后车窗开关、电动机和车门模块部分端子作用说明

所在部件	端子序号	作用说明
车窗开关	1	右后门锁开关搭铁
	2	电动车窗上升信号输出端，与右后车门模块 11 号端子连接
	3	电动车窗下降信号输出端，与右后车门模块 9 号端子连接
	4	电动车窗开关背景灯电源输入端，与右后车门模块 3 号端子连接
	6	电动车窗开关背景灯搭铁端，与右后车门模块 18 号端子连接
车门模块	1	接电源线
	2	搭铁
	3	右后电动车窗开关背景灯电源输出端，与右后电动车窗开关 4 号端子连接
	4	霍尔传感器电源，与右后电动车窗电动机 3 号端子连接
	7	霍尔传感器 1 信号输出端，与右后电动车窗电动机 2 号端子连接
	8	霍尔传感器 2 信号输出端，与右后电动车窗电动机 5 号端子连接
	9	右后电动车窗开关下降信号输入端，与右后电动车窗开关 3 号端子连接
	11	右后电动车窗开关上升信号输入端，与右后电动车窗开关 2 号端子连接
	13	右后电动车窗开关上升信号输出端，与右后电动车窗电动机 1 号端子连接
	14	右后电动车窗开关下降信号输出端，与右后电动车窗电动机 4 号端子连接
	17	霍尔传感器搭铁，与右后电动车窗电动机 6 号端子连接
	18	右后电动车窗开关背景灯搭铁输入端，与右后电动车窗开关 6 号端子连接
电动机	1	右后电动车窗开关上升信号输入端，与右后车门模块 13 号端子连接，接收到上升信号后，电动机工作，车窗上升
	2	霍尔传感器 1 信号输入端，与右后车门模块 7 号端子连接
	3	霍尔传感器电源，与右后门模块 4 号端子连接
	4	右后电动车窗开关下降信号输入端，与右后车门模块 14 号端子连接，接收到下降信号后，电动机工作，车窗下降
	5	霍尔传感器 2 信号输入端，与右后车门模块 8 号端子连接
	6	霍尔传感器搭铁，与右后车门模块 17 号端子连接

十五、传祺车型典型车窗控制电路详解——GS4 车窗控制电路

❶ 驾驶员侧车窗控制电路（图 3-5-32）

车窗升降器开关与控制单元端子的作用说明见表 3-5-40。

表 3-5-40　驾驶员侧车窗开关和升降控制单元部分端子作用说明

所在部件	端子序号	作用说明
车窗开关	DD01-1	左前车窗上升信号输出端，与车窗升降控制单元 DD5-6 端子连接
	DD01-2	左前车窗下降信号输出端，与车窗升降控制单元 DD5-1 端子连接
	DD01-3	左前车窗自动模块信号输出端，与车窗升降控制单元 DD5-5 端子连接
	DD01-4	左前车窗开关电源线，连接 IR1 车窗升降继电器 87 端子
	DD01-5	左前车窗开关电源线，连接 IR1 车窗升降继电器 87 端子
	DD01-6	右前车窗下降信号输出端，与右前车窗升降器开关 PD04-4 端子连接
	DD01-7	搭铁线，通过车窗升控制单元 DD05-3 搭铁
	DD01-8	右前车窗上升信号输出端，与右前车窗升降器开关 PD04-8 端子连接
	DD01-11	左后车窗下降信号输出端，与左后车窗升降器开关 LD01-4 端子连接
	DD01-14	左后车窗上升信号输出端，与左后车窗升降器开关 LD01-8 端子连接
	DD01-13	搭铁线，通过车窗升控制单元 DD05-3 搭铁
车窗升降控制单元	DD05-1	左前车窗下降信号输入端，与车窗升降器开 DD01-2 端子连接
	DD05-2	连接 OBD 诊断接头
	DD05-3	搭铁
	DD05-4	连接仪表板电器盒
	DD05-5	左前车窗上升信号输入端，与车窗升降器开关 DD01-3 端连接，控制左前电动车窗电动机工作，此时左前车窗上升
	DD05-6	左前车窗下降信号输入端，与车窗升降器开关 DD01-1 端连接，控制左前电动车窗电动机工作，此时左前车窗下降

❷ 副驾驶侧车窗控制电路（图 3-5-33）
车窗升降器开关和控制单元端子的作用说明见表 3-5-41。

表 3-5-41　副驾驶侧车窗开关和升降控制单元部分端子作用说明

所在部件	端子序号	作用说明
车窗开关	PD04-1	副驾驶侧电动车窗下降信号输出端，与电动车窗电动机 PD05-2 端子连接
	PD04-3	副驾驶侧电动车窗上升信号输出端，与电动车窗电动机 PD05-1 端子连接
	PD04-4	驾驶员侧电动车窗开关控制副驾驶侧电动车窗下降信号输入端，与驾驶员侧电动车窗开关 DD01-6 端子连接
	PD04-5	搭铁
	PD04-6	接电源线，连接 IR1 车窗升降继电器 87 端子
	PD04-7	副驾驶侧车窗升降器开关背景灯控制端，与车身控制单元 BD15-52 端子连接
	PD04-8	驾驶员侧电动车窗开关控制副驾驶侧电动车窗上升信号输入端，与驾驶员侧电动车窗开关 DD01-8 端子连接
车窗升降电动机	PD05-1	副驾驶侧电动车窗上升信号输入端，与副驾驶侧车窗升降器开关 PD04-3 连接，接收到副驾驶侧电动车窗上升信号后，电动机工作，电动车窗上升
	PD05-2	副驾驶侧电动车窗下降信号输入端，与副驾驶侧车窗升降器开关 PD04-1 连接，接收到副驾驶侧电动车窗下降信号后，电动机工作，电动车窗下降

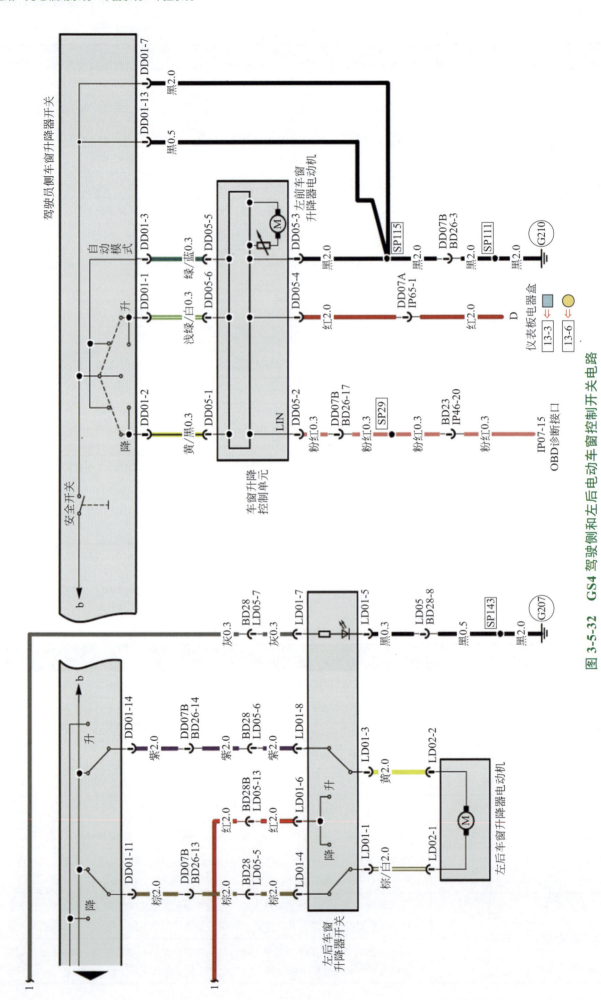

图 3-5-32 GS4 驾驶侧和左后电动车窗控制开关电路

第三章
车窗控制系统典型控制电路详解

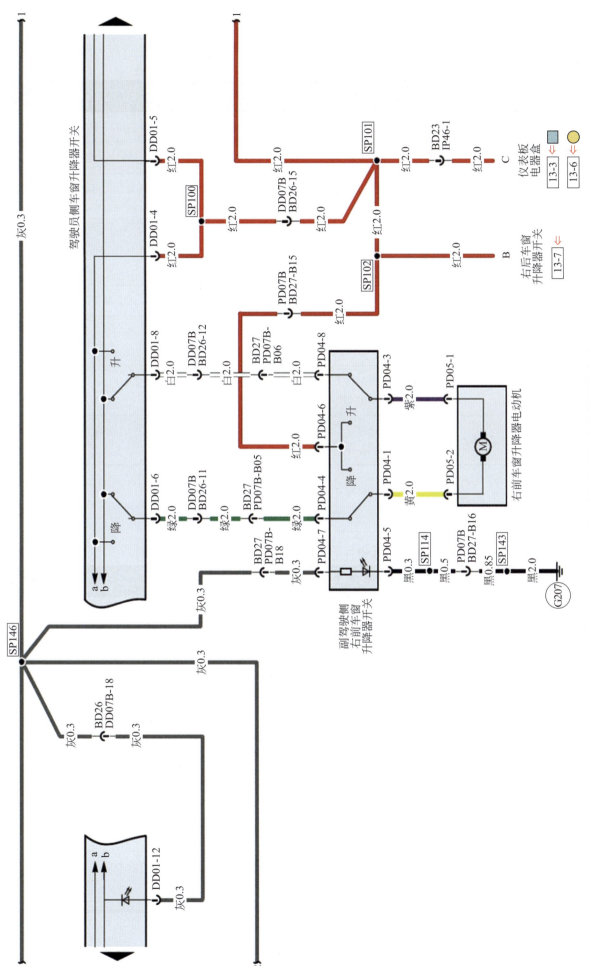

图 3-5-33　GS4 副驾驶侧电动车窗控制开关电路

❸ 左后车窗控制电路（图3-5-32）

左后电动车窗升降器开关和控制单元端子作用说明见表3-5-42。

表3-5-42　左后车窗开关和升降控制单元部分端子作用说明

所在部件	端子序号	作用说明
车窗开关	LD01-1	左后电动车窗下降信号输出端，与左后电动车窗电动机LD02-1端子连接
	LD01-3	左后电动车窗上升信号输出端，与左后电动车窗电动机LD02-2端子连接
	LD01-4	驾驶员侧电动车窗开关控制左后电动车窗下降信号输入端，与驾驶员侧电动车窗开关DD01-6端子连接
	LD01-5	搭铁
	LD01-6	接电源线，连接IR1车窗升降继电器87端子
	LD01-7	左后车窗升降器开关背景灯控制端，与车身控单元BD15-52端子连接
	LD01-8	驾驶员侧电动车窗开关控制左后电动车窗上升信号输入端，与驾驶员侧电动车窗开关DD01-8端子连接
车窗升降电动机	LD02-1	左后电动车窗上升信号输入端，与左后车窗升降器开关LD01-3连接，接收到左电动车窗上升信号后，电动机工作，左后电动车窗上升
	LD02-2	左后电动车窗下降信号输入端，与左后车窗升降器开关LD01-1连接，接收到左后电动车窗下降信号后，电动机工作，左后电动车窗下降

❹ 右后车窗控制电路（图3-5-34）

右后电动车窗升降器开关和控制单元端子作用说明见表3-5-43。

表3-5-43　右后车窗开关和升降控制单元部分端子作用说明

所在部件	端子序号	作用说明
车窗开关	RD03-1	右后电动车窗下降信号输出端，与右后电动车窗电动机RD01-1端子连接
	RD03-3	右后电动车窗上升信号输出端，与右后电动车窗电动机RD01-2端子连接
	RD03-4	驾驶员侧电动车窗开关控制右后电动车窗下降信号输入端，与驾驶员侧电动车窗开关DD01-15端子连接
	RD03-5	搭铁
	RD03-6	接电源线，连接IR1车窗升降继电器87端子
	RD03-7	右后车窗升降器开关背景灯控制端，与车身控单元BD15-52端子连接
	RD03-8	驾驶员侧电动车窗开关控制右后电动车窗上升信号输入端，与驾驶员侧电动车窗开关DD01-16端子连接
车窗升降电动机	RD01-1	右后电动车窗下降信号输入端，与右后车窗升降器开关RD03-1连接，接收到右后电动车窗下降信号后，电动机工作，右后电动车窗下降
	RD01-2	右后电动车窗上升信号输入端，与右后车窗升降器开关RD03-3连接，接收到右后电动车窗上升信号后，电动机工作，右后电动车窗上升

第三章

车窗控制系统典型控制电路详解

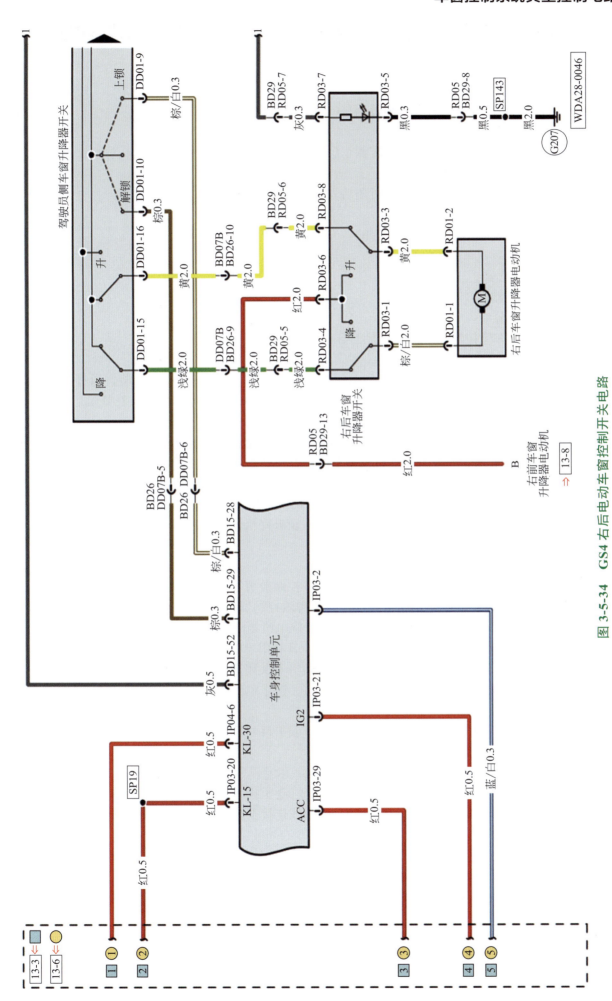

图 3-5-34 GS4 右后电动车窗控制开关电路

十六、宝马车型典型车窗控制电路详解——3系 G20 车窗控制电路

（1）相关部件名称

A258—车身域控制器（BDC）；

A279—车窗升降机驱动装置及驾驶员侧车门电子控制装置；

S35—驾驶员侧车门开关组；

A280—车窗升降机驱动装置及前乘客侧车门电子控制装置；

S36—前乘客侧车门开关组；

A334—车窗升降机驱动装置及驾驶员侧后方车门电子控制装置；

S38—驾驶员侧后方车门开关组；

A335—车窗升降机驱动装置及前乘客侧后方车门电子控制装置；

S24—前乘客侧后方车门开关组；

A203—遥控接收器；

Z44—右前配电器；

Z2a—后部配电器。

（2）3系 G20 车窗控制电路详解（图 3-5-35）

❶ 驾驶员侧车窗控制电路详解

A279 车窗升降机驱动装置及驾驶员侧车门电子控制装置：车窗升降机驱动装置通过 LIN 总线连接至车身域控制器（BDC）。车窗升降机由车身域控制器（BDC）控制。BDC 控制单元是车身电子系统中的中央控制单元，并对电动车窗升降机的功能起决定作用。

车窗升降机被设计成拉线升降驱动装置。每个车窗升降电机上都有 2 个霍尔传感器。由此能够确定旋转方向、速度和位置。车窗升降电机根据车窗位置和操作以不同的速度运转。

S35 驾驶员侧车门开关组：自接通总线端 Kl.15 起，利用车窗升降机开关可以操作所有车窗升降机功能。总线端 Kl.15 断开后，还可以操作车窗升降机 1 分钟。

驾驶员侧车窗升降机开关将其信号直接发送到车窗升降机驱动装置的电子控制装置。该电子控制装置置于车窗升降机驱动装置内。

❷ 前乘客侧车窗控制电路详解

A280 车窗升降机驱动装置及驾驶员侧车门电子控制装置：车窗升降机由车身域控制器（BDC）控制。车窗升降机驱动装置通过 LIN 总线连接至车身域控制器（BDC）。车窗升降机的设计形式，升降电机安装的传感器等均与驾驶侧的车窗升降机、升降电机相同。

S36 乘客侧车门开关组：车身域控制器（BDC）具有用于电动打开或关闭车窗升降机的中央控制功能。这意味着，车身域控制器（BDC）发布电动打开和关闭车窗指令。

利用车窗升降机开关可以在接通总线端 Kl.15 后，操作车窗升降机的功能。总线端 Kl.15 断开后，还可以操作车窗升降机 1 分钟。

前乘客侧车窗升降机开关将其信号直接发送到车窗升降机驱动装置的电子控制装置。该电子控制装置置于车窗升降机驱动装置内。

❸ 驾驶员侧后方车窗控制电路详解

A334 车窗升降机驱动装置及驾驶员侧后方车门电子控制装置：车窗升降机由车身域控制器（BDC）控制。车窗升降机驱动装置同样通过 LIN 总线连接至车身域控制器（BDC）。

车窗升降机、升降电机也与驾驶侧的相同。

S38 驾驶员侧后方车门开关组：利用车窗升降机开关可以自总线端 Kl.15 接通起操作车窗升降机功能。总线端 Kl.15 断开后，还可以操作车窗升降机 1 分钟。

驾驶员侧后方车窗升降机开关将其信号直接发送到车窗升降机驱动装置的电子控制装置。该电子控制装置置于车窗升降机驱动装置内。

❹ 乘客侧后方车窗控制电路详解（图 3-5-35）

A335 车窗升降机驱动装置及驾驶员侧车门电子控制装置：车窗升降机由车身域控制器（BDC）控制。车窗升降机驱动装置通过 LIN 总线连接至车身域控制器（BDC）。

第三章 车窗控制系统典型控制电路详解

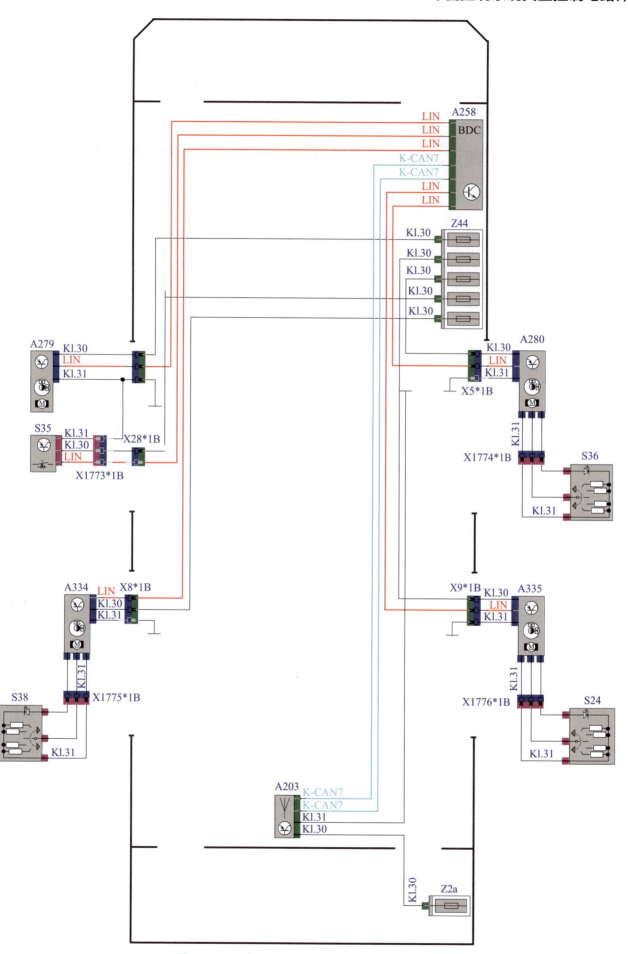

图 3-5-35　宝马 3 系 G20 电动车窗控制电路

169

车窗升降机、升降电机同样与驾驶侧的相同。

S24 乘客侧后方车门开关组：利用车窗升降机开关可以自总线端 Kl.15 接通起操作车窗升降机功能。总线端 Kl.15 断开后，还可以操作车窗升降机 1 分钟。

乘客侧后方车窗升降机开关将其信号直接发送到车窗升降机驱动装置的电子控制装置。该电子控制装置置于车窗升降机驱动装置内。

十七、长城车型典型车窗控制电路详解——哈弗 H6 车窗控制电路

❶ 驾驶员侧车窗控制电路详解（图 3-5-36）

驾驶员侧玻璃升降开关和电机端子的作用说明见表 3-5-44。

表 3-5-44　驾驶员侧车窗开关和升降电机部分端子作用说明

所在部件	端子序号	作用说明
车窗开关	A-3	接点火开关 IG1 电源，经 F131(10A) 保险丝流入
	A-4	搭铁
	A-7	驾驶员侧电动车窗上升信号输出端，与驾驶员侧电动车窗电机 4 号端子连接
	A-8	驾驶员侧电动车窗下降信号输出端，与驾驶员侧电动车窗电机 1 号端子连接
	A-9	蓄电池电源，经 F136(30A) 保险丝流入，与驾驶员侧玻璃升降开关内上升、下降继电器连接
	A-11	LIN 线
	B-2	霍尔信号 2 输出端，与驾驶员侧电动车窗电机 5 号端子连接
	B-3	霍尔信号接地，与驾驶员侧电动车窗电机 6 号端子连接
	B-4	霍尔信号 1 输出端，与驾驶员侧电动车窗电机 2 号端子连接
	B-5	霍尔信号电源，与驾驶员侧电动车窗电机 3 号端子连接
车窗升降电机	1	驾驶员侧电动车窗下降信号输入端，当接收到下降信号时，驾驶员侧电动车窗电机工作，车窗下降
	2	霍尔信号 1 输入端
	3	霍尔信号电源输入端
	4	驾驶员侧电动车窗上升信号输入端，当接收到上升信号时，驾驶员侧电动车窗电机工作，车窗上升
	5	霍尔信号 2 输入端
	6	霍尔信号接地

❷ 副驾驶侧车窗控制电路详解（图 3-5-37）

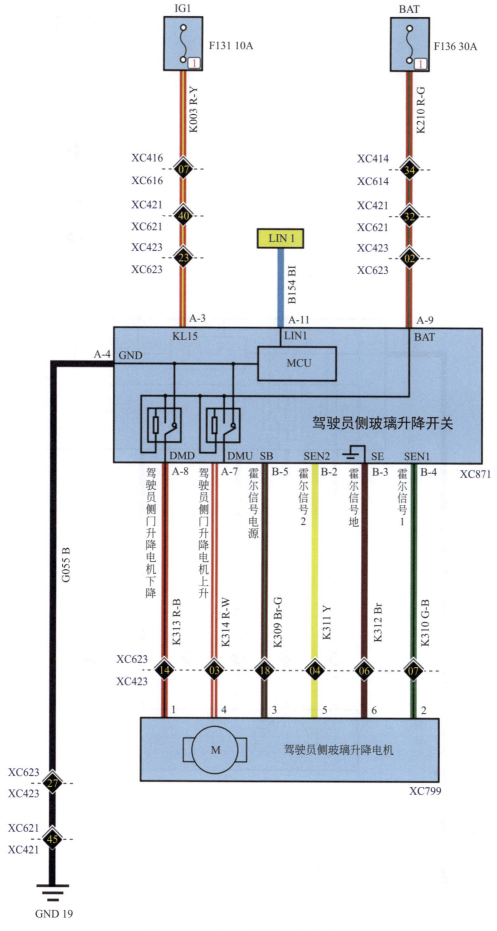

图 3-5-36　驾驶员侧车窗控制电路

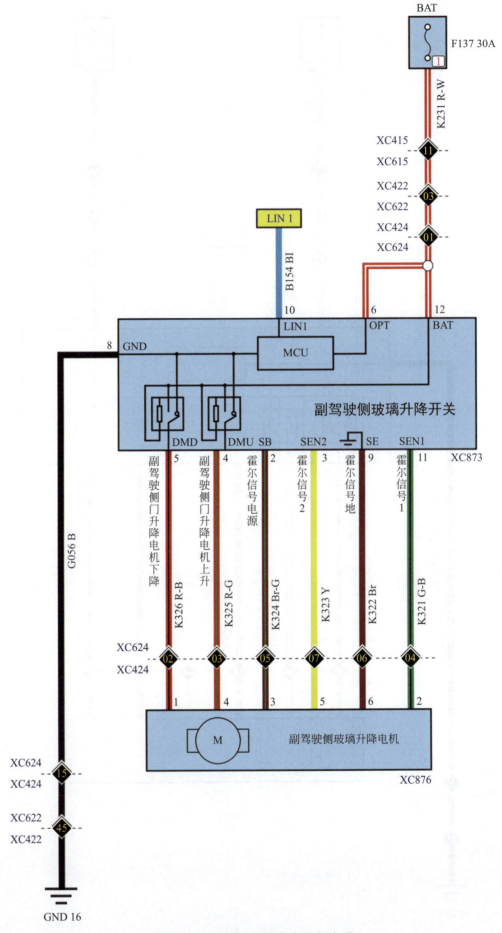

图 3-5-37 副驾驶侧车窗控制电路

副驾驶侧门窗开关和电机端子的作用说明见表3-5-45。

表 3-5-45　副驾驶侧侧车窗开关和升降电机部分端子作用说明

所在部件	端子序号	作用说明
车窗开关	2	霍尔信号电源，与前排乘客侧车窗电机3号端子连接
	3	霍尔信号2输出端，与前排乘客侧车窗电机5号端子连接
	4	电动车窗上升信号输出端，与电动车窗电机4号端子连接
	5	电动车窗下降信号输出端，与电动车窗电机1号端子连接
	6	MCU供电端
	8	搭铁
	9	霍尔信号接地端
	10	LIN线
	11	霍尔信号1输出端，与电动车窗电机2号端子连接
	12	蓄电池电源，经F137(30A)保险丝流入
车窗升降电机	1	前排乘客侧电动车窗下降信号输入端，当接收到下降信号时，电动车窗电机工作，车窗下降
	2	霍尔信号1输入端
	3	霍尔信号电源输入端
	4	前排乘客侧电动车窗上升信号输入端，当接收到上升信号时，电动车窗电机工作，车窗上升
	5	霍尔信号2输入端
	6	霍尔信号接地端

❸ 左后车窗控制电路详解（图3-5-38）

左后门窗开关和电机端子的作用说明见表3-5-46。

表 3-5-46　左后车窗开关和升降电机部分端子作用说明

所在部件	端子序号	作用说明
车窗开关	2	霍尔信号电源，与左后车窗电机3号端子连接
	3	霍尔信号1输出端，与左后车窗电机2号端子连接
	4	电动车窗上升信号输出端，与电动车窗电机1号端子连接
	5	电动车窗下降信号输出端，与电动车窗电机4号端子连接
	6	MCU搭铁端
	8	搭铁
	9	霍尔信号接地线，与左后门车窗电机6号端子连接
	10	LIN线
	11	霍尔信号2输出端，与电动车窗电机5号端子连接
	12	蓄电池电源，经F136(30A)保险丝流入

所在部件	端子序号	作用说明
车窗升降电机	1	左后门电动车窗上升信号输入端，当接收到上升信号时，左后门电动车窗电机工作，车窗上升
	2	霍尔信号1输入端
	3	霍尔信号电源输入端
	4	左后门电动车窗下降信号输入端，当接收到下降信号时，左后门电动车窗电机工作，车窗下降
	5	霍尔信号2输入端
	6	霍尔信号接地

❹ 右后车窗控制电路详解（图3-5-39）

右后门窗开关和电机的作用说明见表3-5-47。

表3-5-47 右后车窗开关和升降电机部分端子作用说明

所在部件	端子序号	作用说明
车窗开关	2	霍尔信号电源，与车窗电机3号端子连接
	3	霍尔信号1输出端，与车窗电机2号端子连接
	4	电动车窗上升信号输出端，与电动车窗电机1号端子连接
	5	电动车窗下降信号输出端，与电动车窗电机4号端子连接
	8	搭铁
	9	霍尔信号接地线，与右后门车窗电机6号端子连接
	10	LIN 线
	11	霍尔信号2输出端，与电动车窗电机5号端子连接
	12	蓄电池电源，经F137(30A)保险丝流入
车窗升降电机	1	右后门电动车窗上升信号输入端，当接收到上升信号时，右后门电动车窗电机工作，车窗上升
	2	霍尔信号1输入端
	3	霍尔信号电源输入端
	4	右后门电动车窗下降输入信号，当接收到下降信号时，右后门电动车窗电机工作，车窗下降
	5	霍尔信号2输入端
	6	霍尔信号接地端

第三章 车窗控制系统典型控制电路详解

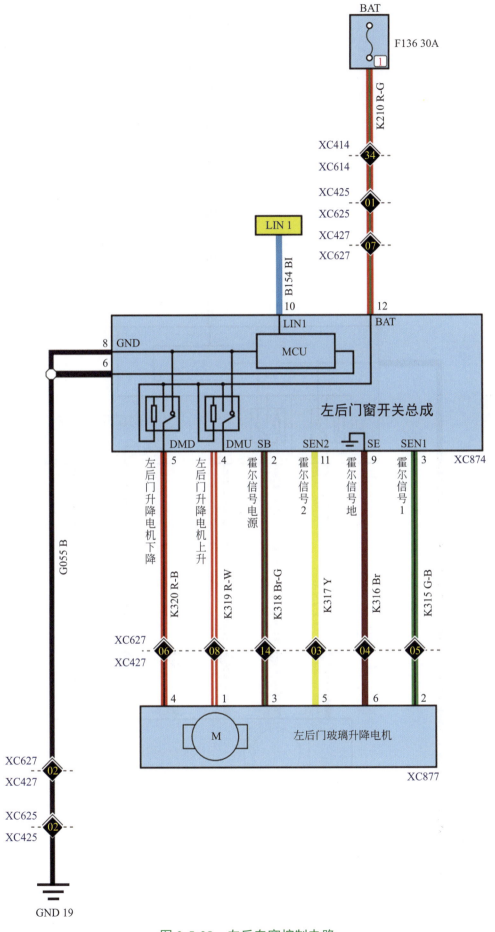

图 3-5-38 左后车窗控制电路

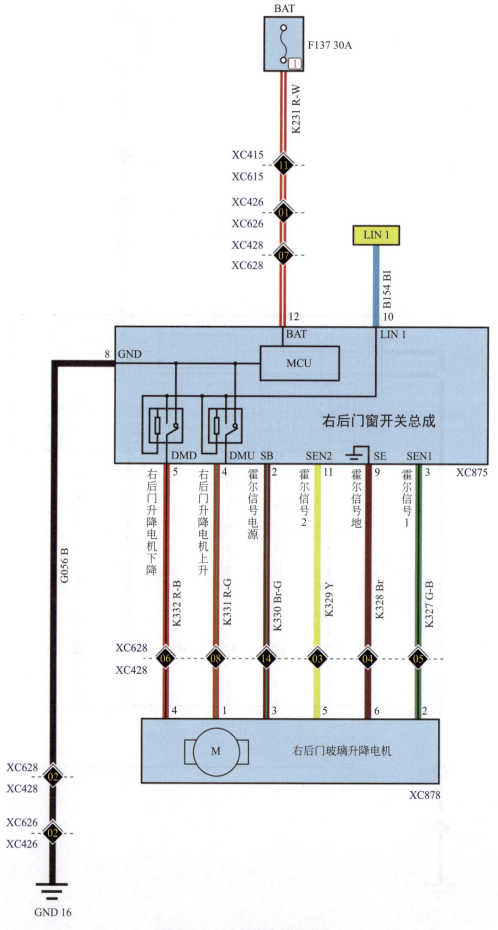

图 3-5-39 右后车窗控制电路

第六节
车窗控制系统常见故障及检修技巧

本节内容以丰田卡罗拉车型为例。

一、常见故障（表 3-6-1）

表 3-6-1　常见故障及解决方法

故障现象	故障部位	故障解决方法
用电动车窗主开关无法操作电动车窗	POWER、PWR、RRDOORLH 和 RRDOORRH 保险丝	更换损坏的零部件和保险丝
	电动车窗主开关电路（电源）	更换或修复损坏的零部件
	电动车窗升降电动机电路	更换或修复损坏的零部件
	电动车窗主开关	更换或修复损坏的零部件
用前排乘客侧电动车窗开关无法操作相应的电动车窗	电动车窗开关电路（电源）	更换损坏的零部件和保险丝
	电动车窗升降电动机电路（前排乘客侧）	更换或修复损坏的零部件
	电动车窗开关（前排乘客侧）	更换或修复损坏的零部件
	线束或连接器	更换或修复损坏的零部件
左后侧电动车窗开关无法操作相应的电动车窗	电动车窗开关电路（电源）	更换损坏的零部件和保险丝
	电动车窗升降电动机电路（左后侧）	更换或修复损坏的零部件
	电动车窗开关（左后侧）	更换或修复损坏的零部件
	线束或连接器	更换或修复损坏的零部件
右后侧电动车窗开关无法操作相应的电动车窗	电动车窗开关电路（电源）	更换损坏的零部件和保险丝
	电动车窗升降电动机电路（右后侧）	更换或修复损坏的零部件
	电动车窗开关（右后侧）	更换或修复损坏的零部件
	线束或连接器	更换或修复损坏的零部件
驾驶员侧自动上升/下降功能不起作用（仅防夹辅助功能）	电动车窗升降电动机	电动车窗升降电动机重置
	电动车窗主开关	更换或修复损坏的零部件
	线束或连接器	更换或修复损坏的零部件
遥控上升/下降功能不起作用	电动车窗主开关	更换或修复损坏的零部件
	线束或连接器	更换或修复损坏的零部件
将点火开关置于"OFF"位置后，即使不满足工作条件，电动车窗仍然可以工作	前门门控灯开关	更换或修复损坏的零部件
	线束或连接器（LIN 通信线路）	更换或修复损坏的零部件

续表

故障现象	故障部位	故障解决方法
自动操作不能完全关闭驾驶员侧电动车窗（防夹功能被触发）	电动车窗升降电动机	更换或修复损坏的零部件
	车窗玻璃升降槽	更换或修复损坏的零部件
	电动车窗主开关	更换或修复损坏的零部件
驾驶员侧自动下降功能不起作用（仅自动下降）	电动车窗主开关	更换或修复损坏的零部件
	电动车窗升降电动机电路（驾驶员侧）	更换或修复损坏的零部件
	线束或连接器	更换或修复损坏的零部件

二、驾驶员侧车窗升降电动机故障

1. 故障描述

驾驶员侧电动车窗控制系统部分由一个电动车窗主开关、升降器和带集成ECU的电动机组成。当操作电动车窗主开关时（带防夹功能的车型），驾驶员侧电动车窗升降电动机ECU故障。

当驾驶员侧电动车窗升降电动机的ECU故障时，设置DTC B2311。

注意：

电动车窗控制系统使用串行通信协议（LIN）与主车身ECU进行通信。

仅在更换电动车窗升降电动机时需要初始化。但是，更换电动机可能导致电动机齿轮啮合到其他位置。这可能导致当前车窗玻璃位置和ECU中存储的位置存在差异。在这种情况下，防夹功能将无法正常工作。使系统返回到初始化前的状态并对系统重新进行初始化。

要将系统返回到初始化前的状态：在电动车窗操作过程中，断开车窗升降电动机连接器。该项操作将使电动机恢复至初始化之前的状态。

2. 故障诊断与排除

（1）故障码（表3-6-2）

表3-6-2 故障码

故障代码	故障码检测条件	故障部位
B2311	符合下列条件之一： • 电动车窗升降电动机（驾驶员侧）故障 • 电动车窗升降电动机（驾驶员侧）的ECU确定车窗全关位置偏离正常位置约20mm（0.79in.）或更大	主车身ECU ACC继电器 线束或连接器

（2）故障诊断

❶ 初始化电动车窗控制系统

a. 初始化电动车窗升降电动机（驾驶员侧）。

b. 通过打开和关闭车窗来检查并确认电动车窗工作正常。

正常：驾驶员侧电动车窗工作正常。

如果检测结果异常，则更换驾驶员侧电动车窗升降电动机。

如果检测结果正常，则检查零部件是否正确安装。

❷ 检查零部件是否正确安装

检查并确认电动车窗零部件（驾驶员侧）安装正确。
正常：正确安装了电动车窗零部件（驾驶员侧）。

 提示

如果电动车窗零部件正确安装，则故障可能是由点火开关置于 ON（IG）位置时断开蓄电池、电动车窗零部件安装错误或者电动机过热所导致的。

如果检测结果异常，则正确安装零部件。
如果检测结果正常，则检查是否有故障码。

❸ 检查是否有故障码
a. 将点火开关置于"OFF"位置。
b. 至少等待 10s，然后将点火开关置于 ON（IG）位置。
c. 检查 DTC 是否再次输出。
如果有故障码 B2311，则更换驾驶员侧电动车窗升降电动机。
如果无故障码，则表明系统正常。

三、驾驶员侧车窗主开关故障

1. 电路图（图 3-6-1）

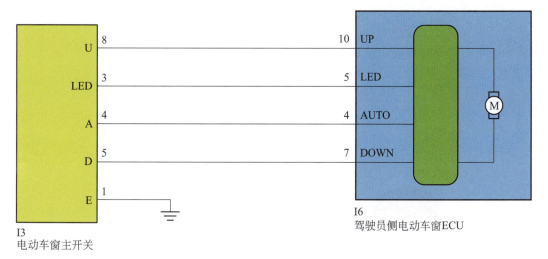

图 3-6-1　驾驶员侧车窗电路图

2. 故障描述

当 ECU 确定电动车窗主开关卡住时，将设置 DTC B2312。

3. 故障诊断与排除

（1）故障码（表 3-6-3）

表 3-6-3　故障码

故障代码	故障码检测条件	故障部位或原因
B2312	电动车窗主开关卡住	• 电动车窗升降电动机（驾驶员侧） • 电动车窗主开关 • 线束或连接器 • 在同一位置按住电动车窗主开关超过 20s

（2）故障诊断

❶ 使用电脑诊断仪进行检测

使用数据表，检查电动车窗ECU（电动车窗升降电动机）的功能。

读取内容表即表3-6-4。

表3-6-4 检测仪测量驾驶员侧开关及显示状态

检测仪显示	测量项目/范围	正常状态
D Door Auto SW（驾驶员侧自动开关）	驾驶员车门电动车窗自动开关信号/ON或OFF	ON：驾驶员侧电动车窗自动开关工作 OFF：驾驶员侧电动车窗自动开关不工作
D Door Up SW（驾驶员侧手动上升开关）	驾驶员车门电动车窗手动上升开关信号/ON或OFF	ON：驾驶员侧电动车窗手动上升开关工作 OFF：驾驶员侧电动车窗手动上升开关不工作
D Door Down SW（驾驶员侧手动下降开关）	驾驶员车门电动车窗手动下降开关信号/ON或OFF	ON：驾驶员侧电动车窗手动下降开关工作 OFF：驾驶员侧电动车窗手动下降开关不工作

正常：屏幕上显示ON（开关工作）。

提示

当电动车窗工作正常时，故障由不规则的开关工作引起（例如，电动车窗升降器主开关保持在同一位置超过20s）。

如果检测结果异常，则检查电动车窗主开关。

如果检测结果正常，则更换电动车窗主开关。

❷ 检查电动车窗主开关

根据图3-6-2和表3-6-5中的值测量电阻。

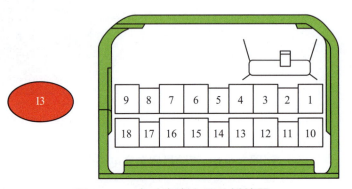

图3-6-2 电动车窗主开关插接器

表3-6-5 标准电阻

检测仪连接	条件	规定状态
8（U）—1（E）—4（A）	自动上升	小于1Ω
8（U）—1（E）	手动上升	小于1Ω
5（D）—1（E）	手动下降	小于1Ω
4（A）—5（D）—1（E）	自动下降	小于1Ω

如果检测结果异常，则更换电动车窗主开关。

如果检测结果正常，则检查线束和连接器（电动车窗主开关—车窗升降电动机）。

❸ 检查线束和连接器（电动车窗主开关—车窗升降电动机）

a. 断开连接器 I3 和 I6。

b. 根据图 3-6-3 和表 3-6-6 中的值测量电阻。

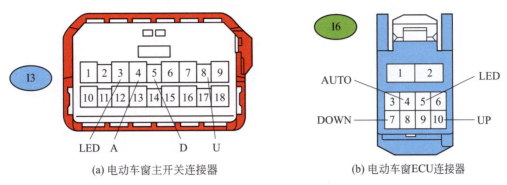

(a) 电动车窗主开关连接器　　(b) 电动车窗ECU连接器

图 3-6-3　连接器 I3 和 I6

表 3-6-6　标准电阻

检测仪连接	条件	规定状态
I3-8（U）—I6-10（UP）	始终	小于 1Ω
I3-3（LED）—I6-5（LED）	始终	小于 1Ω
I3-4（A）—I6-4（AUTO）	始终	小于 1Ω
I3-5（D）—I6-7（DOWN）	始终	小于 1Ω
I3-8（U）—车身搭铁	始终	10kΩ 或更大
I3-3（LED）—车身搭铁	始终	10kΩ 或更大
I3-4（A）—车身搭铁	始终	10kΩ 或更大
I3-5（D）—车身搭铁	始终	10kΩ 或更大

如果检测结果异常，则维修或更换线束或连接器。如果检测结果正常，则更换驾驶员侧电动车窗升降电动机。

第四章 中控门锁系统典型控制电路详解

第一节 汽车中控门锁的功能和组成

一、汽车中控门锁的功能

1. 中央控制

当驾驶员锁住其身边的车门时,其他车门也同时锁住,驾驶员可通过门锁开关同时打开各个车门,也可单独打开某个车门。

2. 速度控制

当行车速度达到一定时,各个车门能自行锁上,防止乘员误操作车门把手而导致车门打开。

3. 单独控制

除在驾驶员身边车门以外,还在其他车门设置单独的弹簧锁开关,可独立地控制一个车门的打开和锁住。

二、汽车中控门锁的组成

门锁是锁止车门的机构,是保证汽车行驶安全的一项重要措施。对门锁的一般要求是门锁不仅能将车门可靠锁紧或打开,而且当门锁在锁止位置时,操作外手柄均不能打开车门。为了提高汽车使用的安全性、方便性,现代汽车大多安装中控门锁系统。中控门锁系统主要由控制开关、门锁执行机构和门锁控制器三部分组成。

1. 门锁开关

大多数中控门锁的开关都是由总开关和分开关组成,总开关装在驾驶员身旁车门上,驾驶员操作总开关可将全车所有车门锁住或打开;分开关装在其他各个车门上,可单独控制一个车门(图 4-1-1)。

图 4-1-1　中控门锁开关

2. 门锁执行机构

门锁执行机构的作用是根据电路中电流方向的不同而实现闭锁或开锁。常见的门锁执行机构有电磁线圈、直流电动机或永磁式旋转电动机。两种结构都是通过改变极性转换其运动方向来实现门锁的开、关动作。

（1）电磁式门锁执行机构

这种汽车电控门锁的开启和锁闭均由电磁铁驱动，其结构如图 4-1-2 所示。它内设两个线圈，分别用来开启、锁闭门锁。门锁集中操作按钮平时处于中间位置，用手按压即可开启或锁闭车门。

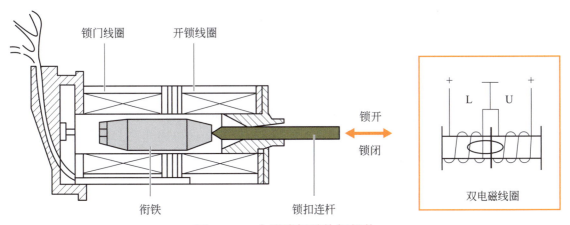

图 4-1-2　电磁式门锁执行机构

（2）电动机式门锁执行机构

电动机式门锁由可逆式电动机、传动装置及锁体总成构成。其工作原理为：由电动机带动齿轮齿条副或螺杆螺母副进而驱动锁体总成，实现车门的锁闭或开启动作（图 4-1-3）。

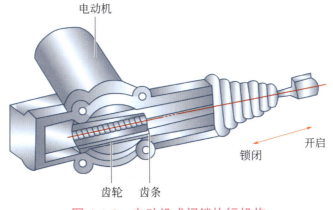

图 4-1-3　电动机式门锁执行机构

3. 门锁控制器

门锁控制器为门锁执行机构提供开锁和闭锁脉冲电流,有晶体管式门锁控制器、电容式门锁控制器和车速感应式门锁控制器。

(1) 晶体管式门锁控制器

晶体管式门锁控制器内部设有闭锁和开锁两个继电器,由晶体管开关电路控制,利用电容器的充、放电过程,控制一定的脉冲电流持续时间,使门锁执行机构完成闭锁和开锁动作(图 4-1-4)。

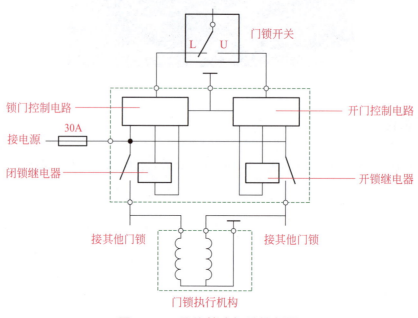

图 4-1-4　晶体管式门锁控制器

(2) 电容式门锁控制器

该系统利用充足电的电容器,在工作时继电器(开锁或闭锁继电器)串联接入电容器的放电回路,使其触点短时间闭合。当转动(正向或反向)车门钥匙时,相应的电路开关(闭锁或开锁)接通,电容器放电电流通过继电器线圈(开锁或闭锁继电器)搭铁,线圈产生电磁吸力,触点闭合,接通执行机构电磁线圈的电路,完成闭锁或开锁的动作。当电容器放电完毕后,继电器触点打开,中控门锁系统停止工作。此时另一只电容器被充电,为下一次操作做好准备(图 4-1-5)。

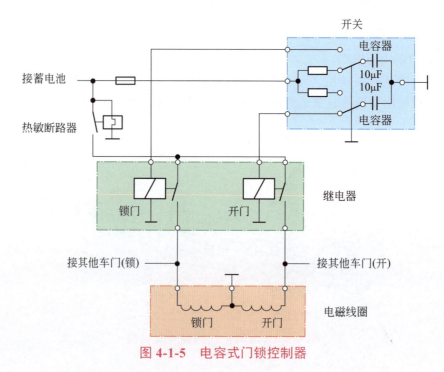

图 4-1-5　电容式门锁控制器

（3）车速感应式门锁控制器

在中控门锁系统中加装一车速（10km/h）感应开关，当汽车行驶速度达 10km/h 以上时，若车门未闭锁，不需要驾驶员操纵，门锁控制器将自动关闭。如果个别车门要自行开门或锁门可单独操作。

第二节
汽车中控门锁的工作原理

驾驶人员或乘客可以通过门锁开关接通或断开门锁继电器，门锁继电器包括闭锁和开锁两个继电器。当门锁开关都不闭合时，所有电动机两端都通过继电器直接搭铁，电动机不运转。当门锁开关接通开锁时，开锁继电器线圈通电，继电器吸合，电源电压经闭合的开锁继电器动合触点施加于电动机，电动机电枢另一端经闭锁继电器动断触点接地，电动机转动，门锁打开。

当开关断开，回到中间位置时，开锁继电器失去作用。当开关在闭锁位置时，电源给闭锁继电器供电，继电器动作，其动合触点闭合，电源电压经此触点施加给所有门锁电动机。电动机电枢另一端经开锁继电器动断触点接地，电动机旋转并将车门锁住。

门锁电动机的转向是可逆的，其转动方向由流经电枢电流的方向决定，电动机通过两个继电器和电源构成回路而通电运转。不同的继电器工作可以改变电动机中电流的方向，使门锁电动机的转向改变，实现开锁和闭锁（图 4-2-1）。

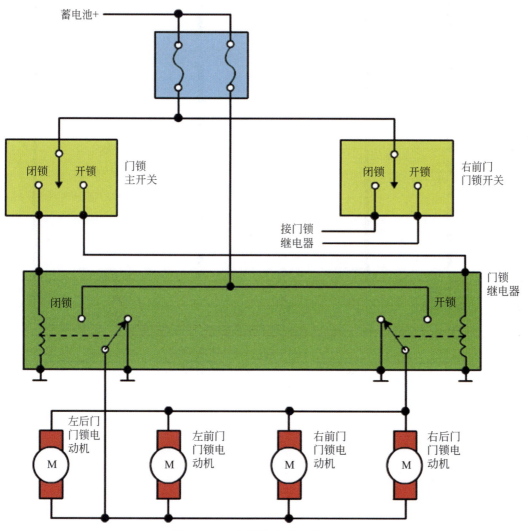

图 4-2-1 中控门锁的工作原理

第三节
中控门锁系统控制类型

一、中控门锁开关、车门控制模块、门锁块总成

控制过程主要为中控门锁开关将开锁/闭锁信号发送至车门控制模块，车门控制模块控制门锁的开锁/闭锁，如大众高尔夫中控门锁控制电路（图4-3-1）。

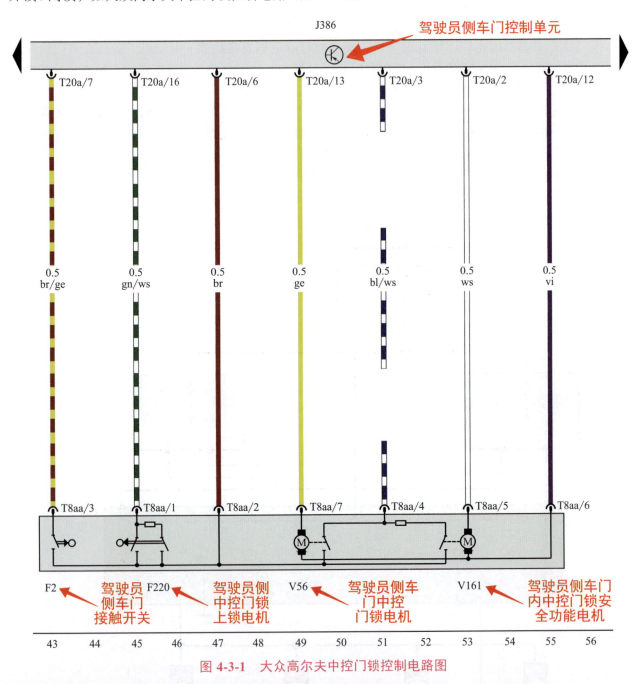

图 4-3-1　大众高尔夫中控门锁控制电路图

二、中控门锁开关、车身控制模块、门锁总成

控制过程主要为中控门锁开关将开锁/闭锁信号发送至BCM，BCM控制门锁的开锁/闭锁，如艾瑞泽3中控门锁电路（图4-3-2）。

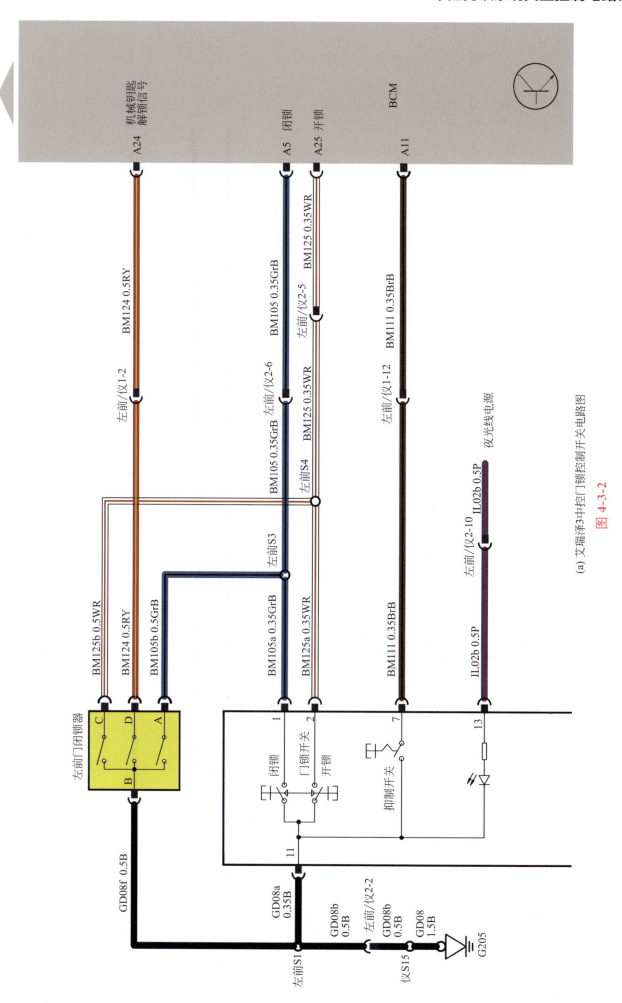

(a) 艾瑞泽3中控门锁控制开关电路图 图 4-3-2

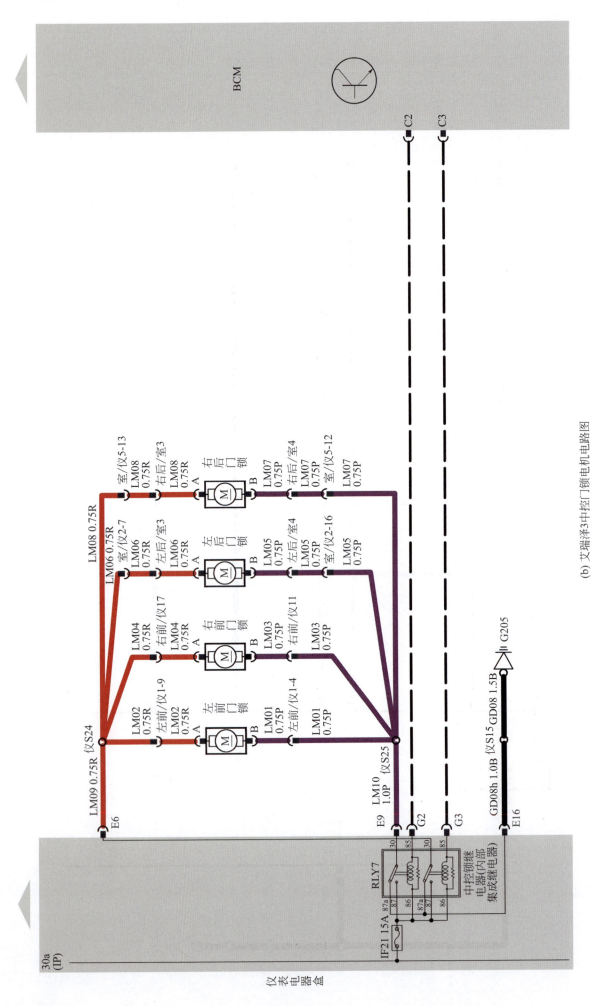

(b) 艾瑞泽3中控门锁电机电路图

图 4-3-2 艾瑞泽 3 中控门锁电路图

第四节
中控门锁系统典型控制电路

一、相关零部件作用

1. 车门开关
检测车门打开/关闭状态。

2. 车门锁止和解锁开关
车门锁止和解锁开关发送车门锁止/解锁操作信号至BCM。
车门锁止和解锁开关集成于电动车窗主开关内。

3. 前车门请求开关
前车门请求开关检测车门锁止/解锁操作并发送车门请求开关信号至BCM。
前车门请求开关①安装在车门外把手上。

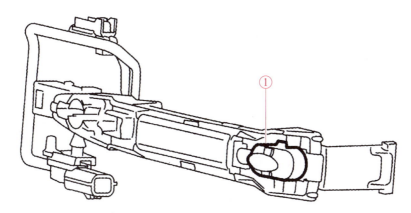

4. 前车门锁总成
前车门锁执行器和解锁传感器集成于驾驶员侧车门锁总成。
前车门锁执行器从BCM接收锁止/解锁信号，然后锁止/解锁驾驶员侧车门。
仅前车门锁总成（驾驶员侧）集成解锁传感器。解锁传感器将驾驶员侧车门的锁止/解锁状态发送至BCM。

5. 车内钥匙天线
车内钥匙天线检测到智能钥匙在车内检测范围内，然后发送检测状态至BCM。
车内钥匙天线（仪表板中间）安装在仪表板中间板盖后方。
车内钥匙天线（控制台）安装在中控台总成后面。
车内钥匙天线（行李箱）安装在行李箱后置物板上。

6. 车外钥匙天线
车外钥匙天线检测到智能钥匙在车外检测范围内，然后发送检测状态至BCM，请求信号同时发送至智能钥匙。
车外钥匙天线（驾驶员侧）安装在车门外把手上。
车外钥匙天线（后保险杠）安装在后保险杠后侧。

7. 后车门锁总成
后车门锁执行器集成于后车门锁总成中。
后车门锁执行器从BCM接收锁止/解锁信号，然后锁止/解锁后车门。

8. 遥控无钥匙进入接收器

遥控无钥匙进入接收器接收智能钥匙的按钮操作信号和钥匙 ID 信号，然后将信号发送至 BCM。

遥控无钥匙进入接收器安装在手套箱盖的后侧。

9. 行李箱盖锁总成

行李箱盖锁总成集成行李箱盖开启器执行器和行李箱灯开关。

行李箱盖开启器执行器根据来自 BCM 的行李箱盖开启信号打开行李箱盖。

行李箱灯开关检测行李箱盖的打开／关闭状态。

10. 行李箱盖开启器开关

当按下行李箱盖开启器开关时，检测到行李箱盖开启操作且行李箱盖开启器信号发送至 BCM。

行李箱盖开启器开关安装在开关面板上。

11. 行李箱盖开启器请求开关

行李箱盖开启器请求开关检测行李箱盖开启操作，并发送行李箱盖开启器请求信号至 BCM。

行李箱盖开启器请求开关安装在行李箱盖饰件的上侧中央。

12. 门锁状态

（1）安全锁止状态

要进入安全锁止状态，可将钥匙插入驾驶员侧车门锁，沿闭锁方向拧一次钥匙，或按一次遥控钥匙上"闭锁"按钮，即触发门锁锁止机构，进入安全锁止状态（Safe）。此时车外拉手及车门内拉手、车内中控门锁按钮开关均不起作用。

（2）闭锁状态

按下车内驾驶员侧中控上锁单元"闭锁"按钮，或将钥匙插入驾驶员侧车门锁，沿闭锁方向连续拧 2 次钥匙，或 1s 内连续按 2 次遥控钥匙上的"闭锁"按钮，都能进入闭锁状态。此时各车门及行李箱门均锁止，无法通过门外拉手打开车门或行李箱门。

（3）开锁状态

按下遥控器上的"开锁"按钮或按下车内驾驶员侧中控上锁单元"开锁"按钮。此时各车门及行李箱门均解锁，车门内外拉手都能打开车门或行李箱门。

二、大众车型典型中控门锁控制电路详解——POLO 中控门锁系统控制电路

（1）驾驶员侧中控门锁电路（图 4-4-1）

驾驶员侧中控门锁开关 F59 的开锁与闭锁通过 T8f/1 号端子将信号发送给 J519；

驾驶员侧车门接触开关 F2（关车门 F2 断开，开车门 F2 闭合）的信号被送至控制单元 J519 进行处理，当车门未关时，接通点火开关后仪表上会有"车门未关"报警提示；

驾驶员侧门锁单元 T8f/2 号端子为搭铁；

驾驶员侧中控门锁闭锁单元 F220 将门锁开启或闭合的状态通过 T8f/4 号端子发送给 J519；

驾驶员侧中控门锁电机 V56 通过 J519 的 T73a/11 号端子和 T73a/12 号端子，控制门锁电机的工作。

（2）副驾驶侧中控门锁电路（图 4-4-2）

副驾驶侧车门接触开关 F3（关车门 F3 断开，开车门 F3 闭合）的信号通过 T8g/5 号端子被送至控制单元 J519 进行处理，当车门未关时，接通点火开关后仪表上会有"车门未关"报警提示；

副驾驶侧门锁单元 T8g/6 号端子为搭铁；

副驾驶侧中控门锁闭锁单元 F221 将门锁开启或闭合的状态通过 T8g/4 号端子发送给 J519；

副驾驶侧中控门锁电机 V57 通过 J519 的 T73a/11 号端子和 T73a/15 号端子，控制门锁电机的工作。

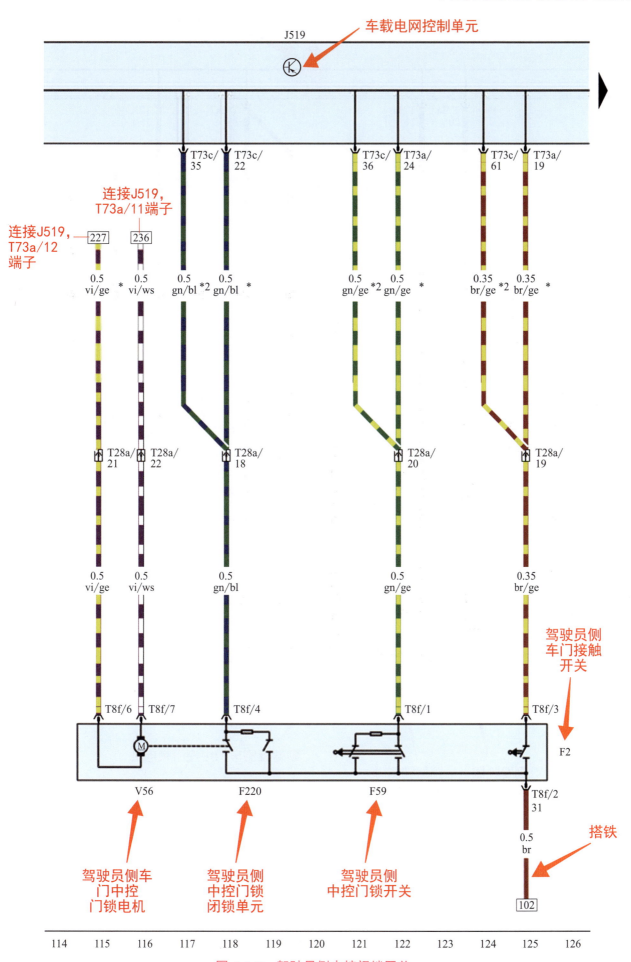

图 4-4-1 驾驶员侧中控门锁开关

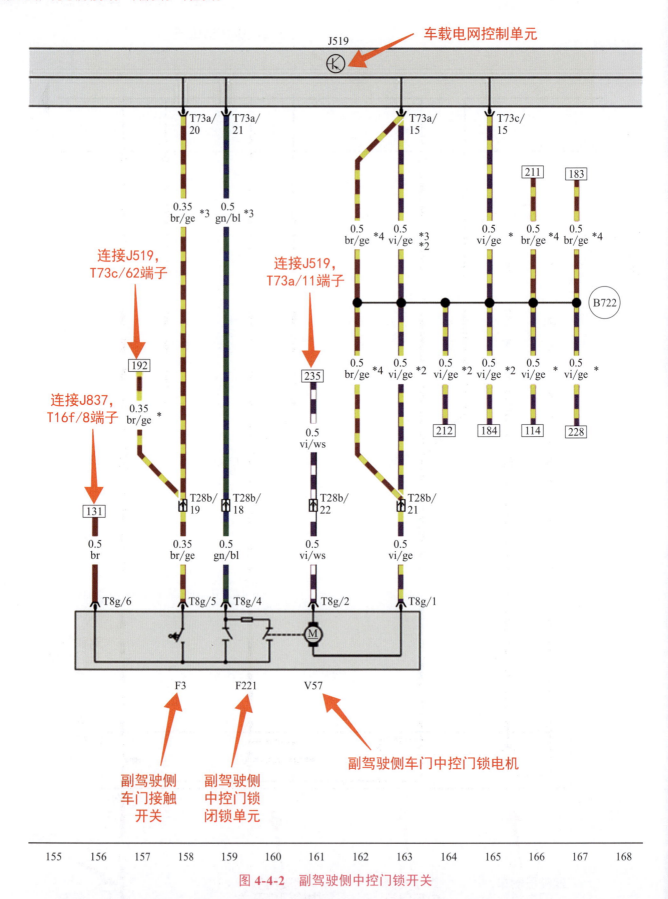

图 4-4-2　副驾驶侧中控门锁开关

（3）左后中控门锁电路（图 4-4-3）

左后车门接触开关 F10（关车门 F10 断开，开车门 F10 闭合）的信号通过 T8b/2 号端子被送至控制单元 J519 进行处理，当车门未关时，接通点火开关后仪表上会有"车门未关"报警提示；

左后门锁单元 T8b/1 号端子为搭铁；

第四章
中控门锁系统典型控制电路详解

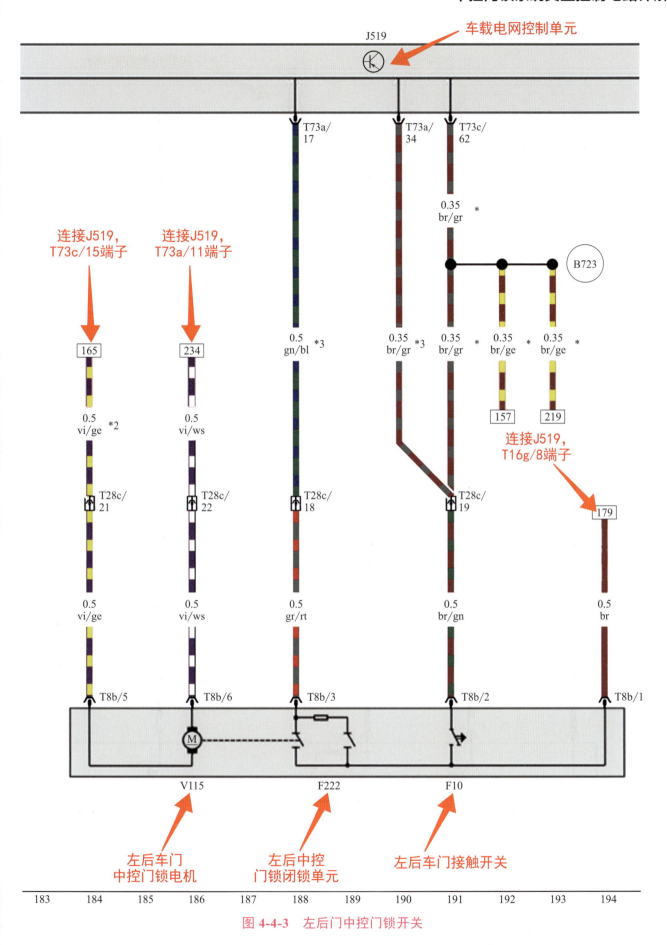

图4-4-3 左后门中控门锁开关

左后中控门锁闭锁单元F222将门锁开启或闭合的状态通过T8b/3号端子发送给J519；
左后中控门锁电机V115通过J519的T73a/11号端子和T73c/15号端子，控制门锁电机的工作。

193

（4）右后中控门锁电路（图4-4-4）

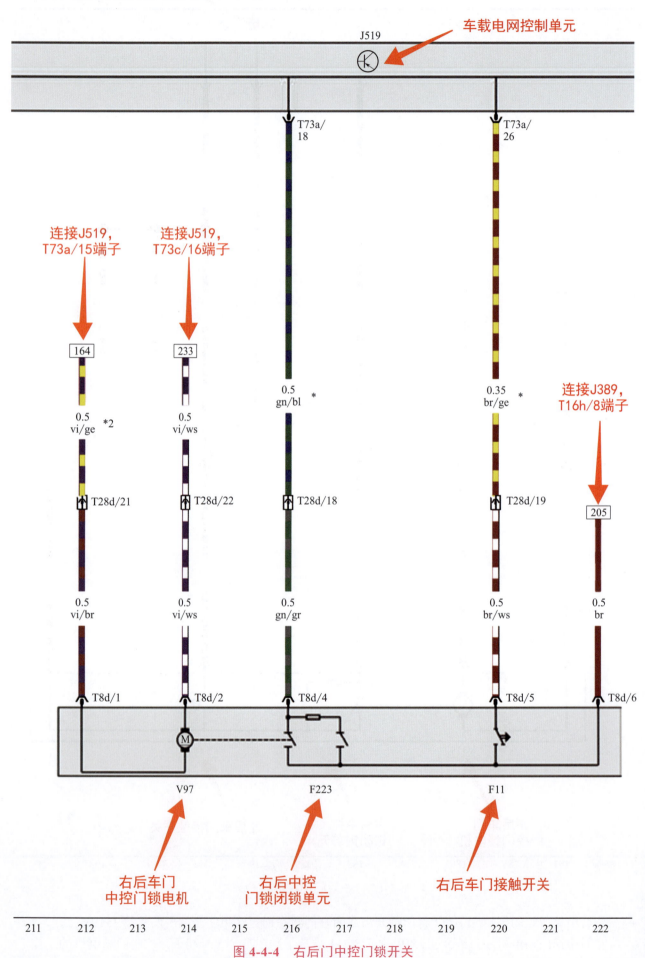

图4-4-4 右后门中控门锁开关

第四章
中控门锁系统典型控制电路详解

右后车门接触开关 F11（关车门 F11 断开，开车门 F11 闭合）的信号通过 T8d/5 号端子被送至控制单元 J519 进行处理，当车门未关时，接通点火开关后仪表上会有"车门未关"报警提示；

右后门锁单元 T8d/6 号端子为搭铁；

右后中控门锁闭锁单元 F223 将门锁开启或闭合的状态通过 T8d/4 号端子发送给 J519；

右后中控门锁电机 V97 通过 J519 的 T73a/15 号端子和 T73c/16 号端子，控制门锁电机的工作。

（5）行李箱中控门锁电路（图 4-4-5）

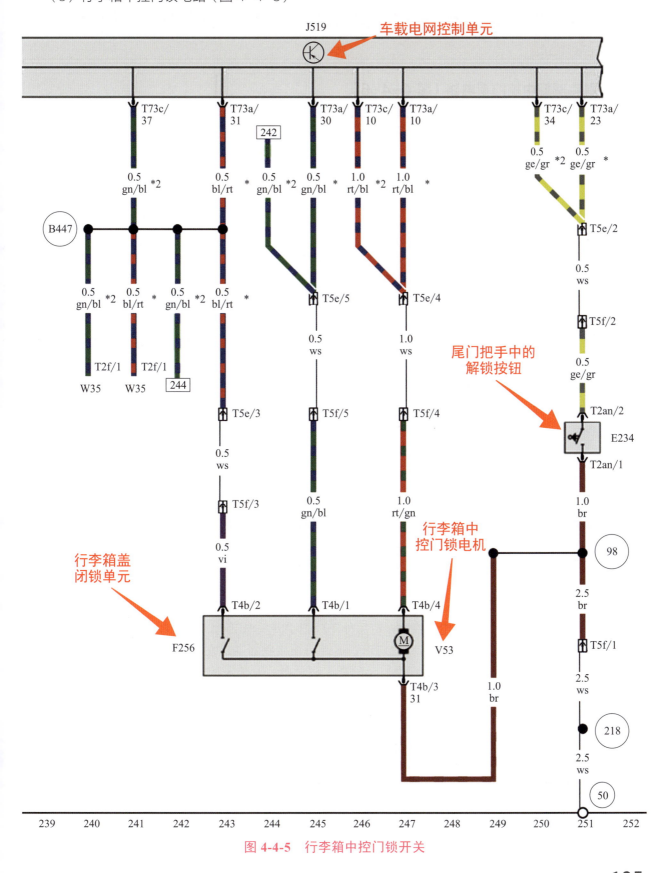

图 4-4-5 行李箱中控门锁开关

195

解锁按钮 E234 通过 T2an/2 号端子向控制单元 J519 发送开锁信号；

行李箱盖闭锁单元 T4b/3 号端子为搭铁；

行李箱盖闭锁单元 F256 将门锁开启或闭合的状态通过 T4b/1 号端子和 T4b/2 号端子发送给 J519；

行李箱门锁电机 V53 通过 J519 的 T73a/10 号端子，控制门锁电机的工作。

三、上汽通用车型典型中控门锁控制电路详解——别克威朗中控门锁系统控制电路

1. 别克威朗中控门锁电路（图 4-4-6）

任意车外门把手被提升起时，开关的接地信号通过车门把手开关信号电路发送至遥控门锁接收器。如果车门锁系统状态是解锁，电动车门锁闩在提升车外门把手后松开。如果车门锁系统状态是锁止，锁闩松开前需要以下输入之一：

车门解锁开关激活；

车门钥匙锁芯解锁开关激活；

主动式遥控进入解锁指令；

遥控门锁接收器收到被动遥控进入解锁指令信息。

一旦达到启用标准，遥控门锁接收器将提供电源和接地到车门锁闩电机控制电路，车门将释放。

驾驶员侧车门锁开关 2 号端子为门锁锁止信号线，与车身控制模块 13 号端子连接；

驾驶员侧车门锁开关 3 号端子为门锁开锁信号线，与车身控制模块 6 号端子连接；

驾驶员侧车门锁开关 4 号端子为搭铁线；

车身控制模块接收到开锁或闭锁的信号后，向左前、右前、左后、右后发送指令，控制车门的开锁和闭锁。

2. 别克威朗中控门锁未关开关信号电路

车门未关开关是每一车门锁闩总成的一部分。当车门打开时，一般打开的车门未关开关即关闭。当车门未关开关关闭时，向车门未关开关信号电路提供接地。驾驶员侧车窗电机和乘客侧车窗电机分别收到相关车门未关开关信号电路发出的离散输入，车身控制模块（BCM）接收来自后车门未关开关信号电路的离散输入，车窗电机和（或）BCM 解读信号后，通过串行数据与仪表板组合仪表通信。

3. 别克威朗中控门锁外车门把开关信号电路（图 4-4-7）

右前外车门把手开关信号电路在右前外车门把手激活时，向遥控门锁接收器提供输入。该输入供遥控门锁接收器检测打开车门请求，遥控门锁接收器通过右前门把手开关信号电路向右前外车门把手开关提供电压。当右前车门把手激活时，开关关闭，来自遥控门锁接收器的电压信号被接地。

左/右后车门把手开关信号电路在左/右后外车门把手开关激活时，向遥控门锁接收器提供输入。该输入供遥控门锁接收器检测打开后车门请求，遥控门锁接收器通过左/右后车门把手开关信号电路向左/右后外车门把手开关提供电压。当后车门把手激活时，开关关闭，来自遥控门锁接收器的电压信号被接地。

4. 别克威朗行李箱盖未关开关信号电路（图 4-4-8）

车身控制模块（BCM）接收来自行李箱未关开关信号电路的离散输入，行李箱盖释放执行器释放行李箱盖。行李箱盖未关开关位于行李箱盖释放执行器内部，提供接地，使行李箱未关开关信号电路被拉低。BCM 解读信号后，通过串行数据与仪表板组合仪表通信。行李箱打开/未关和车辆位于驻车挡外的任何挡位时，驾驶员信息中心将显示 TRUNKOPEN（行李箱打开）。如果行李箱在车速高于 5km/h 时仍然打开，会发出一声鸣响。

第四章 中控门锁系统典型控制电路详解

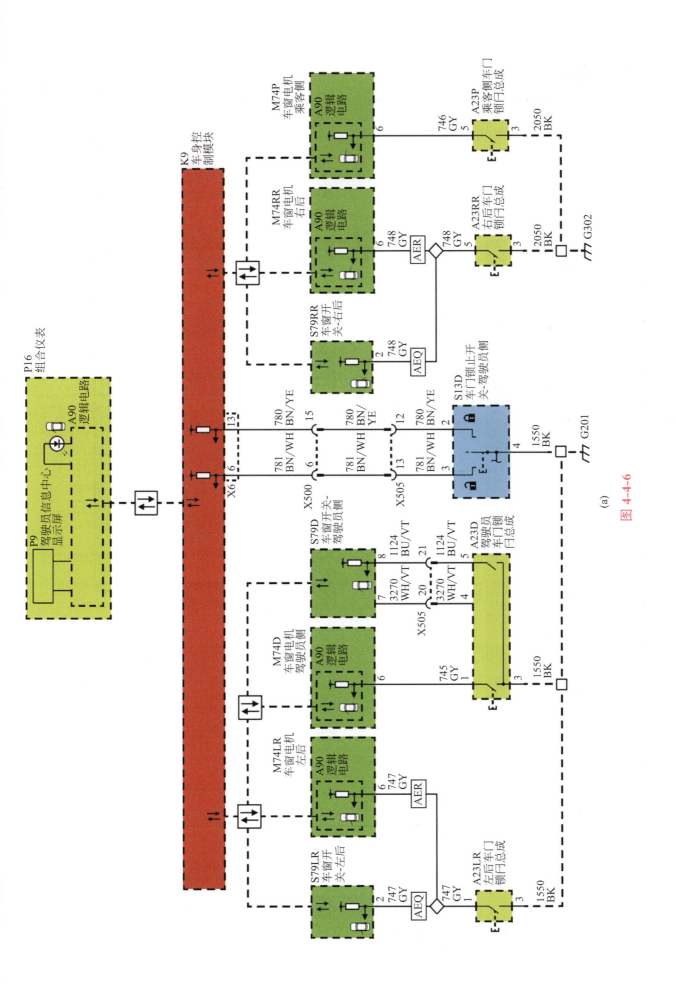

图 4-4-6 (a)

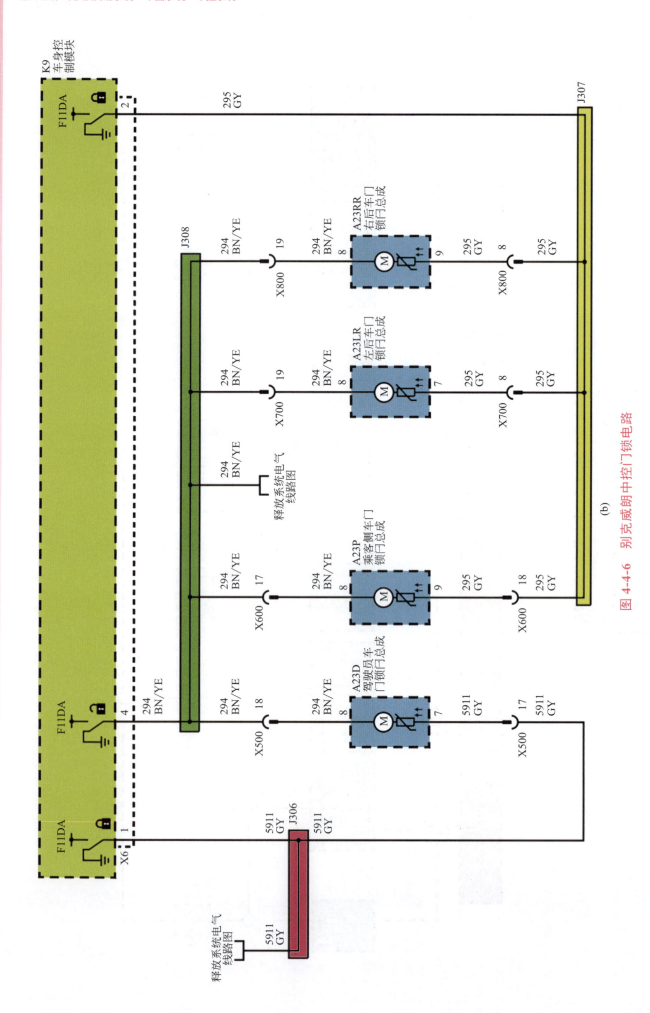

图 4-4-6 别克威朗中控门锁电路(b)

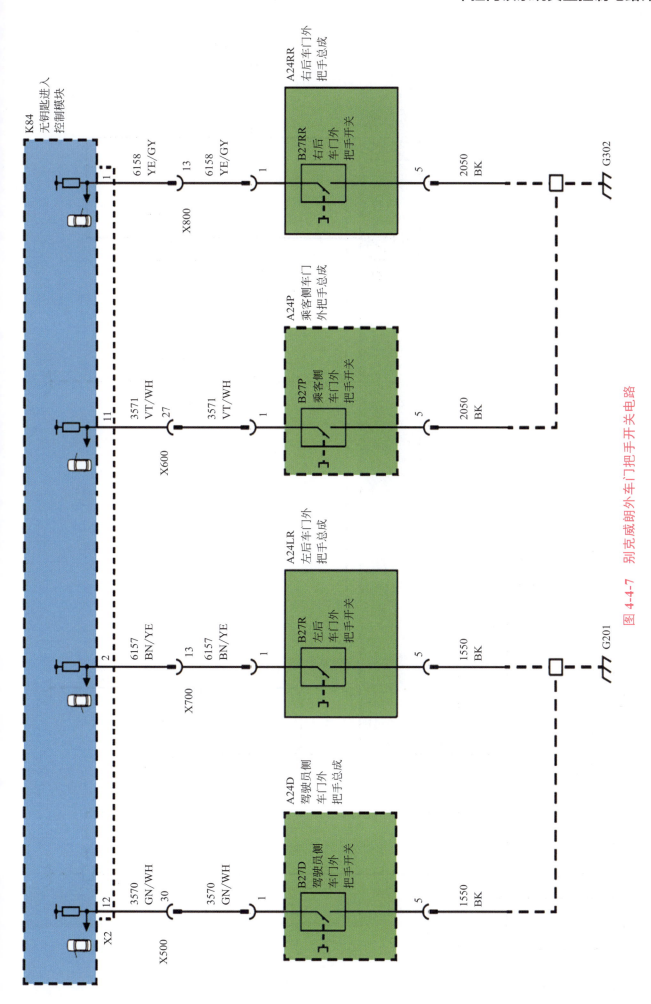

图 4-4-7 别克威朗外车门把手开关电路

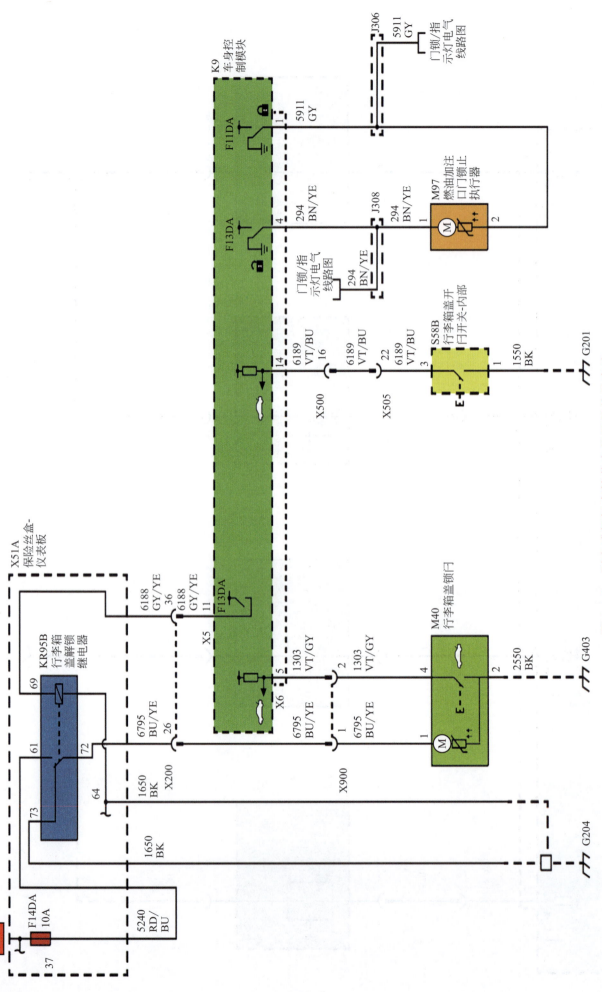

四、比亚迪车型典型中控门锁控制电路详解——L3中控门锁系统控制电路

1. 比亚迪L3车门中控门锁电路（图4-4-9）

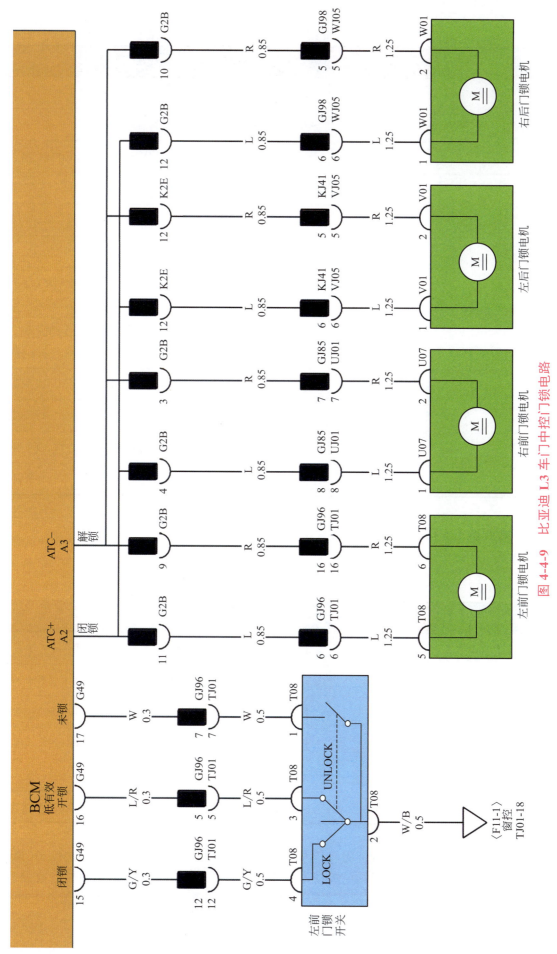

图4-4-9 比亚迪L3车门中控门锁电路

比亚迪 L3 车门中控门锁电路中部分端子作用说明如表 4-4-1 所示。

表 4-4-1　比亚迪 L3 车门中控门锁电路中部分端子作用说明

所在部件	端子序号	作用说明
左前门锁开关	1	未锁信号输出端，与 BCM 插接器 G49/17 号端子连接
	3	开锁信号输出端，与 BCM 插接器 G49/16 号端子连接
	4	闭锁信号输出端，与 BCM 插接器 G49/15 号端子连接
BCM 控制单元	G49/15	闭锁信号线输入端
	G49/16	开锁信号线输入端
	G49/17	未锁信号线输入端
	A2	闭锁信号输出端，分别连接左前门锁电机 5 号端子和右前 / 左后 / 右后门锁电机 1 号端子
	A3	解锁信号输出端，分别连接左前门锁电机 6 号端子和右前 / 左后 / 右后门锁电机 2 号端子
右前 / 左后 / 右后门锁电机	1	闭锁信号线输入端，收到闭锁信号时电机工作，车门锁关闭
	2	解锁信号线输入端，收到闭锁信号时电机工作，车门锁解锁
左前门锁电机	5	闭锁信号线输入端，收到闭锁信号时电机工作，车门锁关闭
	6	解锁信号线输入端，收到解锁信号时电机工作，车门锁解锁

2. 比亚迪 L3 行李箱中控门锁电路（图 4-4-10）

比亚迪 L3 行李箱中控门锁电路中部分端子作用说明如表 4-4-2 所示。

表 4-4-2　比亚迪 L3 行李箱中控门锁电路中部分端子作用说明

所在部件	端子序号	作用说明
BCM 控制单元	K2E/7	行李箱微动开关信号线输入端，与行李箱微动开关 1 号端子连接
	G50/20	行李箱开关状态检测信号线输入端，与行李箱灯开关 K50/3 号端子连接
	G50/22	行李箱门锁继电器线圈控制端，与行李箱门锁继电器 G84-2 连接
行李箱盖电机	K50/1	行李箱盖电机电源线，与行李箱门锁继电器 G84/3 端子连接
行李箱灯开关	K50/2	搭铁
	K50/3	行李箱开关状态测信号输出端，与 BCM 控制单元 G50/20 号端子连接

当行李箱微动开关闭合时，闭合信号（要求打开行李箱盖锁）发送到 BCM。BCM 控制行李箱门锁继电器线圈通电，使行李箱门锁继电器常开开关闭合。此时来自蓄电池的电流经 F1/17 主保险 100A、F2/6 行李箱门锁 10A 保险丝、行李箱门锁继电器常开开关，流入行李箱盖电机，电机工作，行李箱盖锁打开。

当行李箱打开，行李箱灯开关闭合时，闭合信号发送至 BCM，控制行李箱灯点亮。

第四章 中控门锁系统典型控制电路详解

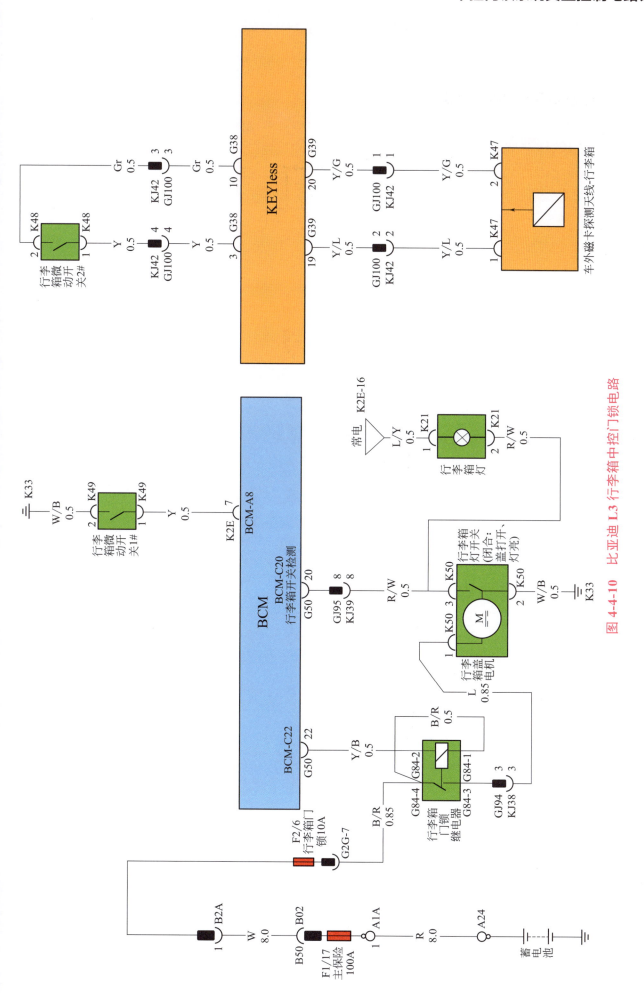

图 4-4-10 比亚迪 L3 行李箱中控门锁电路

五、吉利车型典型中控门锁控制电路详解——帝豪 GS 中控门锁系统控制电路

1. 帝豪 GS 车门中控门锁电路

（1）前门中控门锁电路（图 4-4-11 和图 4-4-12）

前门中控门锁电路中部分端子作用说明见表 4-4-3。

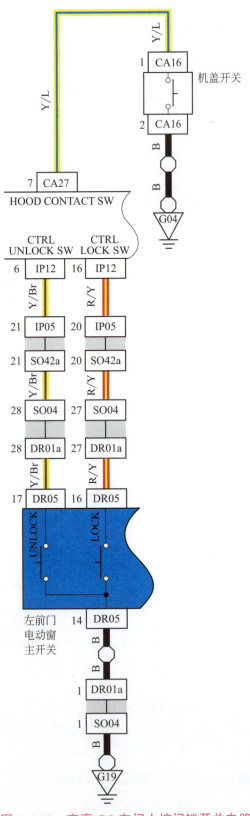

图 4-4-11　帝豪 GS 车门中控门锁开关电路

表 4-4-3　帝豪 GS 前门中控电路中部分端子作用

所在部件	端子序号	作用说明
左前门电动车窗主开关	14	搭铁
	16	车门闭锁信号输出端，与 BCM 控制单元 IP12/16 号端子连接
	17	车门解锁信号输出端，与 BCM 控制单元 IP12/6 号端子连接
BCM 控制单元	6	车门解锁信号输入端，与左前门电动窗主开关 17 号端子连接
	16	车门锁止信号输入端，与左前门电动窗主开关 16 号端子连接
	IP14/1	左右前门解锁信号输出端，分别连接左前门锁电机 4 号端子、右前门锁电机 3 号端子
	IP14/4	左右前门锁止信号输出端，分别连接左前门锁电机 3 号端子、右前门锁电机 4 号端子
	IP13/8	右前门开锁状态信号输入端，与右前门门锁电机 1 号端子连接
	IP13/19	左前门开锁状态信号输入端，与左前门门锁电机 1 号端子连接
	IP12/24	门锁锁止状态信号输入端，与左前门门锁电机 6 号端子连接
左前门门锁电机	1	门锁开锁状态信号输出端，与 BCM 控制单元 IP13/19 号端子连接
	3	门锁电机锁止信号输入端，与 BCM 控制单元 IP14/4 号端子连接
	4	门锁电机解锁信号输入端，与 BCM 控制单元 IP14/1 号端子连接
	5	搭铁
	6	门锁锁止状态信号输出端，与 BCM 控制单元 IP12/24 号端子连接
右前门门锁电机	1	门锁开锁状态信号输出端，与 BCM 控制单元 IP13/8 号端子连接
	3	门锁电机解锁信号输入端，与 BCM 控制单元 IP14/1 号端子连接
	4	门锁电机锁止信号输入端，与 BCM 控制单元 IP14/4 号端子连接
	5	搭铁
	6	门锁锁止状态信号输出端，与 BCM 控制单元 IP12/27 号端子连接

（2）后门中控门锁电路（图 4-4-13）

后门中控门锁电路中部分端子作用说明见表 4-4-4。

表 4-4-4　帝豪 GS 后门中控门锁电路中部分端子作用

所在部件	端子序号	作用说明
左后门门锁电机	1	门锁开锁状态信号输出端，与 BCM 控制单元 SO06/6 号端子连接
	3	门锁电机锁止信号输入端，与 BCM 控制单元 SO05/10 号端子连接
	4	门锁电机解锁信号输入端，与 BCM 控制单元 SO05/13 号端子连接
	5	搭铁
	6	门锁锁止状态信号输出端，与 BCM 控制单元 IP12/27 号端子连接
右后门门锁电机	1	门锁开锁状态信号输出端，与 BCM 控制单元 SO06/14 号端子连接
	3	门锁电机解锁信号输入端，与 BCM 控制单元 SO05/13 号端子连接
	4	门锁电机锁止信号输入端，与 BCM 控制单元 SO05/10 号端子连接
	5	搭铁
	6	门锁锁止状态信号输出端，与 BCM 控制单元 IP12/27 号端子连接

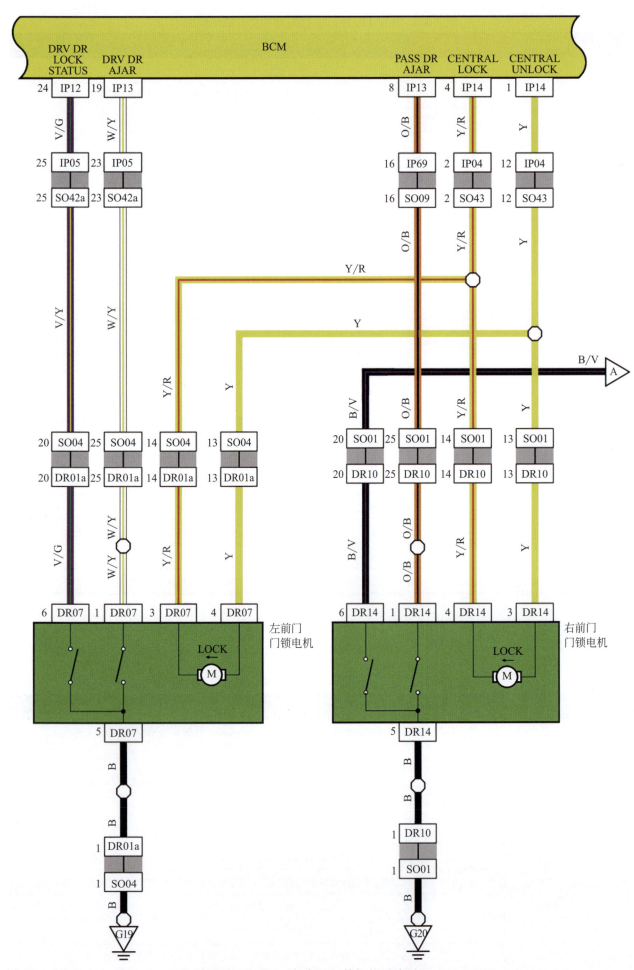

图 4-4-12 帝豪 GS 前门门锁电路

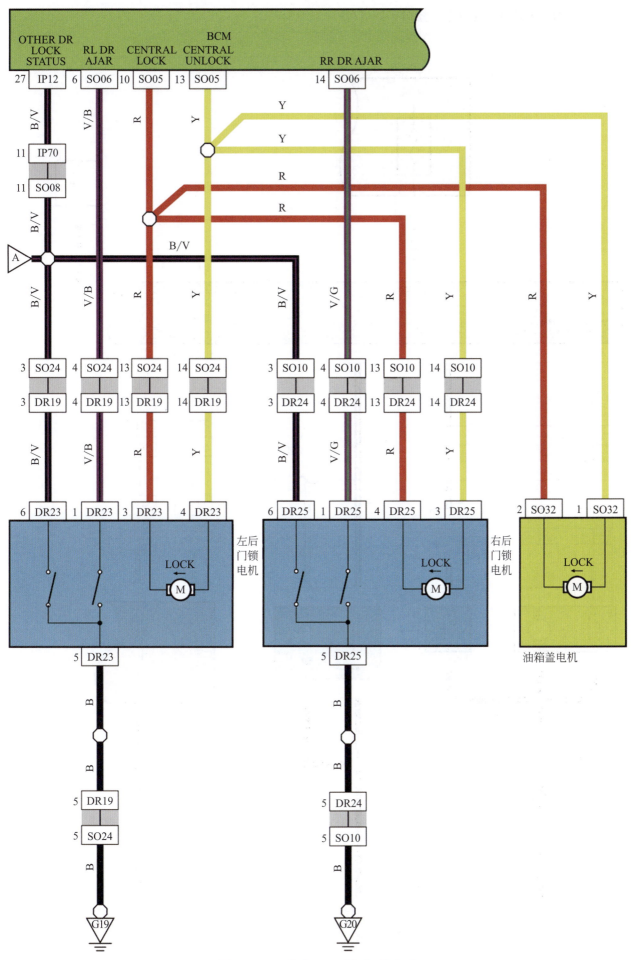

图 4-4-13　帝豪 GS 后门门锁电路

2. 行李箱中控门锁电路（图 4-4-14）

行李箱中控电路中部分端子作用说明见表 4-4-5。

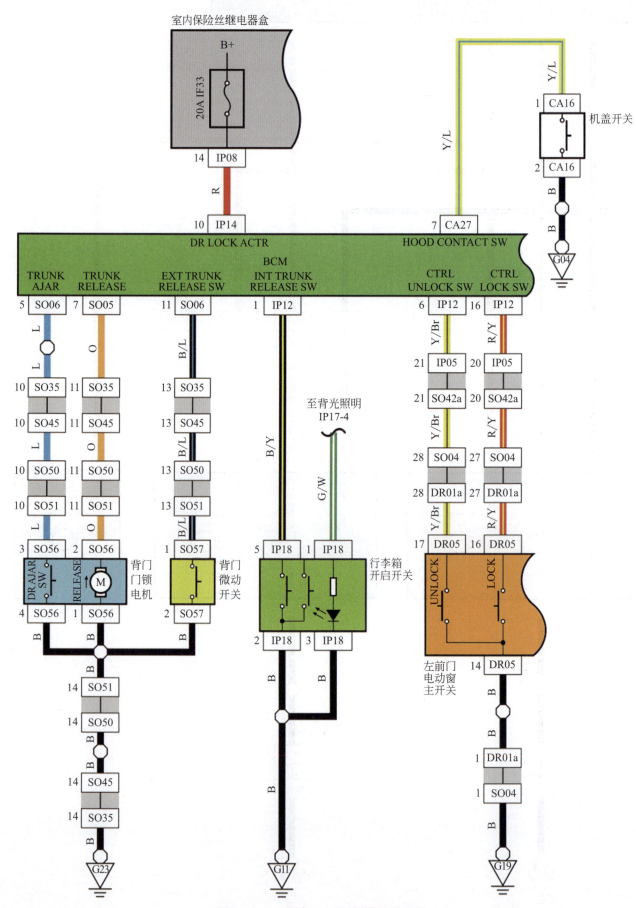

图 4-4-14 帝豪 GS 行李箱门锁电路

第四章 中控门锁系统典型控制电路详解

表4-4-5 帝豪GS行李箱中控门锁电路中部分端子作用

所在部件	端子序号	作用说明
行李箱开启开关	1	接照明灯电源
	2	门锁搭铁
	3	照明灯搭铁
	5	开关信号输出端,与BCM控制单元IP12/1号端子连接
背门微动开关	1	开关信号输出端,与BCM控制单元SO06/11号端子连接
	2	搭铁
背门门锁电机	1	门锁电机搭铁
	2	电机工作信号输入端,与BCM控制单元SO05/7号端子连接
	3	锁止/解锁状态信号输出端,与BCM控制单元SO06/5号端子连接
BCM控制单元	IP12/1	开关信号端子,与行李箱开启开关5号端子连接
	SO06/5	锁止/解锁状态信号输入端,与后背门门锁电机3号端子连接
	SO06/7	电机工作信号输出端,与后背门门锁电机2号端子连接
	SO05/11	开关信号输入端,与后背门微动开关1号端子连接

六、奇瑞车型典型中控门锁控制电路详解——艾瑞泽5中控门锁系统控制电路

1. 艾瑞泽5车门中控门锁电路(图4-4-15)

车门中控门锁电路中部分端子作用说明见表4-4-6。

表4-4-6 艾瑞泽5车门中控门锁电路中部分端子作用

所在部件	端子序号	作用说明
左前门闭锁开关	A/C	开锁/闭锁信号输出端,与BCM控制单元1-1号端子连接
	B	搭铁
左前门接触开关	A	闭合信号输出端,与BCM控制单元1-3号端子连接
	B	搭铁
左后门接触开关	A	闭合信号输出端,与BCM控制单元1-21号端子连接
	B	搭铁
右前门接触开关	C	搭铁
	D	闭合信号输出端,与BCM控制单元1-20号端子连接
右后门接触开关	C	搭铁
	D	闭合信号输出端,与BCM控制单元1-4号端子连接
左前/左后门锁电机	C	开锁信号输入端,与BCM控制单元3-20号端子连接
	D	闭锁信号输入端,与BCM控制单元3-19号端子连接
右前/右后门锁电机	A	开锁信号输入端,与BCM控制单元3-20号端子连接
	B	闭锁信号输入端,与BCM控制单元3-19号端子连接

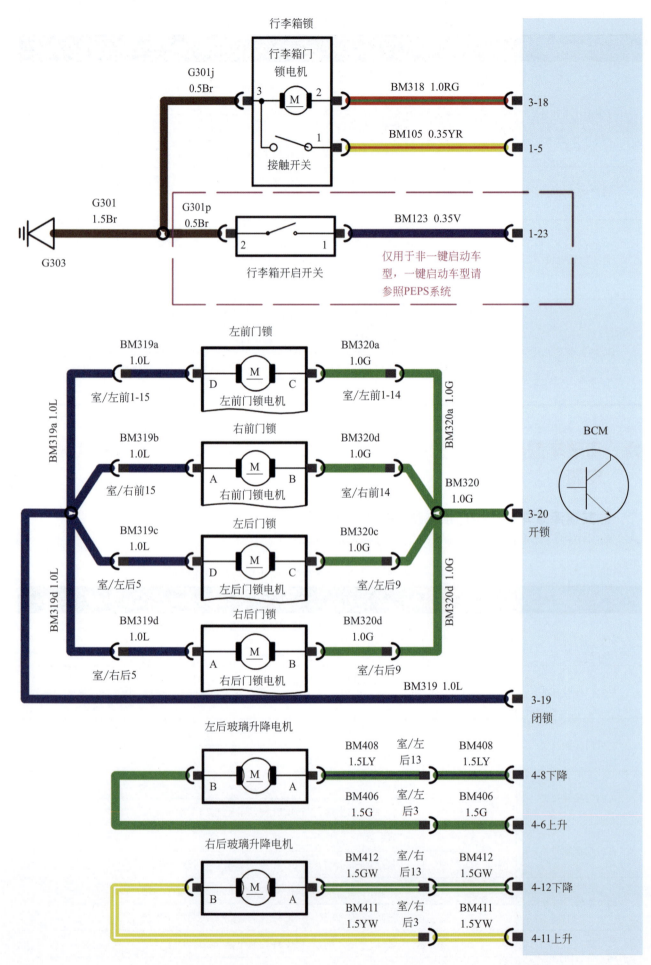

图 4-4-15　艾瑞泽 5

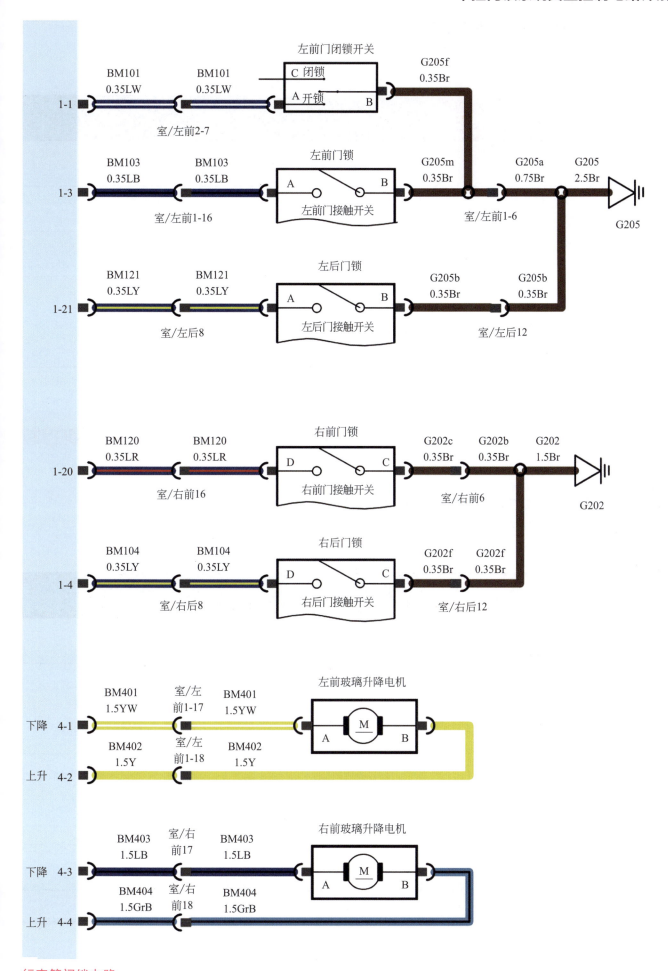

行李箱门锁电路

2. 艾瑞泽 5 行李箱中控门锁电路

行李箱中控门锁电路中部分端子作用说明见表 4-4-7。

表 4-4-7　艾瑞泽 5 行李箱中控门锁电路中部分端子作用

所在部件	端子序号	作用说明
行李箱开启开关	1	信号输出端，与 BCM 控制单元 1-23 号端子连接
	2	搭铁
行李箱锁	1	接触开关信号输出端，与 BCM 控制单元 1-5 号端子连接
	2	行李箱锁电机信号端，与 BCM 控制单元 3-18 号端子连接
	3	搭铁

七、长安车型典型中控门锁控制电路详解——悦翔 V7 中控门锁系统控制电路

1. 悦翔 V7 车门开关电路（图 4-4-16）

车门开关中部分端子作用说明见表 4-4-8。

表 4-4-8　悦翔 V7 车门开关中的端子作用

所在部件	端子序号	作用说明
左前车窗开关	10	搭铁
	11	开锁/闭锁信号输出端，与 BCM 控制单元 P25/16 号端子连接
左前门开关	1	门锁开锁/闭锁状态信号输出端，与 BCM 控制单元 P24/9 号端子连接
右前门开关	1	门锁开锁/闭锁状态信号输出端，与 BCM 控制单元 P24/25 号端子连接
左后门开关	1	门锁开锁/闭锁状态信号输出端，与 BCM 控制单元 P24/10 号端子连接
右后门开关	1	门锁开锁/闭锁状态信号输出端，与 BCM 控制单元 P24/26 号端子连接

2. 悦翔 V7 车门中控门锁电路（图 4-4-17）

车门中控门锁电路中部分端子作用说明见表 4-4-9。

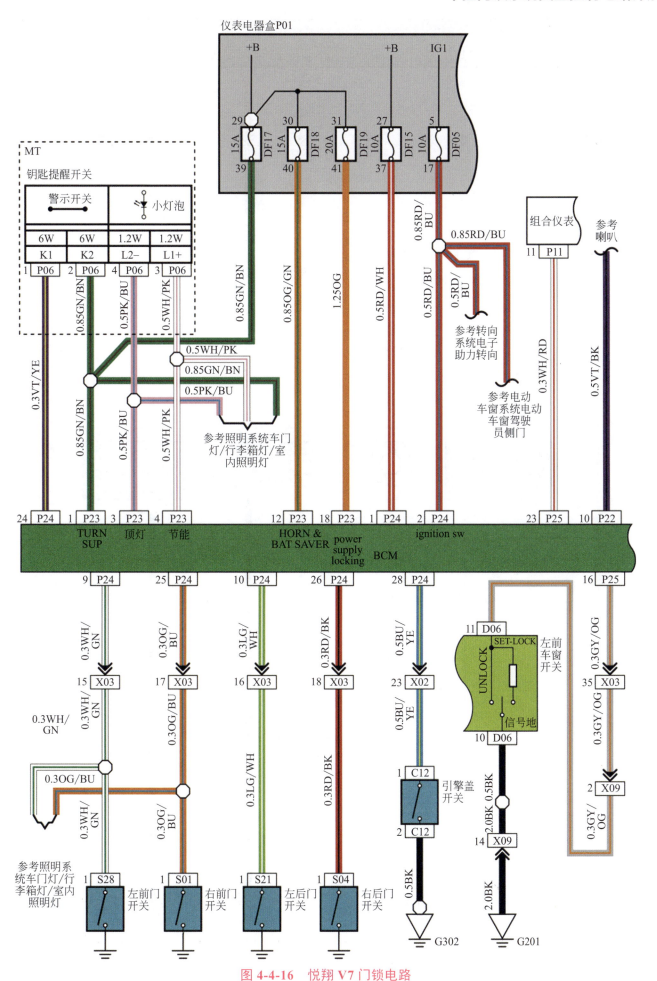

图 4-4-16　悦翔 V7 门锁电路

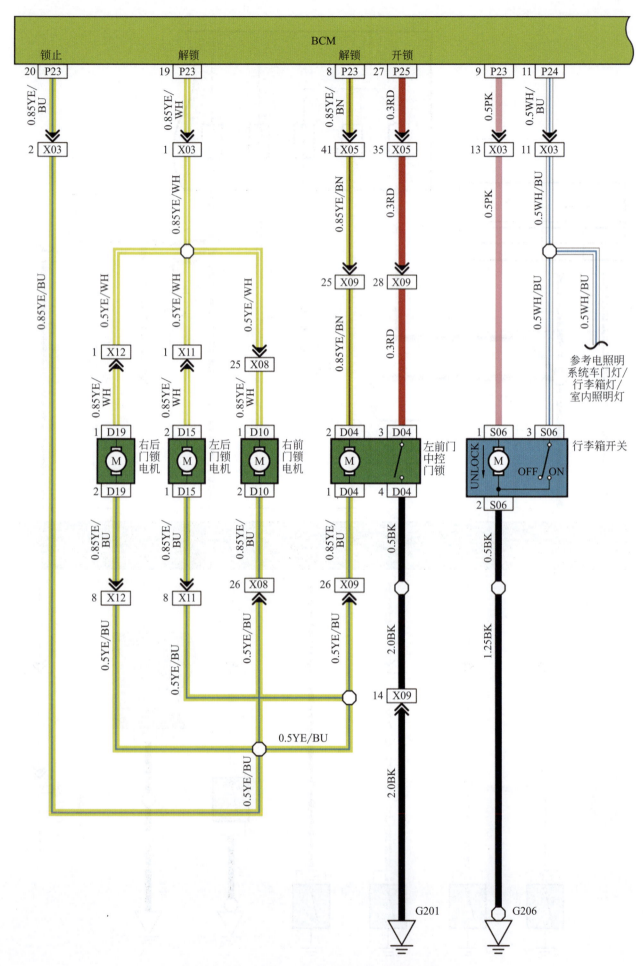

图 4-4-17 悦翔 V7 门锁电机及行李箱门锁电路

表 4-4-9 悦翔 V7 车门中控门锁电路中部分端子作用

所在部件	端子序号	作用说明
左前门中控门锁	1	门锁电机锁止信号端，与 BCM 控制单元 P23/20 端子连接
	2	门锁电机解锁信号端，与 BCM 控制单元 P23/8 端子连接
	3	左前门中控锁开锁信号端，与 BCM 控制单元 P25/27 端子连接
	4	搭铁
右前、右后门锁电机	1	门锁电机解锁信号端，与 BCM 控制单元 P23/19 端子连接
	2	门锁电机锁止信号端，与 BCM 控制单元 P23/20 端子连接
左后门门锁电机	1	门锁电机锁止信号端，与 BCM 控制单元 P23/20 端子连接
左前门门锁电机	2	门锁电机解锁信号端，与 BCM 控制单元 P23/19 端子连接
BCM 控制单元	P23/8	左前门门锁电机解锁信号端
	P23/19	右前、左后、右后门锁电机解锁信号端
	P23/20	左前、右前、左后、右后门锁电机锁止信号端
	P23/27	左前门中控门锁开锁信号端

八、丰田车型典型中控门锁控制电路详解——卡罗拉中控门锁系统控制电路

1. 卡罗拉车门中控门锁电路（图 4-4-18～图 4-4-22）

未锁警告开关电路及其部分端子作用说明分别见图 4-4-18 和表 4-4-11。

2. 悦翔 V7 行李箱中控门锁电路

行李箱开关中端子作用说明见表 4-4-10。

表 4-4-10 悦翔 V7 行李箱开关中端子作用

端子序号	作用说明
1	门锁电机开锁/锁止信号端，与 BCM 控制单元 P23/9 端子连接
2	搭铁
3	开锁/锁止信号输出端，与 BCM 控制单元 P24/11 端子连接

表 4-4-11 卡罗拉未锁警告开关电路中部分端子作用

所在部件	端子序号	作用说明
主车身 ECU	E36(A)17	未锁警告信号输入端，与未锁警告开关总成 1 号端子连接
	E36(A)19	右前车门门控灯开关信号输入端，与右前车门门控灯开关总成 1 号端连接
	E36(A)20	经 ACC 7.5A 保险丝接点火开关 ACC 电源线
	E36(A)30	接蓄电池电源
	E36(A)32	经 IG 7.5A 保险丝接点火开关 IG 电源线
右前车门门控灯开关总成	1	开关信号输出端，与主车身 ECU/E36(A)19 号端子连接
未锁警告开关总成	1	开关信号输出端，与主车身 ECU/E36(A)17 号端子连接
	2	搭铁

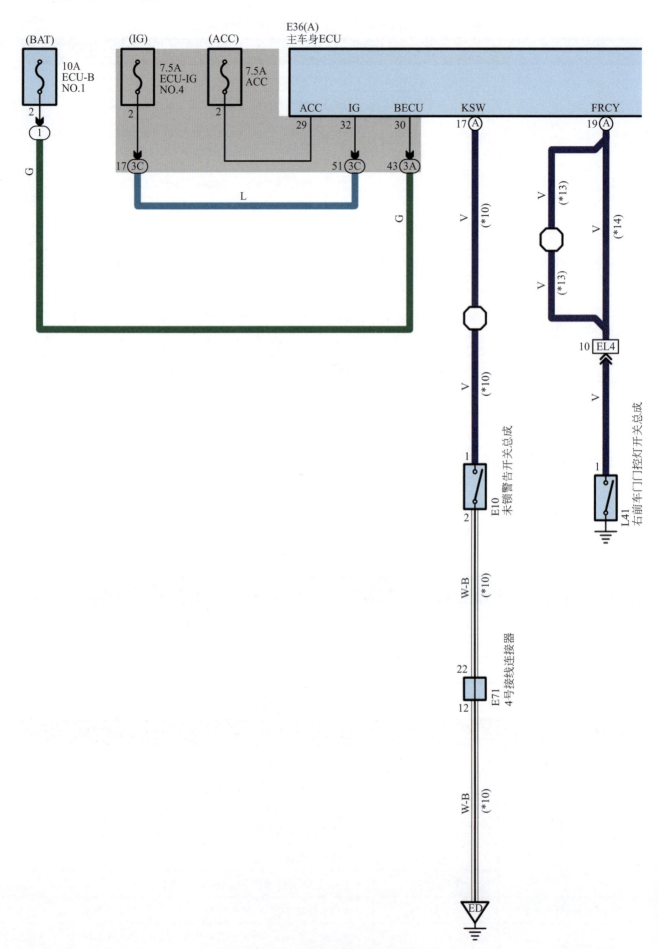

图 4-4-18　卡罗拉未锁警告信号电路

第四章 中控门锁系统典型控制电路详解

门锁控制开关及部分门控灯电路如图 4-4-19 所示,其端子作用如表 4-4-12 所示。

表 4-4-12 门锁控制开关及部分门控灯电路中部分主车身端子的作用

端子序号	作用说明
E36(A)2	左前车门门控灯开关信号输入端,与左前车门门控灯开关总成 1 号端子连接
E36(A)6	右后车门门控灯开关信号输入端,与左前车门门控灯开关总成 1 号端子连接
E36(A)9	左侧门锁控制开关锁止信号输入端,与电动窗升降器主开关总成 2 号端子连接
E36(A)10	左侧门锁控制开关解锁信号输入端,与电动窗升降器主开关总成 9 号端子连接
E36(A)24	左后车门门控灯开关信号输入端,与左后车门门控灯开关总成 1 号端子连接

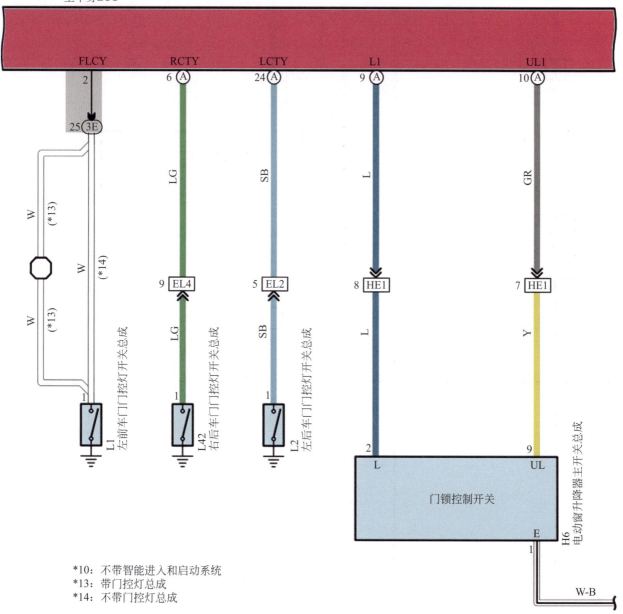

*10:不带智能进入和启动系统
*13:带门控灯总成
*14:不带门控灯总成

图 4-4-19 卡罗拉门锁控制开关及部分门控灯电路

右前门锁及继电器电路如图 4-4-20 所示，其端子作用说明如表 4-4-13 所示。

D/UNLOCK 继电器和 D/LOCK 继电器供电保险丝为 NO.2（20A）保险丝。

行李箱门锁总成 3 号端子为门控灯电源线，与主车身 ECU/E36（A）20 号端子连接。

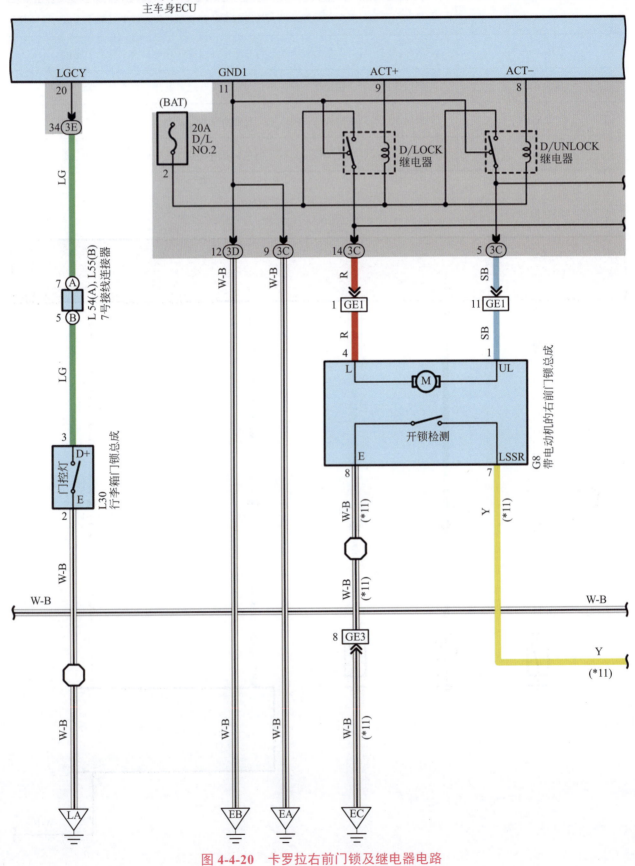

图 4-4-20　卡罗拉右前门锁及继电器电路

表 4-4-13　卡罗拉右前门锁及继电器电路中端子作用

所在部件	端子序号	作用说明
右前门锁总成	1	右前门门锁解锁信号端，与 D/UNLOCK 继电器常开开关端连接
	4	右前门门锁止锁信号端，与 D/LOCK 继电器常开开关端连接
	7	开锁检测信号端，与主车身 ECU/E36(A)7 号端子连接
	8	搭铁
主车身 ECU	E36(A)8	D/UNLOCK 继电器线圈搭铁控制线
	E36(A)9	D/LOCK 继电器线圈搭铁控制线
	E36(A)11	D/UNLOCK 继电器和 D/LOCK 继电器搭铁线
	E36(A)11	右前门锁总成检测开关信号输入端，与右前门锁总成 7 号端子连接
	E36(A)20	行李箱门锁总成门控灯信号输入端

左前、右后门锁电路及其端子作用说明分别见图 4-4-21 和表 4-4-14。

表 4-4-14　卡罗拉左前、右后门锁电路中端子作用

所在部件	端子序号	作用说明
左前门锁总成	1	左前门门锁解锁信号端，与 D/UNLOCK 继电器常开开关端连接
	4	左前门门锁锁止信号端，与 D/LOCK 继电器常开开关端连接
	7	搭铁
	8	开锁检测信号输出端，与主车身 ECU/E36(A)7 号端子连接
	9	钥匙锁止信号端，与主车身 ECU/E36(A)11 号端子连接
	10	钥匙开锁信号端，与主车身 ECU/E36(A)12 号端子连接
右后门锁总成	1	右前门门锁解锁信号端，与 D/UNLOCK 继电器常开开关端连接
	4	右前门门锁锁止信号端，与 D/LOCK 继电器常开开关端连接
	6	开锁检测信号输出端，与主车身 ECU/E36(A)5 号端子连接
	9	搭铁
主车身 ECU	E36(A)5	开锁检测信号输入端，与右后门锁总成 6 号端子连接
	E36(A)7	左前门锁检测开关信号输入端，与左前门锁总成 8 号端子连接
	E36(A)11	钥匙锁止信号输入端，与左前门锁总成 9 号端子连接
	E36(A)12	钥匙开锁信号输入端，与左前门锁总成 10 号端子连接

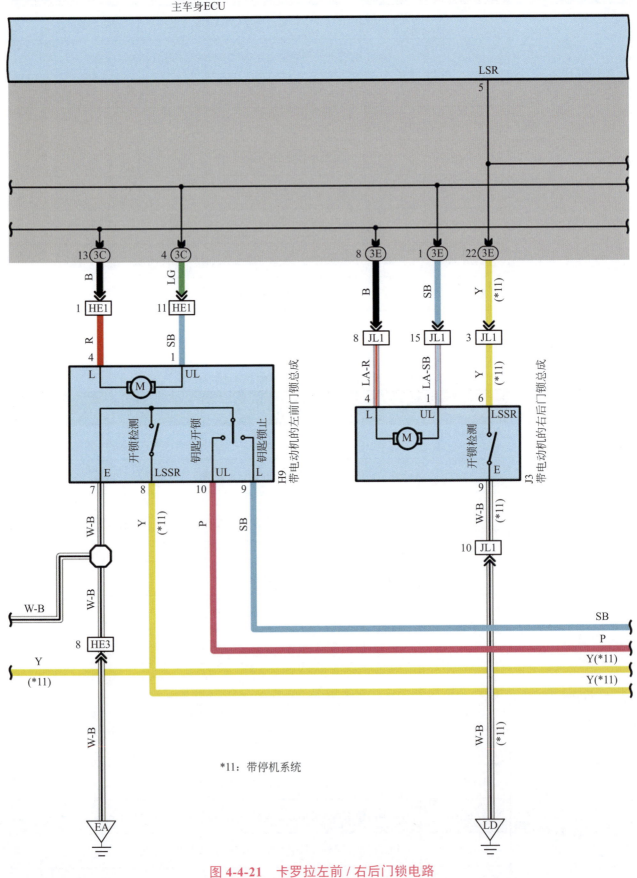

图 4-4-21 卡罗拉左前 / 右后门锁电路

左后门锁电路如图 4-4-22 所示,电路中的一些端子的作用说明见表 4-4-15。

第四章 中控门锁系统典型控制电路详解

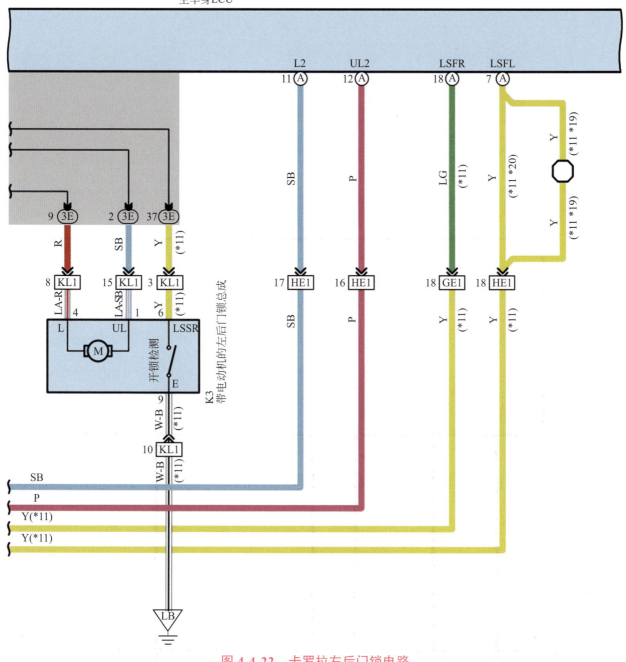

图 4-4-22　卡罗拉左后门锁电路

表 4-4-15　卡罗拉左后门锁总成中端子作用

端子序号	作用说明
1	左后门门锁解锁信号端，与 D/UNLOCK 继电器常开开关端连接
4	左后门门锁锁止信号端，与 D/LOCK 继电器常开开关端连接
6	开锁检测信号输出端，与主车身 ECU/E36(A)5 号端子连接
9	搭铁

九、本田车型典型中控门锁控制电路详解——飞度中控门锁系统控制电路（图 4-4-23）

MICU 控制单元中的端子和保险丝说明见表 4-4-16。

221

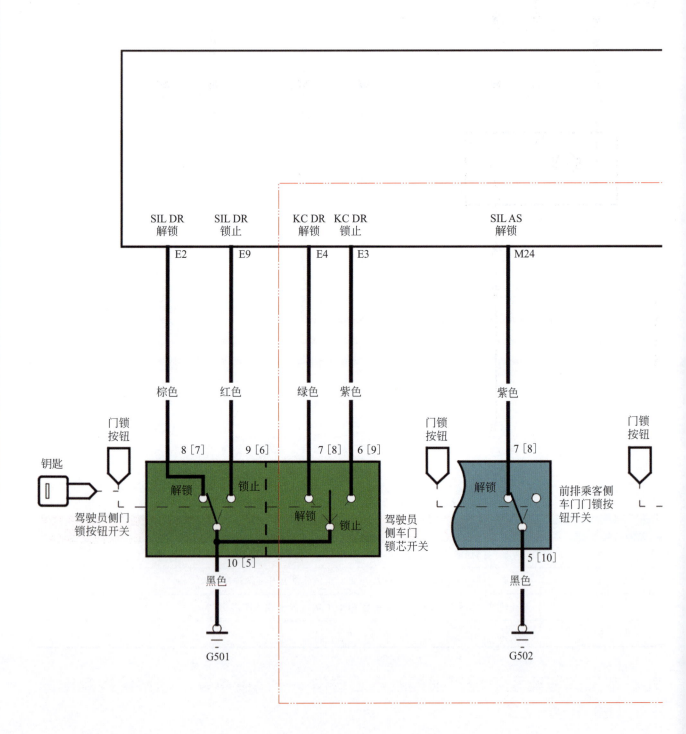

第四章 中控门锁系统典型控制电路详解

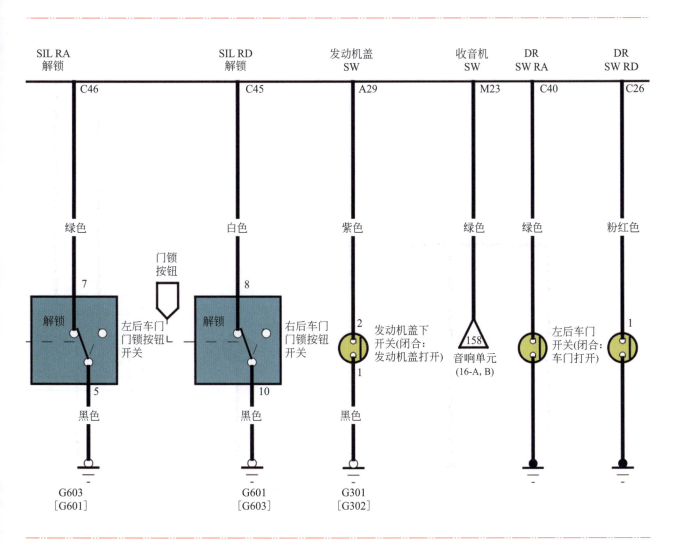

图 4-4-23

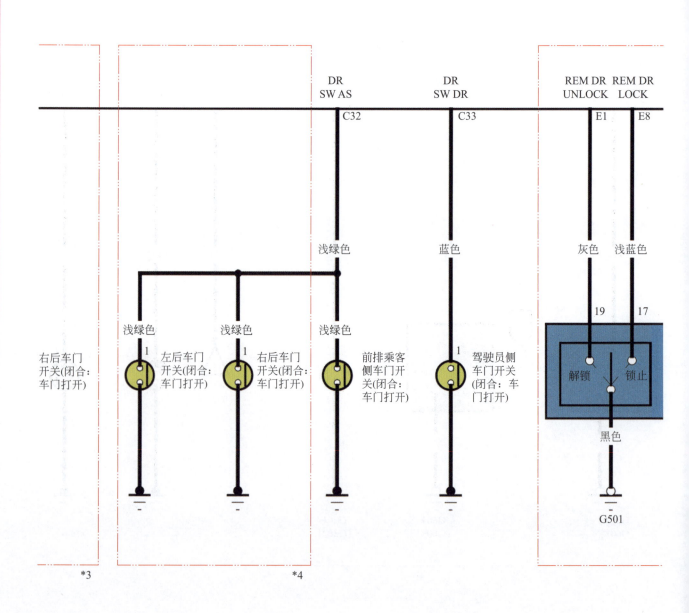

第四章
中控门锁系统典型控制电路详解

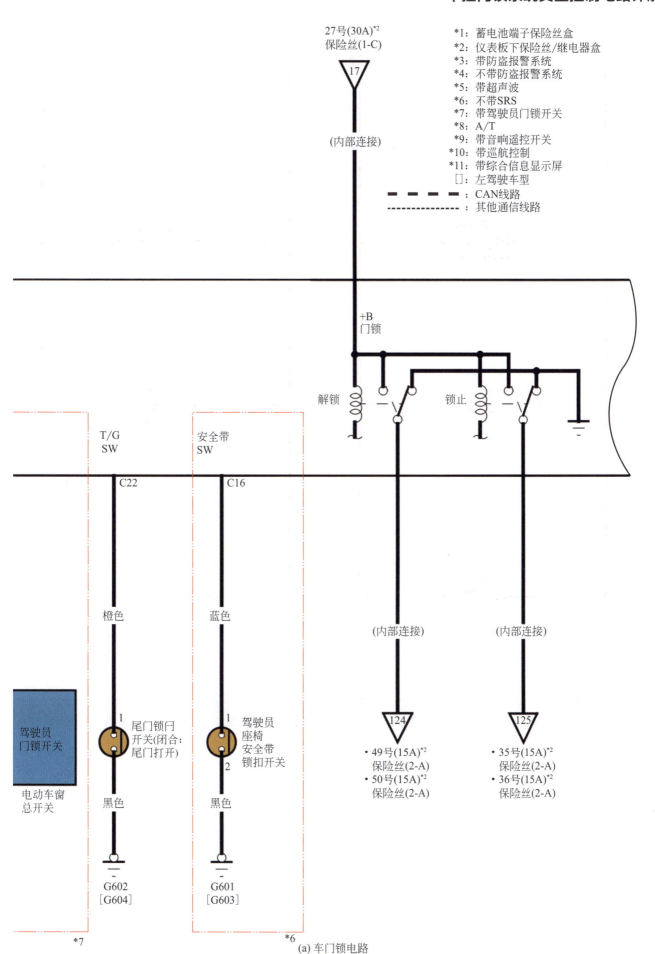

图 4-4-23

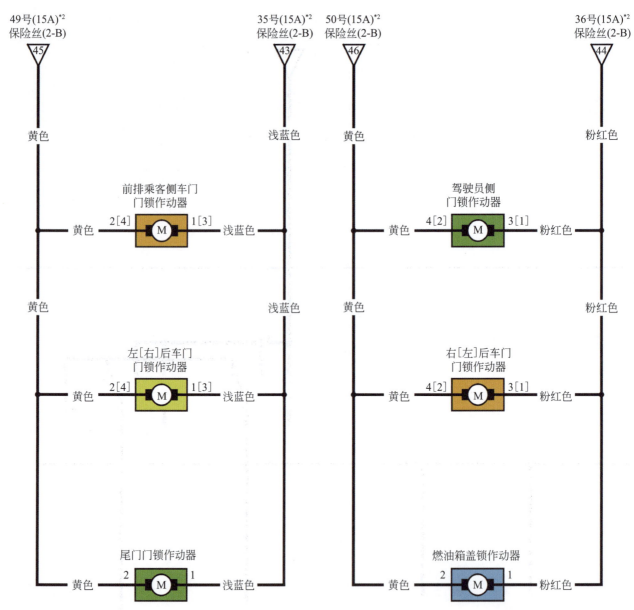

(b) 门锁电机电路

图 4-4-23 飞度车门锁电路

表 4-4-16 飞度 MICU 控制单元中端子和保险丝的作用

所在部件	端子序号	作用说明
MICU 控制单元	E1	驾驶员侧门锁开关解锁信号输入端，与驾驶员侧门锁开关 19 号端子连接
	E2	驾驶员侧门锁按钮开关解锁信号输入端，与驾驶员侧车门锁开关 8 号端子连接
	E3	驾驶员侧门锁钥匙锁止信号输入端，与驾驶员侧车门锁开关 6 号端子连接
	E4	驾驶员侧门锁钥匙解锁信号输入端，与驾驶员侧车门锁开关 7 号端子连接
	E8	驾驶员侧门锁开关锁止信号输入端，与驾驶员侧门锁开关 17 号端子连接
	E9	驾驶员侧门锁按钮开关锁止信号输入端，与驾驶员侧车门锁开关 9 号端子连接
	M24	前排乘客侧车门门锁按钮开关解锁信号输入端，与前排乘客侧门门锁按钮 7 号端子连接
	C22	尾门锁开关信号输入端，与尾门锁开关 1 号端子连接
	C26	右后车门开关信号输入端

续表

所在部件	端子序号	作用说明
MICU 控制单元	C32	前排乘客侧车门开关信号输入端
	C33	驾驶员侧车门开关信号输入端
	C40	左后车门开关信号输入端
	C45	右后车门门锁按钮开关解锁信号输入端，与右后车门门锁按钮 8 号端子连接
	C46	左后车门门锁按钮开关解锁信号输入端，与左后车门门锁按钮 7 号端子连接
保险丝	27 号（30A）	连接蓄电池和 MICU 控制单元内部解锁/锁止继电器，电流经过继电器开关给门锁电机供电
	35 号（15A）	连接锁止继电器常开开关，锁止信号流向前排乘客侧车门门锁作动器、左后车门门锁作动器、尾门门锁作动器
	36 号（15A）	连接锁止继电器常开开关，锁止信号流向驾驶员侧车门门锁作动器、右后车门门锁作动器、燃油箱门锁作动器
	49 号（15A）	连接解锁继电器常开开关，解锁信号流向前排乘客侧车门门锁作动器、左后车门门锁作动器、尾门门锁作动器
	50 号（15A）	连接解锁继电器常开开关，解锁信号流向驾驶员侧车门门锁作动器、右后车门门锁作动器、燃油箱门锁作动器

十、马自达车型典型中控门锁控制电路详解——CX-4 中控门锁系统控制电路

1.CX-4 车门中控门锁电路（图 4-4-24、图 4-4-25）

门锁开关电路如图 4-4-24 所示，电路中的端子说明见表 4-4-17。

表 4-4-17　CX-4 门闩锁执行器端子作用

所在部件	端子序号	作用说明
左前门闩锁执行器	D	门锁锁定信号端，与 RBCM 控制单元 3O 端子连接
	B	门锁解锁信号端，与 RBCM 控制单元 3M 端子连接
	L	门锁开关检测信号端，与 RBCM 控制单元 3W 端子连接
	H	门锁解锁/锁定信号端，与 RBCM 控制单元 3H 端子连接
	J	搭铁
右前门闩锁执行器	L	门锁解锁/锁定信号端，与 RBCM 控制单元 3J 端子连接
	B	门锁开关检测信号端，与 RBCM 控制单元 3U 端子连接
	D	搭铁
左后门闩锁执行器	B	门锁解锁/锁定信号端，与 RBCM 控制单元 3J 端子连接
	L	门锁开关检测信号端，与 RBCM 控制单元 3U 端子连接
	J	搭铁
右后门闩锁执行器	L	门锁解锁/锁定信号端，与 RBCM 控制单元 3J 端子连接
	B	门锁开关检测信号端，与 RBCM 控制单元 3U 端子连接
	D	搭铁

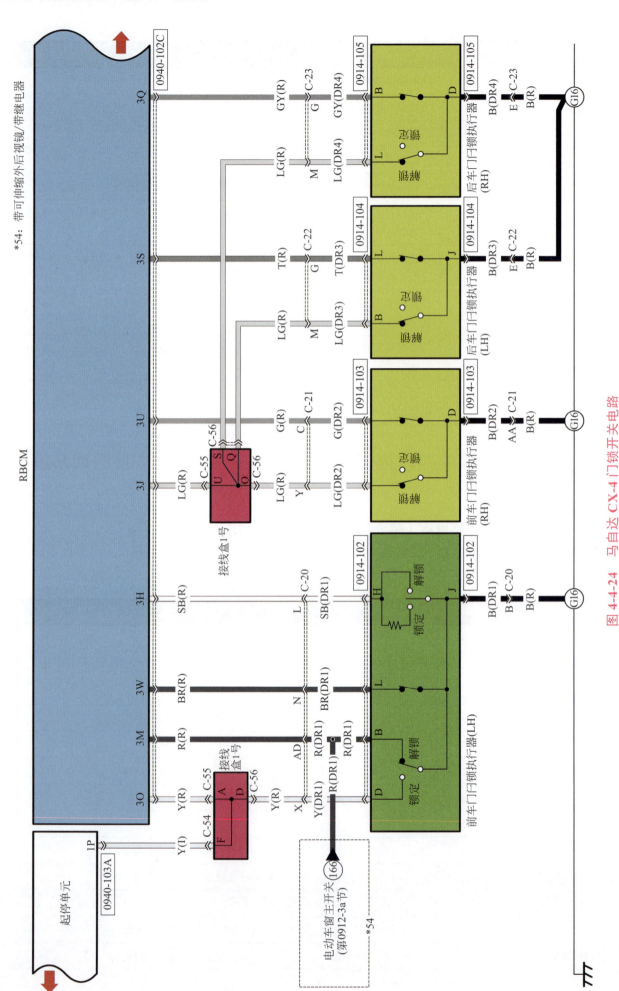

图 4-4-24 马自达 CX-4 门锁开关电路

门锁电机电路如图 4-4-25 所示，电机端子作用说明见表 4-4-18。

表 4-4-18　CX-4 门锁电机端子作用

所在部件	端子序号	作用说明
左前门锁电机	A	门锁锁定信号输入端，与 RBCM 控制单元内部锁定继电器常开开关连接
	G	门锁解锁信号输入端，与 RBCM 控制单元内部解锁继电器常开开关连接
右前门锁电机	K	门锁锁定信号输入端，与 RBCM 控制单元内部锁定继电器常开开关连接
	E	门锁解锁信号输入端，与 RBCM 控制单元内部解锁继电器常开开关连接
左后门锁电机	A	门锁锁定信号输入端，与 RBCM 控制单元内部锁定继电器常开开关连接
	G	门锁解锁信号输入端，与 RBCM 控制单元内部解锁继电器常开开关连接
右后门锁电机	K	门锁锁定信号输入端，与 RBCM 控制单元内部锁定继电器常开开关连接
	E	门锁解锁信号输入端，与 RBCM 控制单元内部解锁继电器常开开关连接

2.CX-4 行李箱中控门锁电路（图 4-4-26）

行李箱中控门锁电路中的端子作用说明如表 4-4-19 所示。

表 4-4-19　CX-4 行李箱中控门锁电路中端子作用

所在部件	端子序号	作用说明
后舱门门锁开关	1E/2J	解锁/锁定信号输出端，与 RBCM 控制单元 3F 端子连接
	2N	搭铁
后舱门开启开关	C	开关信号输出端，与 RBCM 控制单元 4M 端子连接
	A	搭铁
后舱门锁和锁执行器	A	门锁搭铁
	B	门锁电机搭铁
	C	门锁开/关信号端，与 RBCM 控制单元 4K 端子连接
	D	电机工作信号端，与 RBCM 控制单元 4C 端子连接

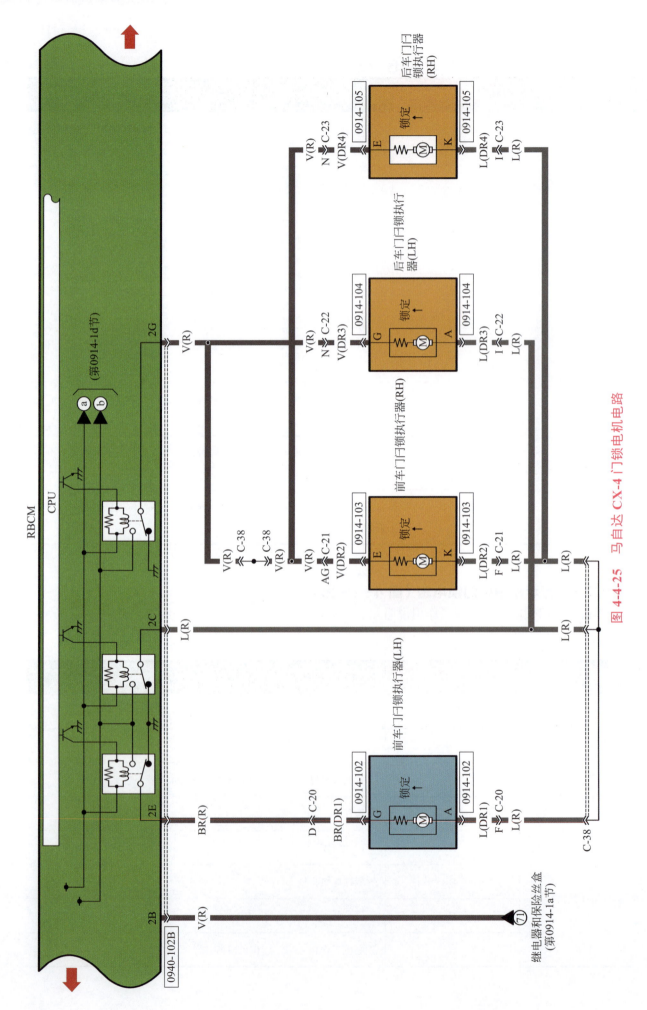

图 4-4-25 马自达 CX-4 门锁电机电路

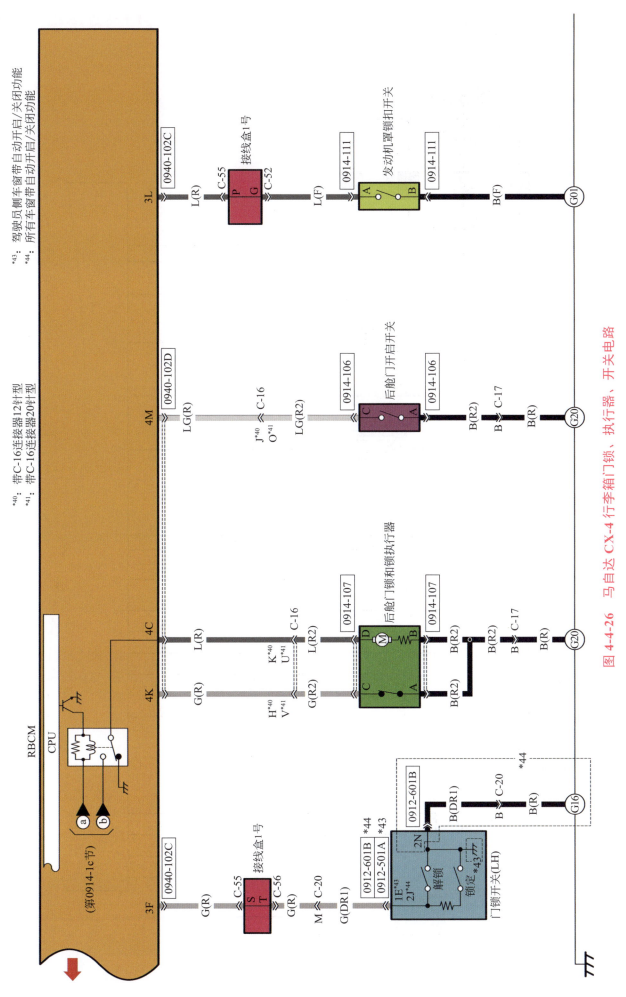

图4-4-26 马自达CX-4行李箱门锁、执行器、开关电路

十一、日产车型典型中控门锁控制电路详解——轩逸中控门锁系统控制电路（图4-4-27和图4-4-28）

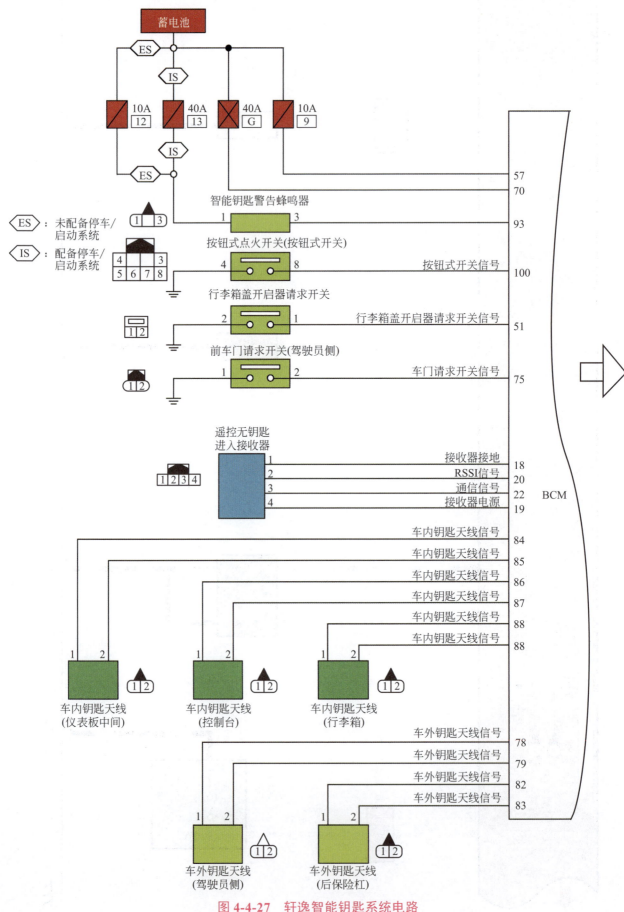

图4-4-27 轩逸智能钥匙系统电路

第四章
中控门锁系统典型控制电路详解

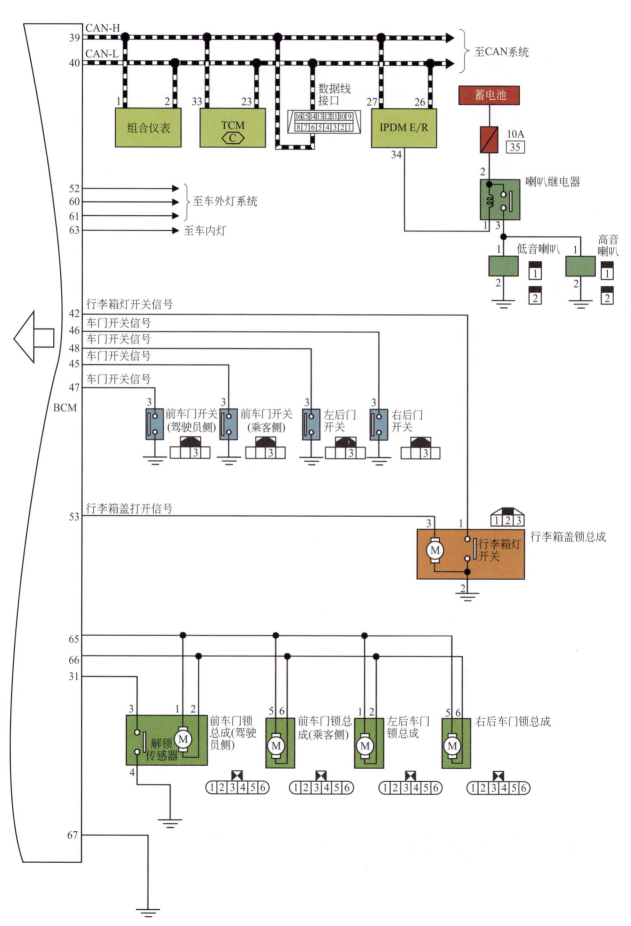

图 4-4-28　日产轩逸车门锁电路

233

1. 系统说明

智能钥匙系统借助智能钥匙和车辆（BCM）的双向通信产生的电子 ID 校验结果，使得随身携带智能钥匙即可打开和关闭车门锁（车门锁止 / 解锁功能）。

2. 车门锁止功能

当 BCM 检测到每个车门请求开关被按下时，将启动车外钥匙天线以及与按下的车门请求开关对应的车内钥匙天线，然后向智能钥匙发送请求信号，确保智能钥匙在车门附近。

如果智能钥匙在车外钥匙天线检测区域之内，它收到请求信号，并通过遥控无钥匙进入接收器向 BCM 发送钥匙 ID 信号。

BCM 收到钥匙 ID 信号，并与注册的钥匙 ID 进行比较。

BCM 发送车门锁止 / 解锁信号，并操作各车门锁执行器。同时，BCM 使危险警告灯闪烁（锁止即闪烁 1 次，解锁即闪烁 2 次）并使智能钥匙鸣响（锁止即闪烁 1 次，解锁即闪烁 2 次）以作为提醒。

3. 行李箱打开功能

当 BCM 检测到行李箱盖开启器开关按下时，将启动车外钥匙天线（后保险杠）和车内钥匙天线并将请求信号发送到智能钥匙。然后，检查确认智能钥匙在行李箱盖附近。

如果智能钥匙在车外钥匙天线检测区域之内，它收到请求信号，并通过遥控无钥匙进入接收器向 BCM 发送钥匙 ID 信号。

BCM 收到钥匙 ID 信号，并与注册的钥匙 ID 进行比较。

4. 遥控无钥匙进入功能

智能钥匙与遥控进入系统的功能相同。因此，通过操作车门锁止 / 解锁按钮，可以按照与遥控器相同的方式使用。

车门锁止 / 解锁功能：当按下智能钥匙的车门锁止 / 解锁按钮时，将通过遥控无钥匙进入接收器从智能钥匙向 BCM 发送锁止信号或解锁信号。

BCM 接收到信号，并与车辆注册的钥匙 ID 进行比较。

当钥匙 ID 相匹配时，BCM 向各车门锁执行器发送锁止 / 解锁的信号，并对各车门锁执行器进行操作。同时，BCM 使危险警告灯闪烁（锁止即闪烁 1 次，解锁即闪烁 2 次）并使智能钥匙鸣响（锁止即闪烁 1 次，解锁即闪烁 2 次）以作为提醒。

行李箱打开功能：当按下智能钥匙的行李箱按钮时，行李箱打开信号通过遥控无钥匙进入接收器从智能钥匙发送至 BCM。

当 BCM 接收到行李箱开启请求信号时，将操作行李箱盖开启器执行器并打开行李箱盖。

十二、三菱车型典型中控门锁控制电路详解——欧蓝德中控门锁系统控制电路

1. 欧蓝德车门中控门锁电路（图 4-4-29 和图 4-4-30）

延时报警控制器（ETACS-ECU）2 号端子连接 37 号易熔线，ETACS-ECU 内部 20A 保险丝为门锁继电器、车门开锁继电器、背门锁止继电器供电保险丝。

车门锁促动器及开关中的端子作用说明如表 4-4-20 所示。

第四章 中控门锁系统典型控制电路详解

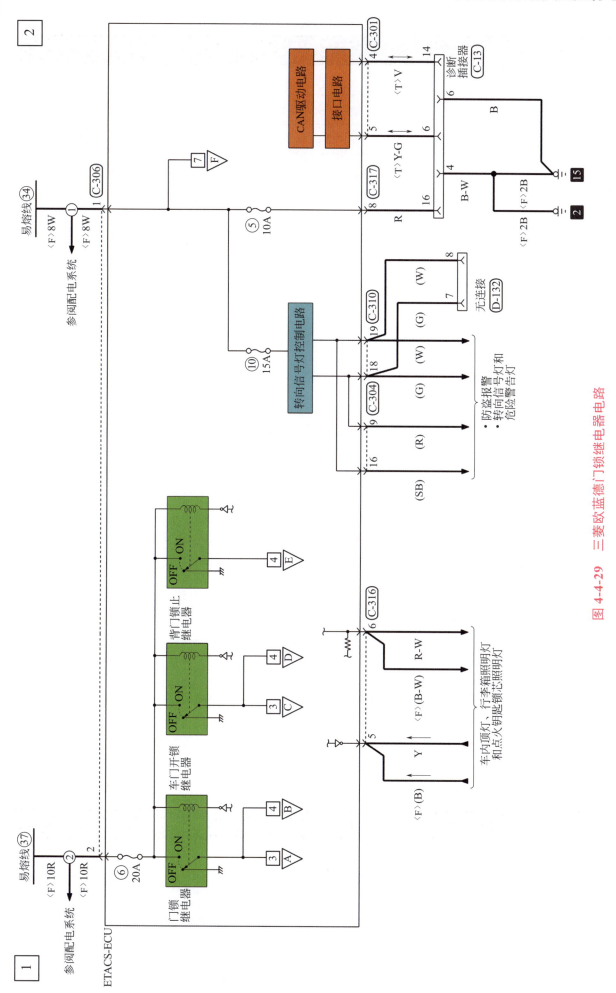

图 4-4-29 三菱欧蓝德门锁继电器电路

表 4-4-20　欧蓝德车门锁促动器及开关中端子的作用

所在部件	端子序号	作用说明
驾驶员侧门锁促动器	1	搭铁
	3	车门锁解锁/锁止信号端，与 ETACS-ECU 控制单元 22 号端子连接
	4	门锁锁止信号端，经 ETACS-ECU 控制单元 6 号端子与门锁继电器常开开关连接
	6	门锁开锁信号端，经 ETACS-ECU 控制单元 5 号端子与车门开锁继电器常开开关连接
前排乘客侧门锁促动器	1	车门锁解锁/锁止信号端，与 ETACS-ECU 控制单元 10 号端子连接
	3	搭铁
	4	门锁锁止信号端，经 ETACS-ECU 控制单元 6 号端子与门锁继电器常开开关连接
	6	门锁开锁信号端，经 ETACS-ECU 控制单元 5 号端子与车门开锁继电器常开开关连接
左后车门锁促动器	4	门锁锁止信号端，经 ETACS-ECU 控制单元 9 号端子与门锁继电器常开开关连接
	6	门锁开锁信号端，经 ETACS-ECU 控制单元 6 号端子与车门开锁继电器常开开关连接
右后车门锁促动器	4	门锁开锁信号端，经 ETACS-ECU 控制单元 9 号端子与车门开锁继电器常开开关连接
	6	门锁锁止信号端，经 ETACS-ECU 控制单元 6 号端子与门锁继电器常开开关连接
中控门锁开关	2	搭铁
	5	门锁解锁信号输出端，与 ETACS-ECU 控制单元 15 号端子连接
	13	门锁锁止信号输出端，与 ETACS-ECU 控制单元 2 号端子连接
驾驶员侧车门开关	3	车门开/关信号输出端，与 ETACS-ECU 控制单元 16 号端子连接
前排乘客侧车门开关	3	车门开/关信号输出端，与 ETACS-ECU 控制单元 12 号端子连接
左后车门开关	3	车门开/关信号输出端，与 ETACS-ECU 控制单元 7 号端子连接
右后车门开关	3	车门开/关信号输出端，与 ETACS-ECU 控制单元 8 号端子连接

2. 欧蓝德背门中控门锁电路（图 4-4-30）

背门锁开启把手及促动器的端子作用说明如表 4-4-21 所示。

表 4-4-21　欧蓝德背门锁开启把手及促动器端子作用

所在部件	端子序号	作用说明
背门锁开启把手	1	开启信号输出端，与 ETACS-ECU 控制单元 14 号端子连接
	2	搭铁
背门锁促动器	1	门锁锁止信号输入端，经 ETACS-ECU 控制单元 1 号端子与背门锁锁止继电器常开开关连接
	2	搭铁

第四章
中控门锁系统典型控制电路详解

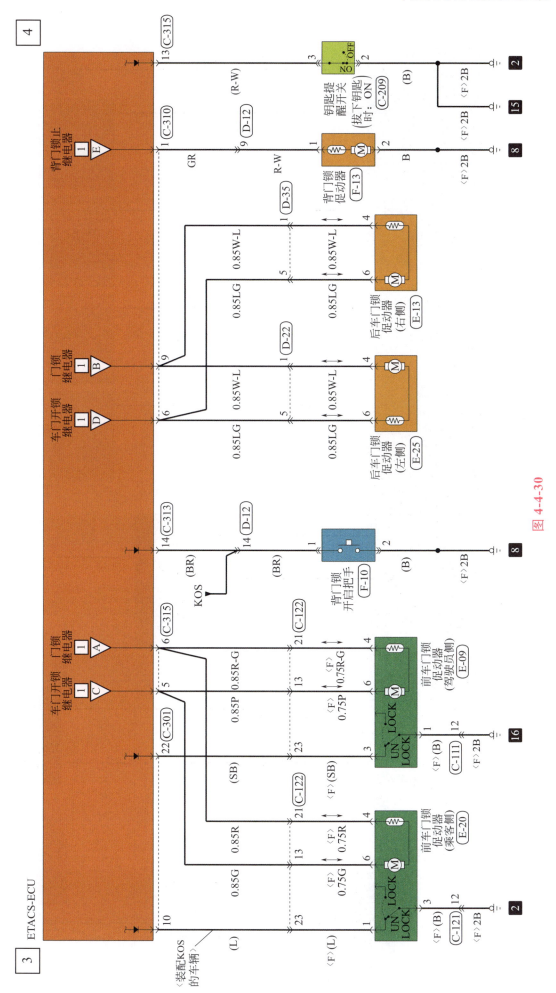

图 4-4-30

237

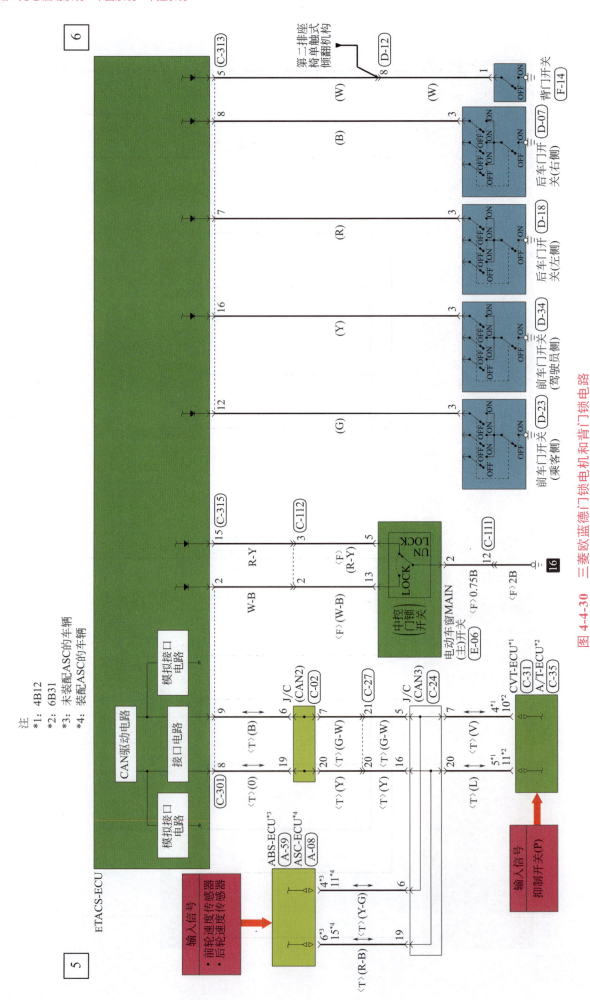

图 4-4-30 三菱欧蓝德门锁电机和背门锁电路

十三、现代/起亚车型典型中控门锁控制电路详解——现代名图MISTRA中控门锁系统控制电路

1. 名图MISTRA车门中控门锁电路（图4-4-31）

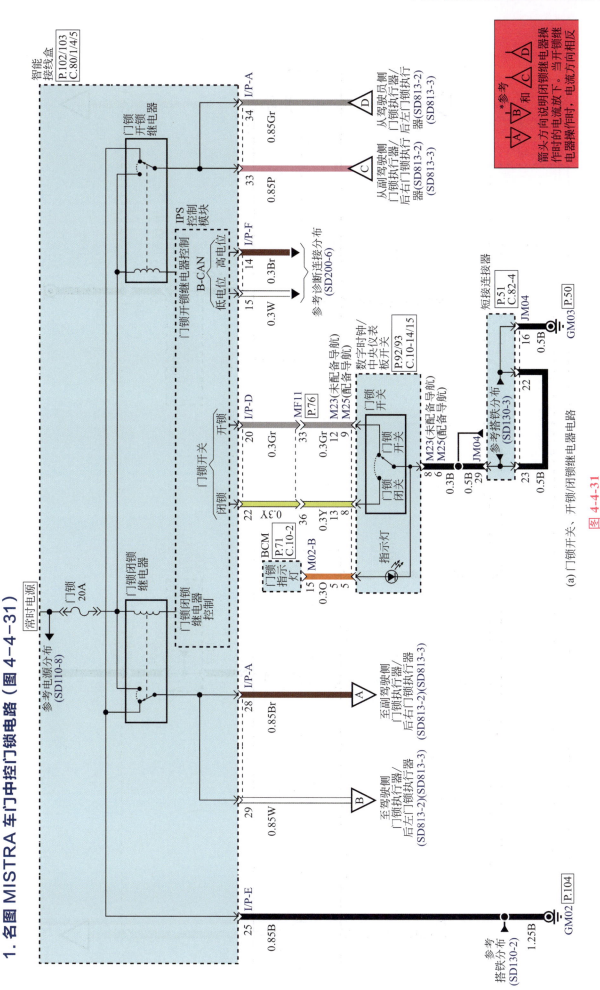

(a) 门锁开关、开锁/闭锁继电器电路

图4-4-31

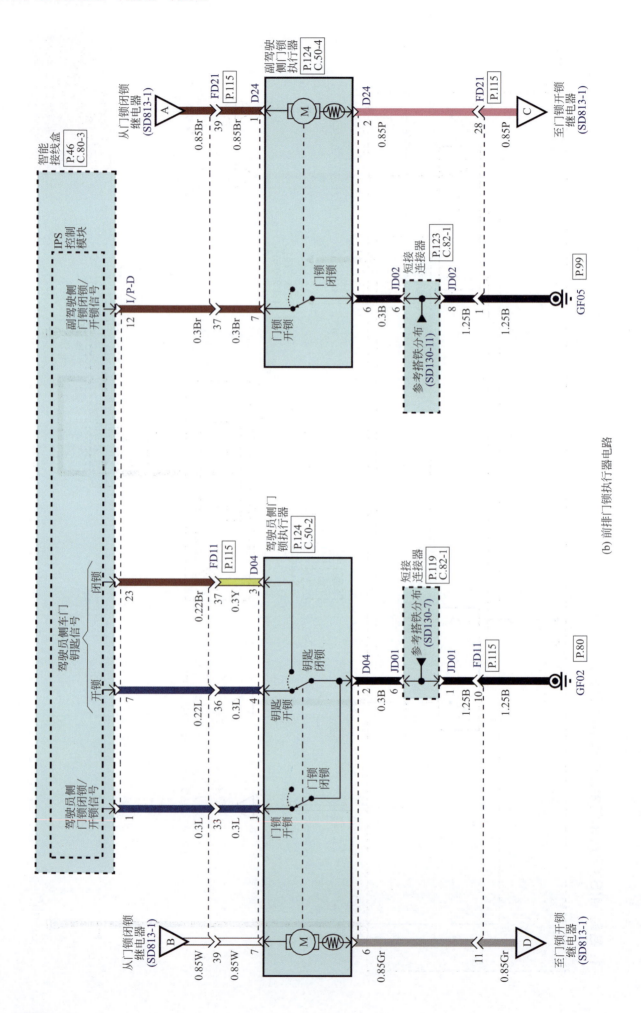

(b) 前排门锁执行器电路

第四章 中控门锁系统典型控制电路详解

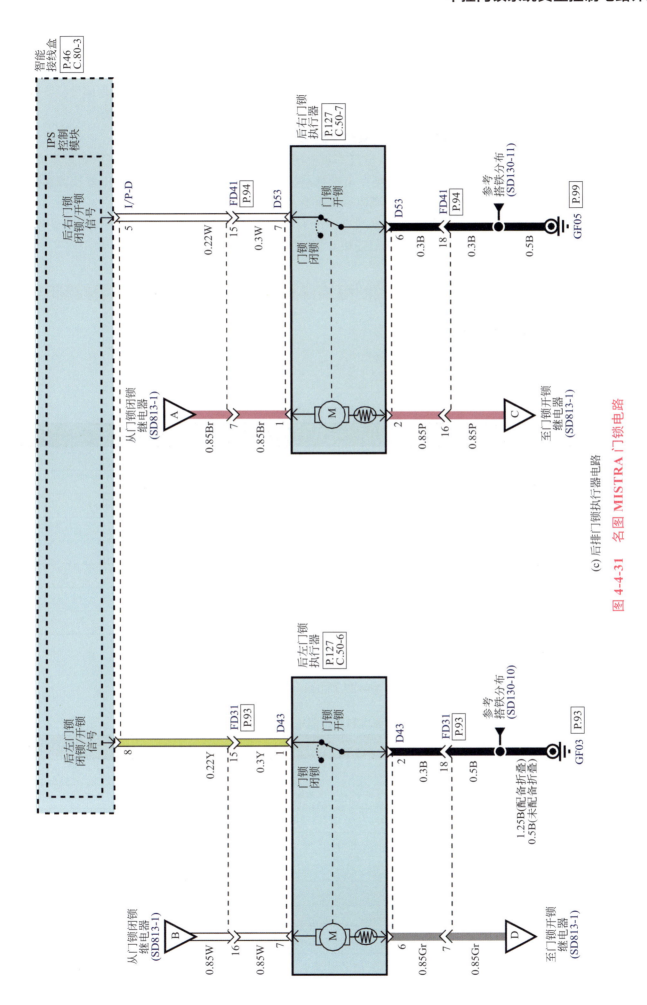

(c) 图 4-4-31 名图 MISTRA 门锁电路

经由门锁 20A 保险丝向车门闭锁／开锁继电器提供稳定的电源，由 IPS 控制模块进行控制。当按下电动门窗主开关板上的门锁操纵开关前部时（门锁闭锁），IPS 控制模块接收信号，并磁化车门闭锁继电器线圈，车门闭锁继电器触点开关提供电流到门锁执行器，所有门锁闭锁。

当按下电动门窗主开关板上的门锁操纵开关前部时（门锁开锁），IPS 控制模块接收信号，并磁化车门开锁继电器线圈，车门开锁继电器触点开关提供电流到门锁执行器，所有门锁开锁。

2. 名图 MISTRA 行李箱中控门锁电路（图 4-4-32）

常时电源通过行李箱 10A 保险丝提供至行李箱盖继电器，由 IPS 控制模块控制行李箱盖继电器。行李箱盖手柄开关 ON（F41：6、9 号连接），IPS 控制模块接收信号并把行李箱盖继电器线圈输出端子搭铁，行李箱盖继电器线圈被磁化，电源通过继电器开关端子接通。

常时电源电流通过行李箱盖继电器开关端子流至行李箱盖碰锁（F42：1、3 号），行李箱盖开启。电机内的行李箱灯开关 ON 时（F42:2、3 号连接），常时电源提供电流至行李箱灯。

十四、福特车型典型中控门锁控制电路详解——翼虎中控门锁系统控制电路

1. 翼虎车门中控门锁电路

（1）前门门锁开关电路（图 4-4-33）

前门门锁开关端子作用说明见表 4-4-22。

表 4-4-22 翼虎前门门锁开关端子作用

所在部件	端子序号	作用说明
左前门门锁开关	1	锁止信号输出端，与车身控制单元 13 号端子连接
	2	搭铁
	3	开锁信号输出端，与车身控制单元 26 号端子连接
	4	门锁开关照明控制端
右前门门锁开关	1	门锁开关照明控制端
	2	开锁信号输出端，与车身控制单元 26 号端子连接
	3	搭铁
	4	锁止信号输出端，与车身控制单元 13 号端子连接

（2）驾驶员侧车门模块电路（图 4-4-34）

驾驶员侧车门模块端子作用说明如表 4-4-23 所示。

表 4-4-23 翼虎驾驶员侧车门模块端子作用

端子序号	作用说明
1	CAN+ 端
2	电源电流经 F4/25A 保险丝流入驾驶员侧车门模块
3	锁止信号输出端，与左前车门门锁电机 7 号端子连接
4	开锁信号输出端，与左前车门门锁电机 8 号端子连接
11	复位信号端，与左前车门门锁电机 2 号端子连接
13	CAN- 端
14	回路信号端，经左前车门门锁电机 5 号端子与车身控制模块 45 号端子连接
19	门开锁信号输出端，与左前车门门锁电机 4 号端子连接
22	门设置端，与左前车门门锁电机 1 号端子连接

第四章 中控门锁系统典型控制电路详解

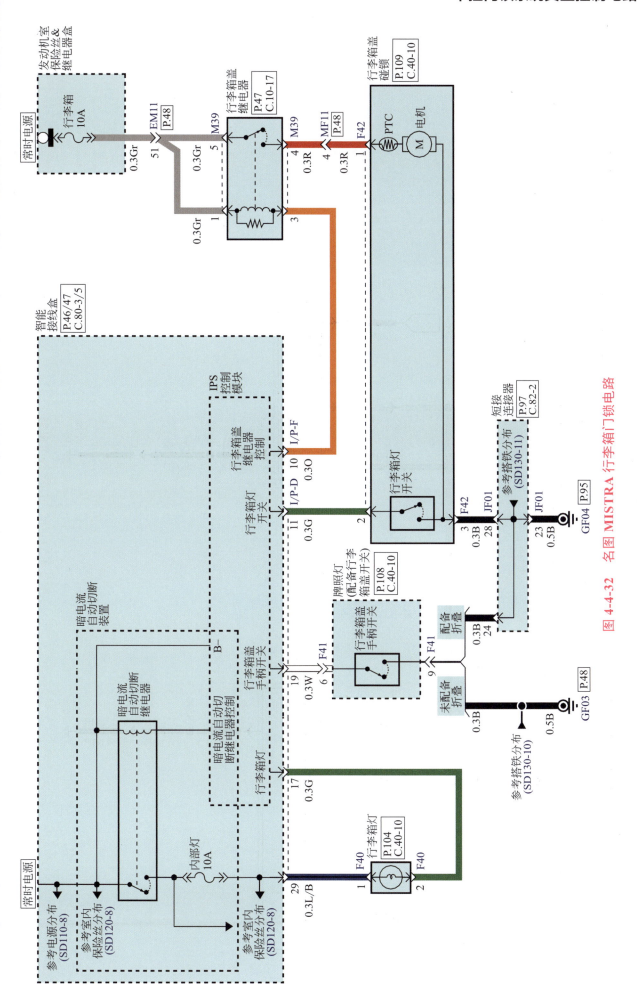

图 4-4-32 名图 MISTRA 行李箱门锁电路

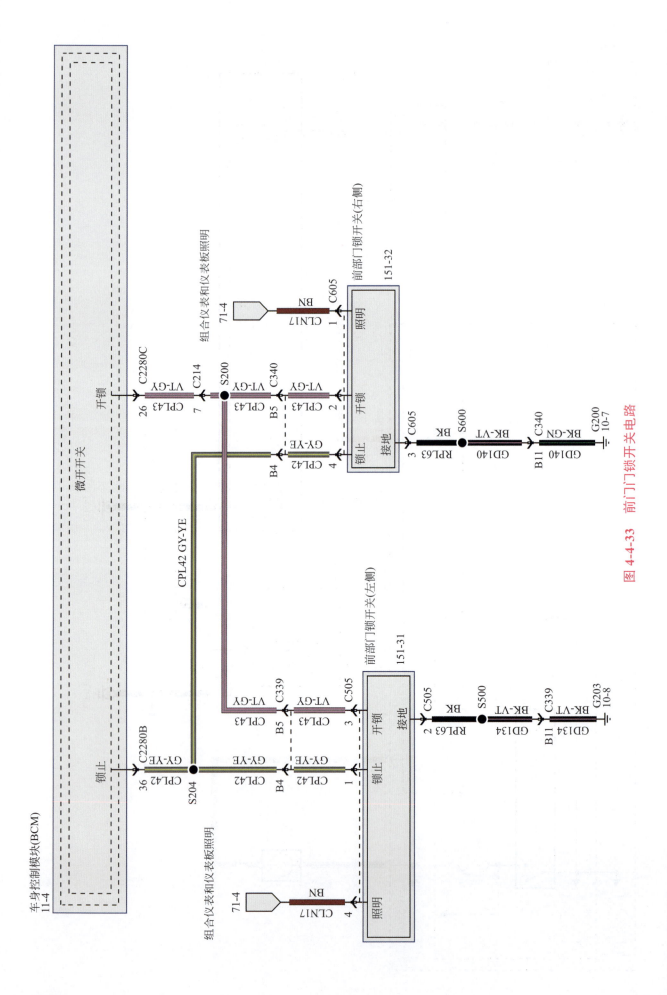

图 4-4-33　前门门锁开关电路

第四章

中控门锁系统典型控制电路详解

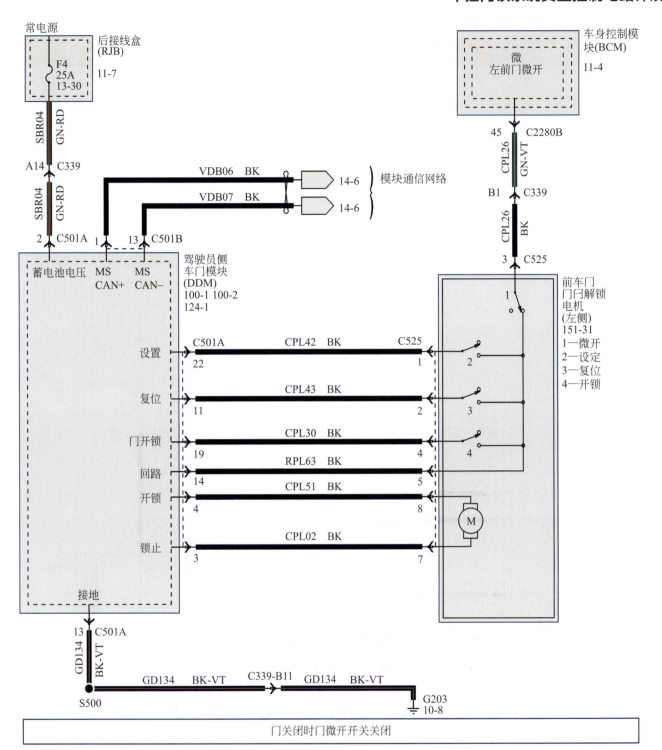

图 4-4-34 驾驶员侧车门模块电路

（3）前排乘客侧车门模块电路（图4-4-35）

前排乘客侧车门模块端子作用说明见表4-4-24。

表 4-4-24 翼虎前排乘客侧车门模块端子作用

端子序号	作用说明
1	CAN+ 端
2	电源电流经 F5/25A 保险丝流入乘客侧车门模块
3	锁止信号输出端，与右前车门门锁电机 2 号端子连接

245

续表

端子序号	作用说明
4	开锁信号输出端,与右前车门门锁电机1号端子连接
14	回路信号端,经右前车门门锁电机4号端子与车身控制模块46号端子连接
19	门开锁信号输出端,与右前车门门锁电机5号端子连接

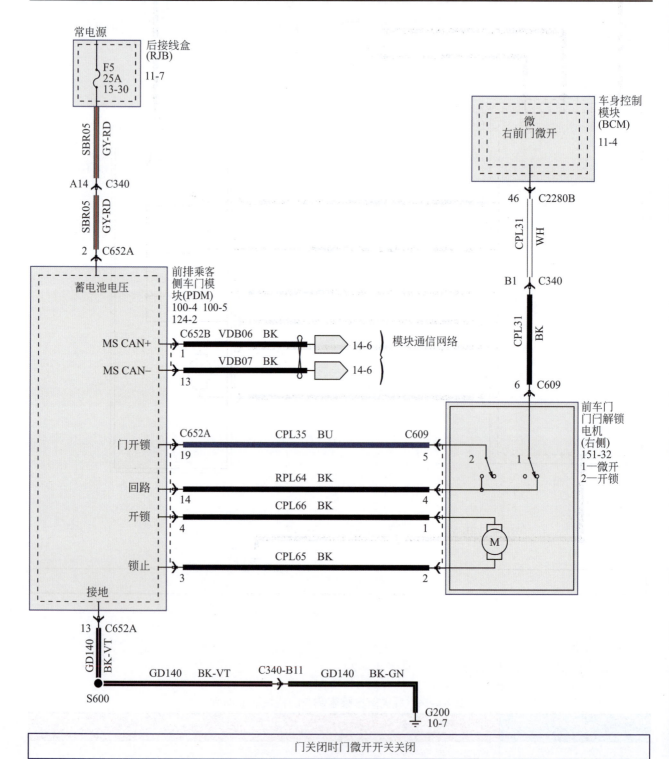

图 4-4-35 前排乘客侧车门模块电路

(4)左后车门模块电路(图4-4-36)

左后车门模块中的端子说明如表4-4-25所示。

中控门锁系统典型控制电路详解

表 4-4-25 翼虎左后车门模块端子作用

端子序号	作用说明
2	电源电流经 F6/25A 保险丝流入左后车门模块
3	锁止信号输出端，与左后车门门锁电机 7 号端子连接
4	开锁信号输出端，与左后车门门锁电机 8 号端子连接
14	回路信号端，经左后车门门锁电机 5 号端子与车身控制模块 44 号端子连接
19	门开锁信号输出端，与左后车门门锁电机 4 号端子连接

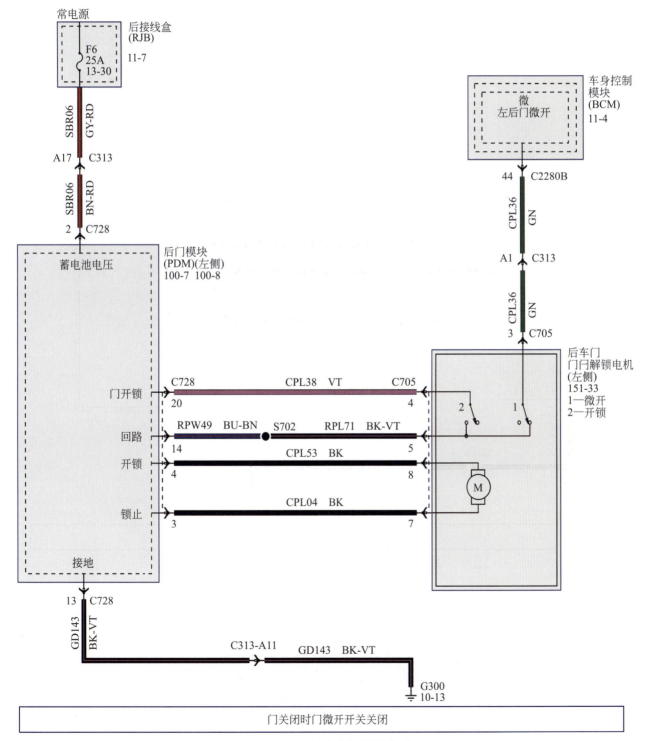

图 4-4-36 左后车门模块电路

（5）右后车门模块电路（图4-4-37）

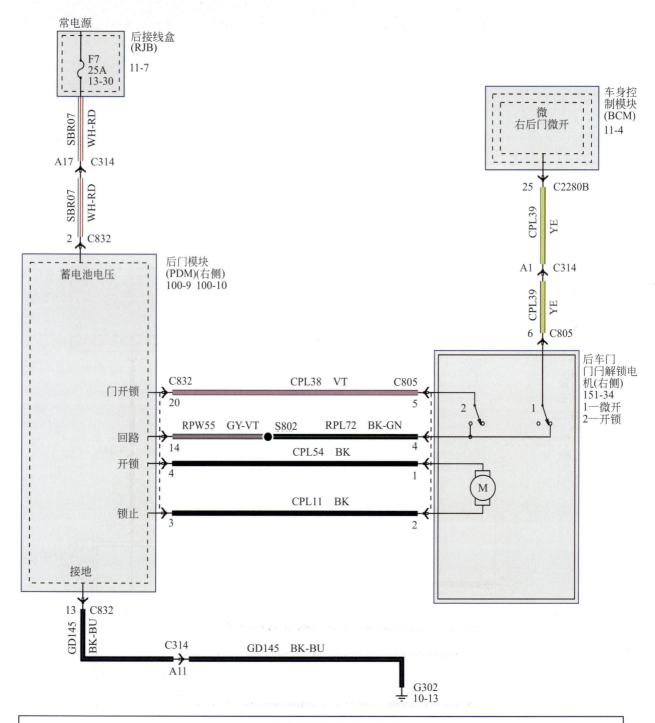

图 4-4-37　右后车门模块电路

右后车门模块中的端子的作用说明见表4-4-26。

表 4-4-26　翼虎右后车门模块端子作用

端子序号	作用说明
2	电源电流经 F7/25A 保险丝流入右后车门模块
3	锁止信号输出端，与右后车门门锁电机 2 号端子连接

续表

端子序号	作用说明
4	开锁信号输出端，与右后车门门锁电机1号端子连接
14	回路信号端，经右后车门门锁电机4号端子与车身控制模块25号端子连接
19	门开锁信号输出端，与右后车门门锁电机5号端子连接

2. 翼虎行李箱中控门锁电路（图4-4-38）

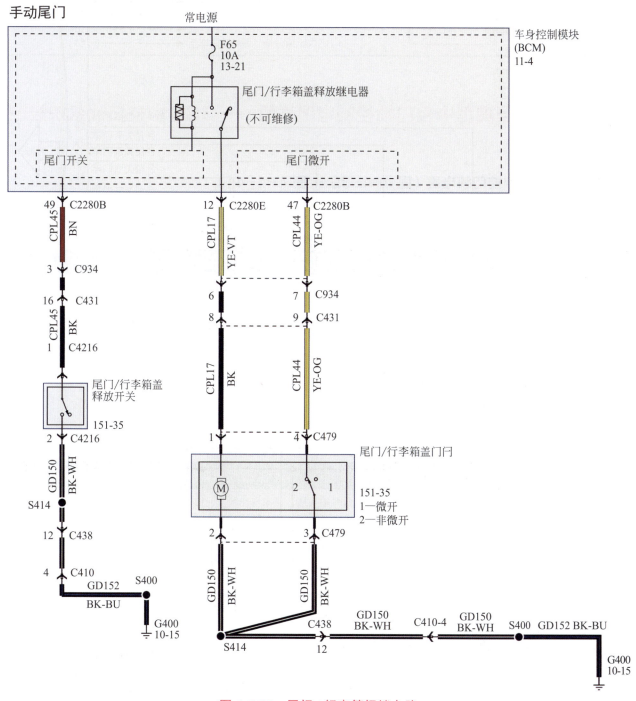

图4-4-38 尾门/行李箱门锁电路

尾门/行李箱开关及门锁电机中端子的作用说明如表4-4-27所示。

表 4-4-27　翼虎尾门/行李箱开关及门锁电机端子作用

所在部件	端子序号	作用说明
尾门/行李箱开关	1	开关信号输出端，经车身控制模块49号端子与车身控制模块内部尾门/行李箱继电器线圈端子连接；尾门/行李箱开关闭合时，尾门/行李箱继电器线圈搭铁通电，继电器常开开关闭合
	2	搭铁
尾门/行李箱门锁电机	1	门锁电机工作信号输入端，经车身控制模块12号端子与尾门/行李箱继电器常开开关连接；继电器常开开关闭合时，电机通电工作
	2	尾门/行李箱门锁电机搭铁
	3	搭铁
	4	门锁状态信号输入端

十五、传祺车型典型中控门锁控制电路详解——GS5中控门锁系统控制电路

1. GS5车门中控门锁电路（图4-4-39～图4-4-41）

左前门锁电路中端子的作用说明见表4-4-28。

表 4-4-28　GS5左前车门锁电路中部分端子作用

所在部件	端子序号	作用说明
左前车门锁	DD02-3	门锁联动开关，与车身控制单元IP74-11端子连接
	DD02-4	搭铁
左后门开关	BD32-1	左后开关信号输出端，与车身控单元IP74-36端子连接
右后门开关	BD33-1	右后开关信号输出端，与车身控制单元IP74-35端子连接

车门门锁电机端子的作用说明见表4-4-29。

表 4-4-29　GS5车门门锁电机中部分端子作用

所在部件	端子序号	作用说明
左前车门门锁电机	DD02-1	门锁解锁信号输入端，与车身控制单元BD23-10端子连接
	DD02-2	门锁锁止信号输入端，与车身控制单元BD22-21端子连接
右前车门门锁电机	PD01-1	门锁锁止信号输入端，与车身控制单元BD23-7端子连接
	PD01-2	门锁解锁信号输入端，与车身控制单元BD23-10端子连接
	PD01-3	门锁开关信号输入端，与车身控制单元IP05-16端子连接
	PD01-4	搭铁
左后车门门锁电机	LD03-1	门锁解锁信号输入端，与车身控制单元BD23-10端子连接
	LD03-2	门锁锁止信号输入端，与车身控制单元BD23-7端子连接
右后车门门锁电机	RD02-1	门锁锁止信号输入端，与车身控制单元BD23-7端子连接
	RD02-2	门锁解锁信号输入端，与车身控制单元BD23-10端子连接

第四章

中控门锁系统典型控制电路详解

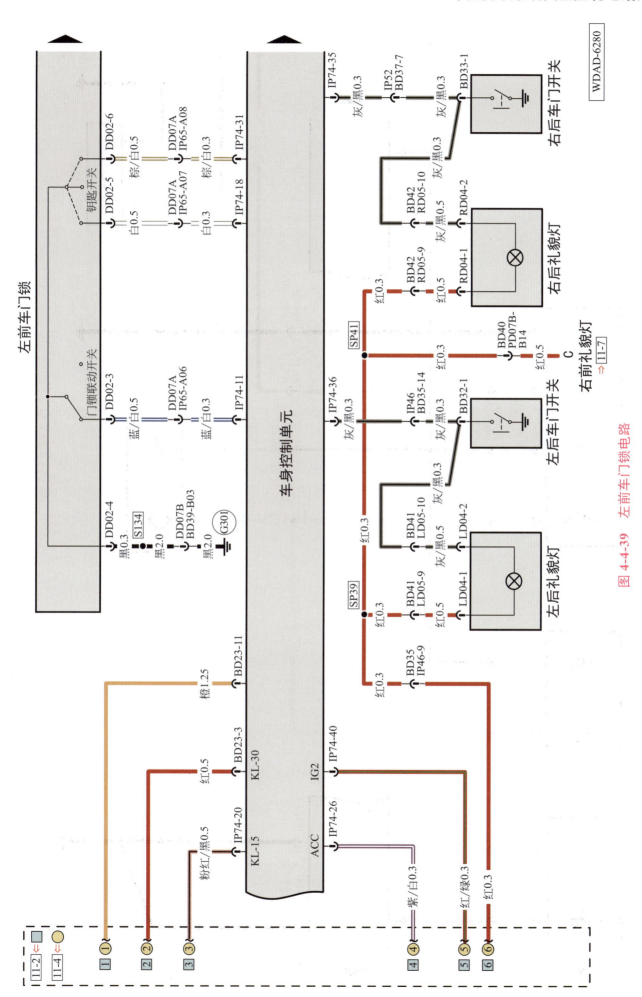

图 4-4-39 左前车门锁电路

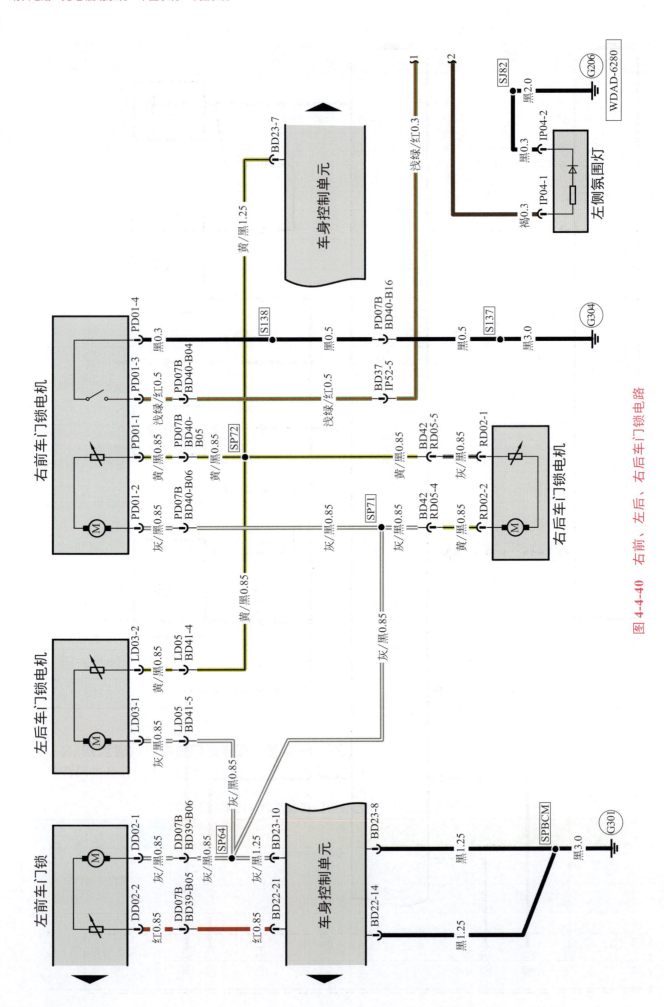

图 4-4-40 右前、左后、右后车门锁电路

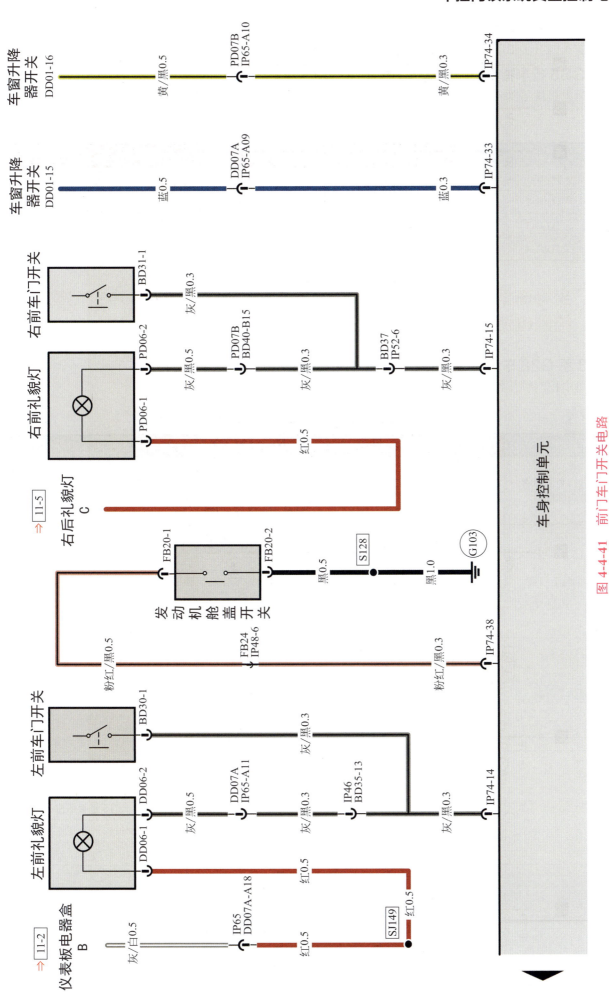

图 4-4-41 前门车门开关电路

左前车门开关 BD30-1 端子为开关信号，与车身控制单元 IP74-14 端子连接；

右前车门开关 BD31-1 端子为开关信号，与车身控制单元 IP74-15 端子连接。

2.GS5 行李箱中控门锁电路（图 4-4-42）

尾门电机端子的作用说明见表 4-4-30。

表 4-4-30　GS5 尾门电机端子作用

端子序号	作用说明
TG01-1	尾门锁开关搭铁
TG01-2	尾门开关信号输入端，与车身控制单元 IP74-37 端子连接
TG01-3	尾门锁电机搭铁
TG01-4	尾门电机工作信号输入端，与车身控制单元 IP75-14 端子连接

十六、宝马车型典型中控门锁控制电路详解——3 系 G28 中控门锁系统控制电路

1.3 系 G28 车门中控门锁电路（图 4-4-43）

前门中控门锁按钮及车门锁端子的作用说明见表 4-4-31。

表 4-4-31　G28 前门中控门锁按钮及车门锁端子的作用

所在部件	端子序号	作用说明
驾驶员侧和乘客侧中控门锁按钮	1	搭铁
	2	接中控门锁按钮电源
	3	开锁/闭锁信号端，与车身域控制器 (BDC)A258*4B/21 号端子连接
驾驶员侧车门锁	1	车门触点的信号端，与车身域控制器 (BDC)A258*2B/30 号端子连接
	2	搭铁
	4	联锁车门使用的信号端，与车身域控制器 (BDC)A258*4B/20 号端子连接
	5	解锁车门使用的信号端，与车身域控制器 (BDC)A258*4B/29 号端子连接
	6	车门中央保险的信号端，与车身域控制器 (BDC)A258*4B/30 号端子连接
乘客侧车门锁	1	车门触点的信号端，与车身域控制器 (BDC)A258*2B/31 号端子连接
	2	搭铁
	4	联锁车门使用的信号端，与车身域控制器 (BDC)A258*4B/19 号端子连接
	5	解锁车门使用的信号端，与车身域控制器 (BDC)A258*4B/28 号端子连接
	6	车门中央保险的信号端，与车身域控制器 (BDC)A258*4B/31 号端子连接
左后车门锁	1	车门触点的信号端，与车身域控制器 (BDC)A258*2B/38 号端子连接
	2	搭铁，与车身域控制器 (BDC)A258*4B/21 号端子连接
	4	联锁车门使用的信号端，与车身域控制器 (BDC)A258*4B/18 号端子连接
	5	解锁车门使用的信号端，与车身域控制器 (BDC)A258*4B/44 号端子连接
	6	车门中央保险的信号端，与车身域控制器 (BDC)A258*4B/47 号端子连接
右后车门锁	1	车门触点的信号端，与车身域控制器 (BDC)A258*2B/39 号端子连接
	2	搭铁，与车身域控制器 (BDC)A258*4B/9 号端子连接
	4	联锁车门使用的信号端，与车身域控制器 (BDC)A258*4B/17 号端子连接
	5	解锁车门使用的信号端，与车身域控制器 (BDC)A258*4B/43 号端子连接
	6	车门中央保险的信号端，与车身域控制器 (BDC)A258*4B/46 号端子连接

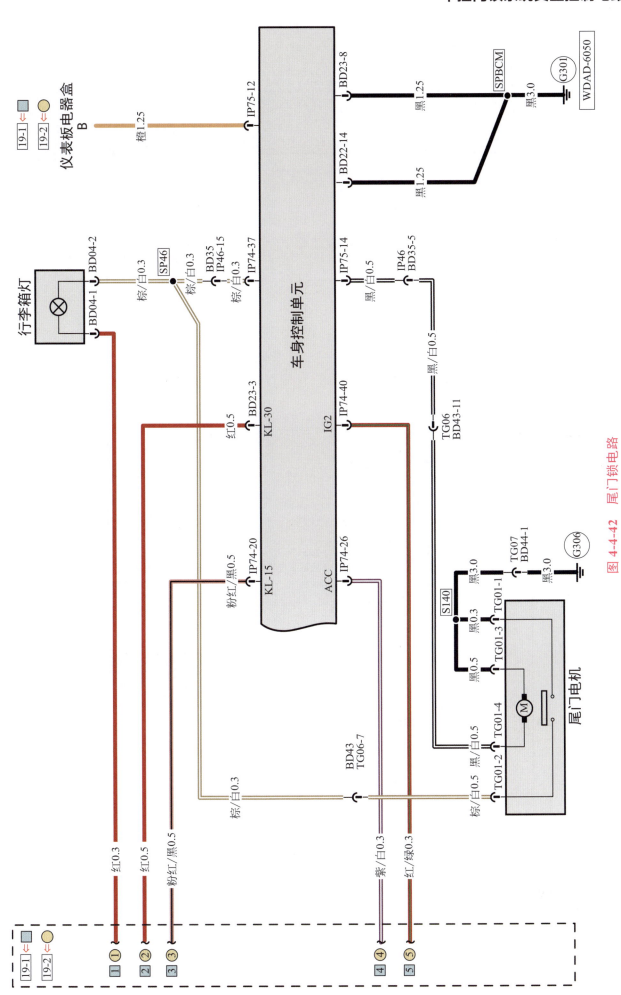

图 4-4-42 尾门锁电路

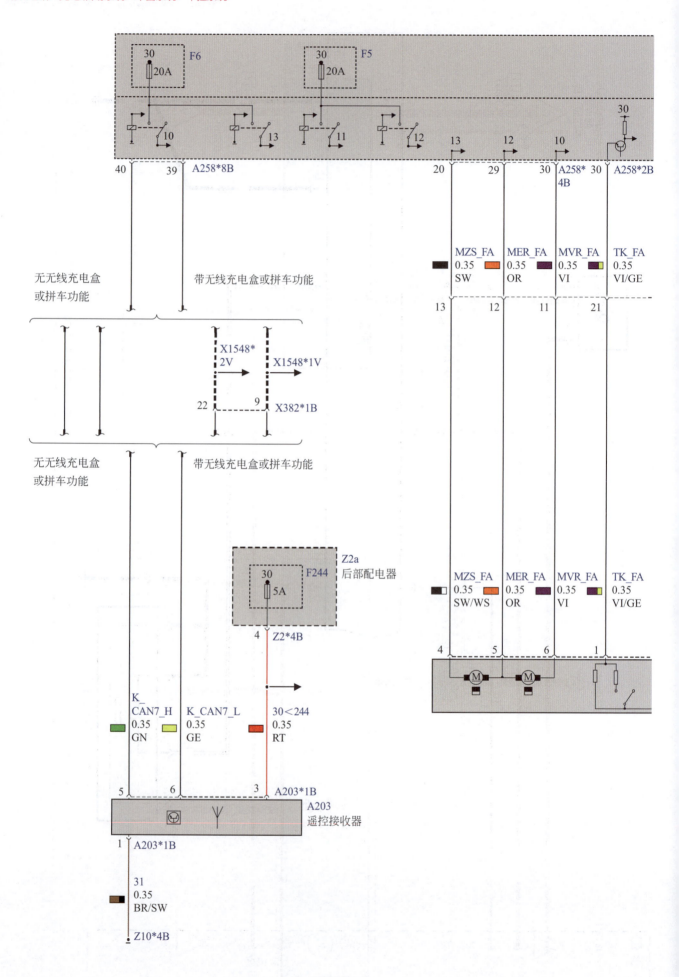

第四章
中控门锁系统典型控制电路详解

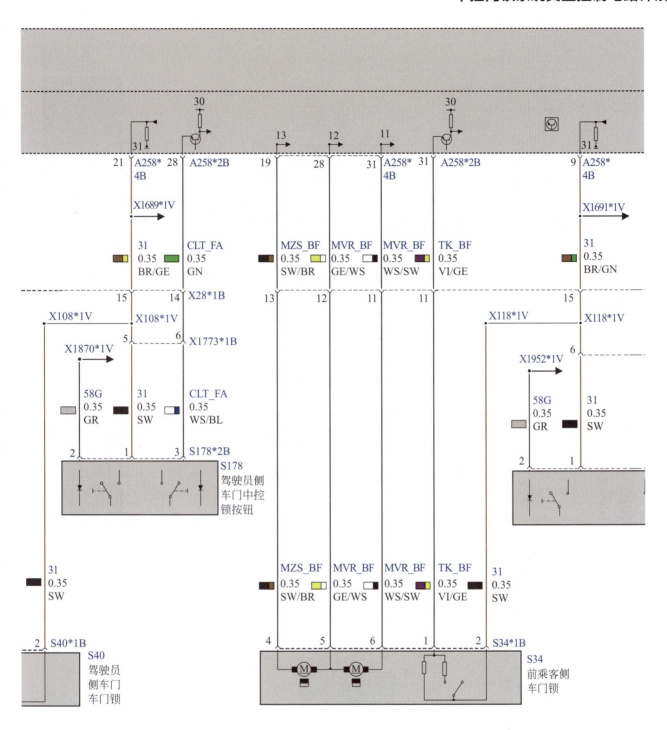

图 4-4-43

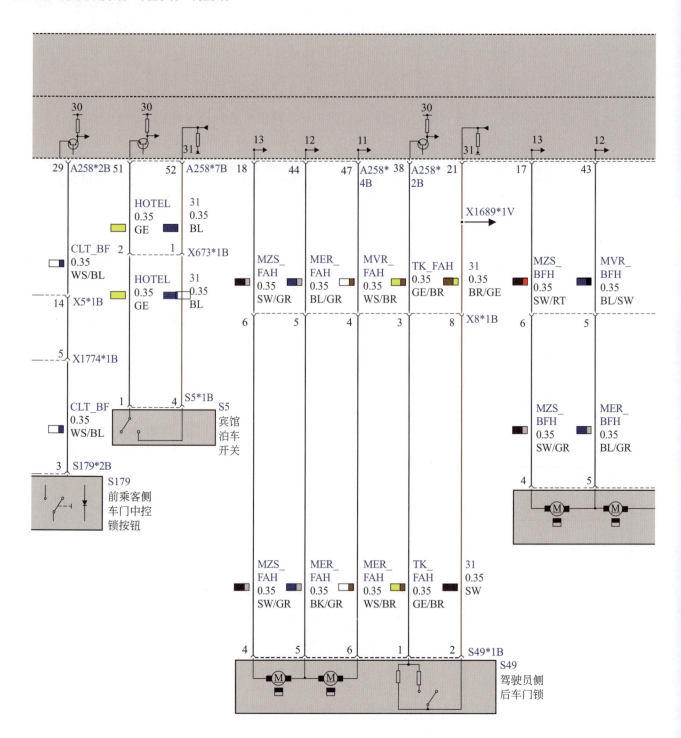

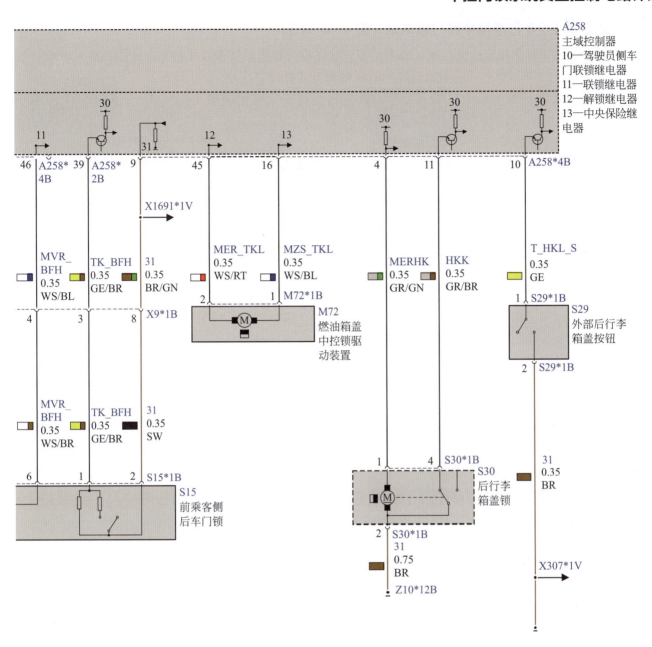

图 4-4-43　宝马 3 系中控门锁电路

2.3 系 G28 行李箱中控门锁电路（图 4-4-43）

通过按压后行李箱盖按钮打开后行李箱盖。外部后行李箱盖按钮直接与车身域控制器（BDC）连接。根据车辆装备，后行李箱盖通过弹力或以电动方式打开。

外部后行李箱盖按钮 1 号端子为开关信号线，与车身域控制器（BDC）A258*4B/10 号端子连接；

外部后行李箱盖按钮 2 号端子为搭铁。

车身域控制器（BDC）控制后行李箱盖锁中解锁驱动装置的直流电机，因此触发后行李箱盖锁的解锁。

当后行李箱盖打开时，行李箱照明被旋转锁销开关接通。也为防盗报警系统（DWA）分析旋转锁销开关的状态变化。

门销开关用信号通知后行李箱盖自动软关系统驱动装置中的电子装置，掣子是否已进入旋转锁销中（预关闭或已关闭）。

要关闭时必须把后行李箱盖按入后行李箱盖锁中。如果通过略微用力将后行李箱盖按入后行李箱盖锁中来操纵门销开关（后行李箱盖位于预关闭位置），则会触发后行李箱盖自动软关系统驱动装置的启动。

后行李箱盖自动软关系统驱动装置的电子装置把门销开关的信号视作启动信号。驱动装置通过拉线移动旋转锁销，到旋转锁销开关输出一个状态变化信号为止，驱动装置被停止运转。

后行李箱盖锁 1 号端子为门锁工作信号线，与车身域控制器（BDC）A258*4B/4 号端子连接；

后行李箱盖锁 2 号端子为搭铁；

后行李箱盖锁 4 号端子为门锁触点开关，与车身域控制器（BDC）A258*4B/11 号端子连接。

十七、长城车型典型中控门锁控制电路详解——哈弗 H6 中控门锁系统控制电路

1. 哈弗 H6 车门中控门锁电路

（1）中控门锁开关信号电路（图 4-4-44）

中控门锁开关 1 号端子为中控解锁/闭锁信号，与 BCM 控制单元 J2-7 号端子连接。

中控门锁开关 4 号端子为搭铁；

中控门锁开关 3 号端子为中控开关背景灯，与 BCM 控制单元 J1-16 号端子连接。

（2）中控闭锁继电器与中控解锁继电器电路

F113/15A 保险丝为中控闭锁继电器、中控解锁继电器保险丝，由蓄电池供电。

中控闭锁继电器 85 端子与 BCM 控制单元 J1-51 端子连接，为继电器线圈搭铁控制；

中控闭锁继电器 86、87 端子与 F113（15A）保险丝连接；

中控闭锁继电器 87a 端子为搭铁；

中控闭锁继电器 30 端子与驾驶员侧门锁 9 号端子、副驾驶侧门锁 4 号端子、左后门锁 9 号端子、右后门锁 4 号端子、加油口盖电机 2 号端子连接，为闭锁信号。

中控解锁继电器 85 端子与 BCM 控制单元 J1-33 端子连接，为继电器线圈搭铁控制；

中控解锁继电器 86、87 端子与 F113/15A 保险丝连接；

中控解锁继电器 87a 端子为搭铁；

中控解锁继电器 30 端子与驾驶员侧门锁 8 号端子、副驾驶侧门锁 3 号端子、左后门锁 8 号端子、右后门锁 3 号端子、加油口盖电机 1 号端子连接，为解锁信号。

（3）驾驶员侧与副驾驶侧门锁电路（图 4-4-45）

前门门锁端子的作用说明见表 4-4-32。

第四章 中控门锁系统典型控制电路详解

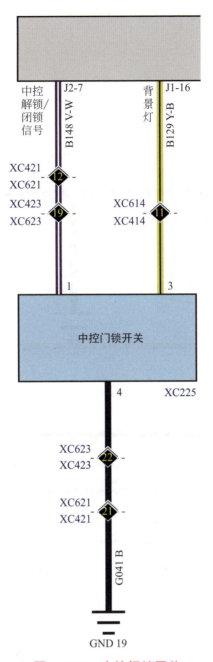

图 4-4-44 中控门锁开关

表 4-4-32 哈弗 H6 前门门锁端子作用

所在部件	端子序号	作用说明
驾驶员侧门锁	1	搭铁
	2	驾驶员侧门状态开关信号输出端，与 BCM 控制单元 J2-10 端子连接
	4	驾驶员侧门锁反馈开关信号输出端，与 BCM 控制单元 J2-6 端子连接
	8	门锁解锁信号输出端，与中控解锁继电器 30 端子连接
	9	门锁闭锁信号输出端，与中控闭锁继电器 30 端子连接
副驾驶侧门锁	3	门锁解锁信号输出端，与中控解锁继电器 30 端子连接
	4	门锁闭锁信号输出端，与中控闭锁继电器 30 端子连接
	6	搭铁
	7	门锁反馈开关信号输出端，与 BCM 控制单元 J2-11 端子连接

261

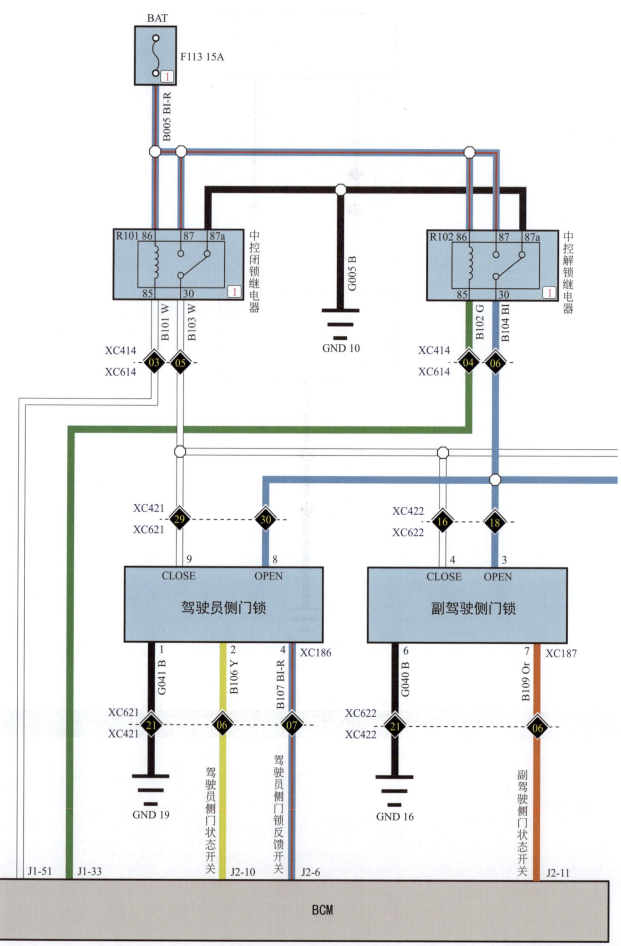

图 4-4-45 前门门锁电路

（4）后门门锁电路（图4-4-46）
后门门锁端子的作用说明见表4-4-33。

表4-4-33 哈弗H6后门门锁端子作用

所在部件	端子序号	作用说明
左后门锁	1	搭铁
	2	右后门状态开关信号输出端，与BCM控制单元J2-29连接
	8	门锁解锁信号输出端，与中控解锁继电器30端子连接
	9	门锁闭锁信号输出端，与中控闭锁继电器30端子连接
右后门锁	3	门锁解锁信号输出端，与中控解锁继电器30端子连接
	4	门锁闭锁信号输出端，与中控闭锁继电器30端子连接
	6	搭铁
	7	右后门状态开关信号输出端，与BCM控制单元J2-12连接

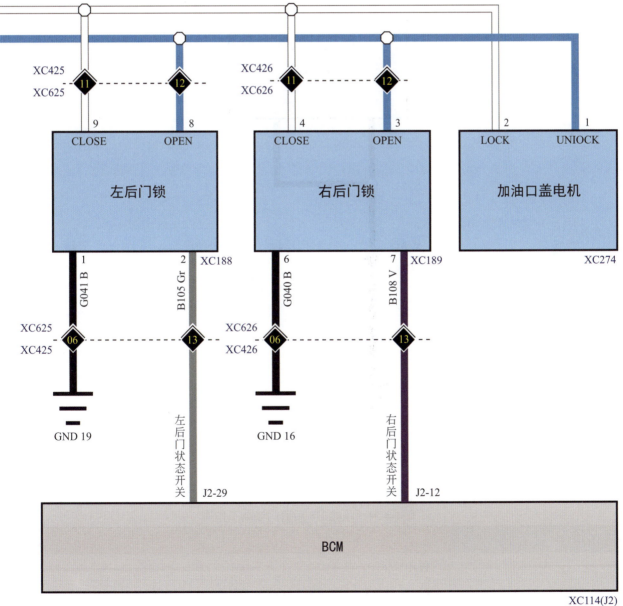

图4-4-46 后门门锁电路

2. 哈弗 H6 行李箱中控门锁电路（图 4-4-47）

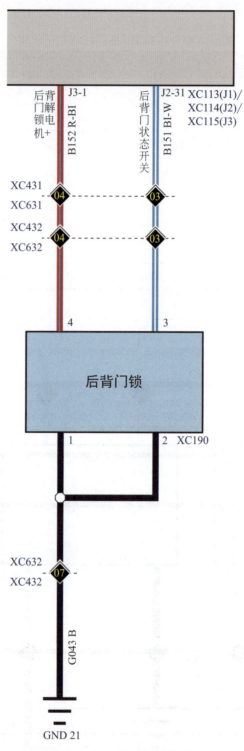

图 4-4-47　后背门锁电路

后背门锁端子的作用说明见表 4-4-34。

表 4-4-34　哈弗 H6 后背门锁端子作用

端子序号	作用说明
1/2	搭铁
3	门锁状态开关信号输出端，与 BCM 控制单元 J2-31 连接
4	解锁电机信号输出端，与 BCM 控制单元 J3-1 连接

第五节
中控门锁系统常见故障及检修技巧

本节内容以丰田卡罗拉车型为例。

一、常见故障

常见故障见表 4-5-1。

表 4-5-1 常见故障及解决方法

故障现象	故障部位	解决方法
仅驾驶员侧车门锁止/解锁功能不工作	前门门锁总成（前排驾驶员侧）	更换前门门锁总成
	线束和连接器	更换或修复损坏的线束或连接器
	主车身 ECU（仪表板接线盒）	更换主车身 ECU
仅前排乘客侧车门锁止/解锁功能不工作	前门门锁总成（前排乘客侧）	更换前门门锁总成
	线束和连接器	更换或修复损坏的线束或连接器
	主车身 ECU（仪表板接线盒）	更换主车身 ECU
仅左后车门锁止/解锁功能不工作	左后车门门锁总成	更换左后门门锁总成
	线束和连接器	更换或修复损坏的线束或连接器
	主车身 ECU（仪表板接线盒）	更换主车身 ECU
仅右后车门锁止/解锁功能不工作	右后车门门锁总成	更换右后门门锁总成
	线束和连接器	更换或修复损坏的线束或连接器
	主车身 ECU（仪表板接线盒）	更换主车身 ECU

二、通过主开关、驾驶员侧车门锁芯不能操作所有车门的锁止/解锁功能故障诊断与排除

1. 功能描述

主车身 ECU（仪表板接线盒）从电动车窗主开关和驾驶员侧车门锁芯接收开关信号，并根据这些信号激活各车门上的门锁电动机。

2. 电路图（图 4-5-1）

3. 故障诊断与排除

（1）检查保险丝（DOOR）

a. 将 DOOR 保险丝从仪表板接线盒上拆下。

b. 测量 DOOR 保险丝电阻，正常小于 1Ω。

如果检测结果异常，则保险丝（DOOR）故障，更换保险丝；如果检测结果正常，则检查车门锁止操作。

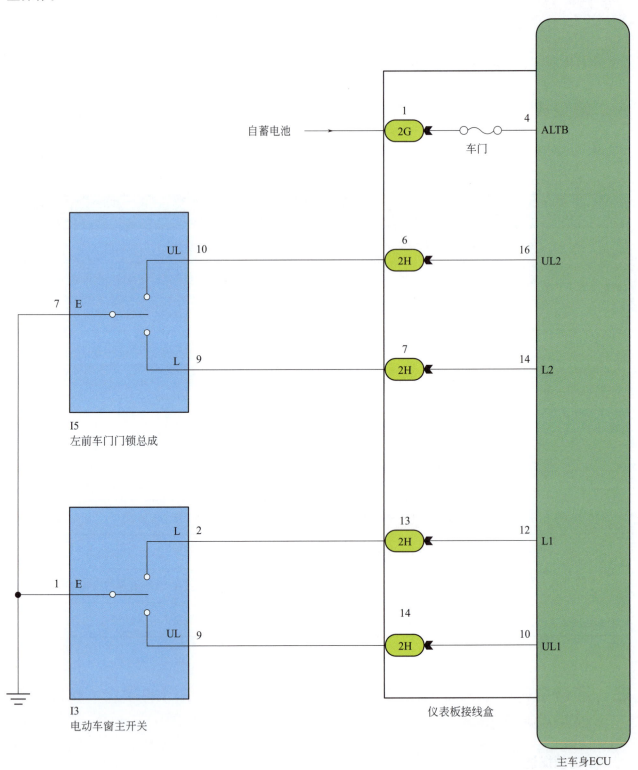

图 4-5-1　电路图

（2）检查车门锁止操作

车门无法通过主开关锁止，则读取电脑诊断仪的值。

车门无法通过驾驶员侧车门锁芯锁止，则读取电脑诊断仪的值（车门钥匙联动锁止和解锁开关）。

（3）读取电脑诊断仪的值

使用电脑诊断仪，读取主车身 ECU 内容表（表 4-5-2）。

表 4-5-2　电脑诊断检测仪检测车门锁开关及显示状态

检测仪显示	测量项目/范围	正常状态
Door Lock SW-Lock（车门锁开关锁止）	车门手动锁止开关信号/ON 或 OFF	ON：电动车窗升降器主开关上的门控开关按至锁止位置 OFF：电动车窗升降器主开关上的门控开关按下
Door Lock SW-Unlock（车门锁开关解锁）	车门手动解锁开关信号/ON 或 OFF	ON：电动车窗升降器主开关上的门控开关按至解锁位置 OFF：电动车窗升降器主开关上的门控开关按下

如果检测结果异常，则检查电动车窗主开关；如果检测结果正常，则更换主车身 ECU（仪表板接线盒）。

（4）检查电动车窗主开关

a. 拆下电动车窗主开关。

b. 根据图 4-5-2 和表 4-5-3 中的值测量电阻。

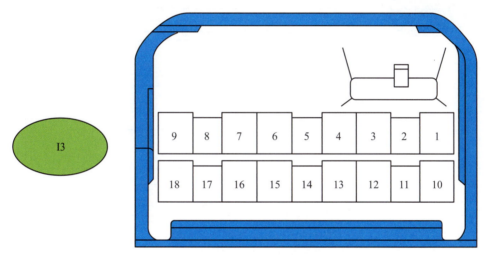

图 4-5-2　电动车窗主开关插接器

表 4-5-3　标准电阻

检测仪连接	条件	规定状态
1—2	锁止	小于 1Ω
1—2 1—9	OFF（松开）	10kΩ 或更大
1—9	解锁	小于 1Ω

如果检测结果异常，则更换电动车窗主开关；如果检测结果正常，则检查线束和连接器（电动车窗主开关电路）。

（5）检查线束和连接器（电动车窗主开关电路）

a. 断开仪表板接线盒连接器。

b. 根据图 4-5-3、图 4-5-4 和表 4-5-4 中的值测量电阻。

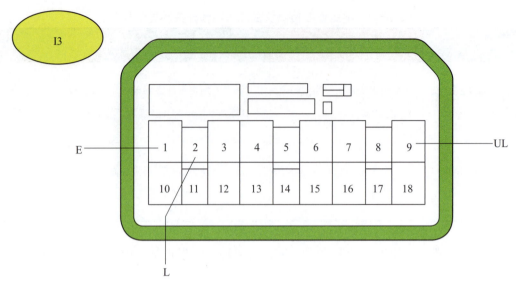

图 4-5-3　电动车窗主开关插接器

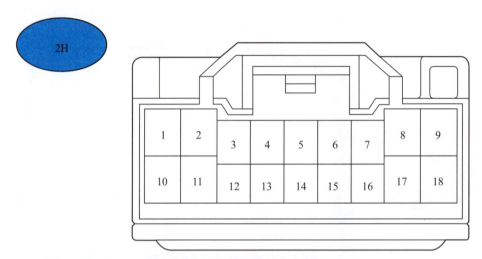

图 4-5-4　仪表板接线盒插接器

表 4-5-4　标准电阻

检测仪连接	条件	规定状态
I3-2（L）—2H-13	始终	小于 1Ω
I3-2（UL）—2H-14	始终	小于 1Ω
I3-1（E）—车身搭铁	始终	小于 1Ω
2H-13—车身搭铁	始终	10kΩ 或更大
2H-14—车身搭铁	始终	10kΩ 或更大

如果检测结果异常，则维修或更换线束或连接器；如果检测结果正常，则更换主车身 ECU（仪表板接线盒）。

（6）读取电脑诊断仪的值（车门钥匙联动锁止和解锁开关）

使用电脑诊断仪，读取主车身 ECU 内容表（表 4-5-5）。

表 4-5-5　电脑诊断检测仪检测车门钥匙联动开关

检测仪显示	测量项目/范围	正常状态
Door Key SW-Lock（车门联动锁止开关）	车门钥匙联动锁止开关信号/ON 或 OFF	ON：驾驶员侧车门锁芯转至锁止位置 OFF：驾驶员侧车门锁芯未转动
Door Key SW-Unlock（车门联动解锁开关）	车门钥匙联动解锁开关信号/ON 或 OFF	ON：驾驶员侧锁芯转至解锁位置 OFF：驾驶员侧车门锁芯未转动

如果检测结果异常，则检查前门门锁总成（驾驶员侧）；如果检测结果正常，则更换主车身ECU（仪表板接线盒）。

（7）检查前门门锁总成（驾驶员侧）

a. 拆下左前车门门锁总成。

b. 根据图 4-5-5 和表 4-5-6 中的值测量电阻。

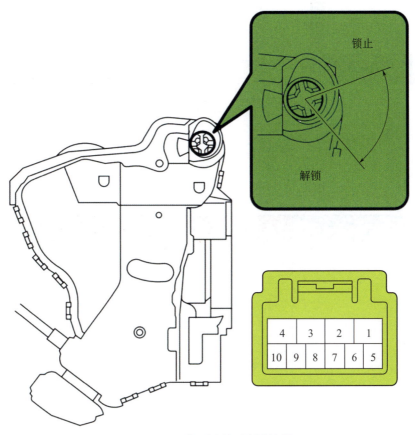

图 4-5-5　驾驶侧门锁插接器

表 4-5-6　标准电阻

检测仪连接	条件	规定状态
7—9	ON（门锁位置为锁止）	小于1Ω
7—9 7—10	OFF（松开）	10kΩ 或更大
7—10	ON（门锁设置为解锁）	小于1Ω

如果检测结果异常，则维修或更换前门门锁总成（驾驶员侧）；如果检测结果正常，则检查线束和

连接器（车门钥匙联动锁止/解锁开关电路）。

（8）检查线束和连接器（车门钥匙联动锁止/解锁开关电路）

a. 断开仪表板接线盒连接器。

b. 根据图 4-5-6 和表 4-5-7 中的值测量电阻。

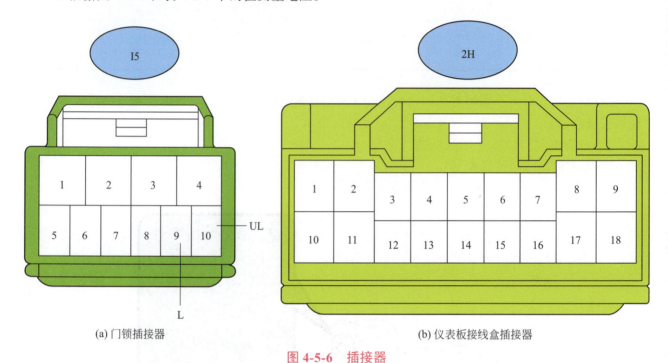

(a) 门锁插接器　　(b) 仪表板接线盒插接器

图 4-5-6　插接器

表 4-5-7　标准电阻

检测仪连接	条件	规定状态
I5-9（L）—2H-7	始终	小于 1Ω
I5-10（UL）—2H-6	始终	小于 1Ω
2H-7—车身搭铁	始终	10kΩ 或更大
2H-6—车身搭铁	始终	10kΩ 或更大

如果检测结果异常，则维修或更换线束或连接器；如果检测结果正常，则更换主车身 ECU（仪表板接线盒）。

三、仅驾驶员侧车门锁止/解锁功能不工作故障诊断与排除

1. 功能描述

主车身 ECU（仪表板接线盒）接收锁止/解锁开关信号并根据这些信号激活门锁电动机。

2. 电路图（图 4-5-7）

3. 故障诊断与排除

（1）检查前门门锁总成（驾驶员侧）

a. 拆下驾驶员侧车门门锁总成。

b. 根据图 4-5-8 和表 4-5-8 中的值测量电阻。

第四章 中控门锁系统典型控制电路详解

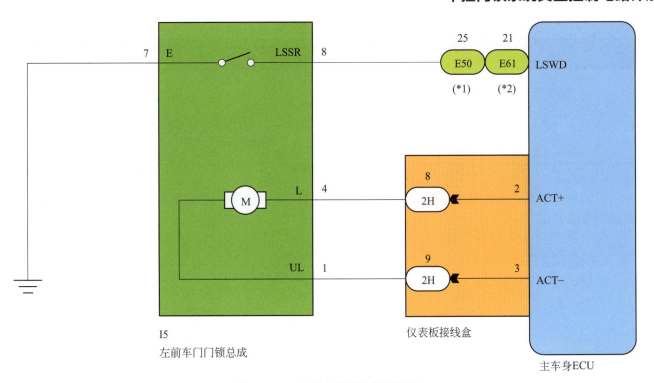

图 4-5-7　左前车门门锁电路图

*1—带智能上车和启动系统及自动灯控；*2—不带智能上车和启动系统及自动灯控

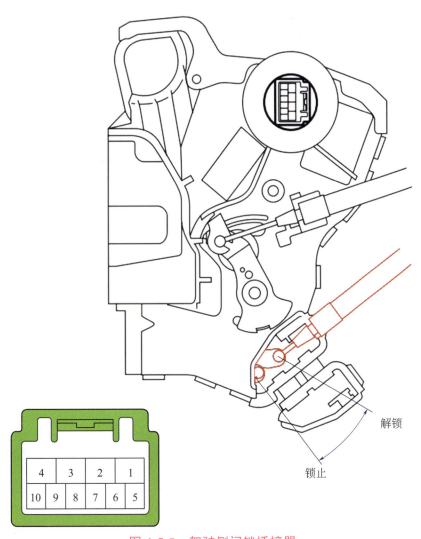

图 4-5-8　驾驶侧门锁插接器

271

表 4-5-8　标准电阻

检测仪连接	测量条件	门锁状态	规定状态
7—8	蓄电池正极（+）→端子4 蓄电池负极（-）→端子1	锁止	10kΩ 或更大
7—8	蓄电池正极（+）→端子1 蓄电池负极（-）→端子4	解锁	小于1Ω

如果检测结果异常，则更换前门门锁总成；如果检测结果正常，则检查线束和连接器（前门门锁电动机电路）。

（2）检查线束和连接器（前门门锁电动机电路）

a. 断开仪表板接线盒连接器。

b. 根据图 4-5-9 和表 4-5-9 中的值测量电阻。

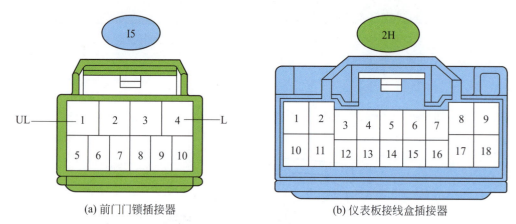

图 4-5-9　前门门锁和仪表板接线盒插接器

表 4-5-9　标准电阻

检测仪连接	条件	规定状态
I5-4（L）—2H-8	始终	小于1Ω
I5-1（UL）—2H-9	始终	小于1Ω
2H-8—车身搭铁	始终	10kΩ 或更大
2H-9—车身搭铁	始终	10kΩ 或更大

如果检测结果异常，则维修或更换线束或连接器；如果检测结果正常，则检查车门解锁检测开关电路线束和连接器。

（3）检查线束和连接器（车门解锁检测开关电路）

a. 断开主车身 ECU（仪表板接线盒）连接器。

b. 根据图 4-5-10 和表 4-5-10 中的值测量电阻。

表 4-5-10　标准电阻

检测仪连接	条件	规定状态
I5-8（LSSR）—E61-21（LSWD）[*1]	始终	小于1Ω
I5-8（LSSR）—E50-25（LSWD）[*2]	始终	小于1Ω

续表

检测仪连接	条件	规定状态
I5-8（LSSR）—车身搭铁	始终	10kΩ 或更大
I5-7（E）—车身搭铁	始终	小于 1Ω

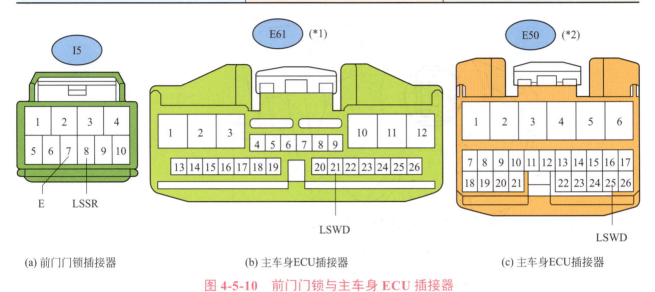

图 4-5-10　前门门锁与主车身 ECU 插接器

如果检测结果异常，则维修或更换线束或连接器；如果检测结果正常，则更换主车身 ECU（仪表板接线盒）。

四、仅前排乘客侧车门锁止 / 解锁功能不工作故障诊断与排除

1. 功能描述
主车身 ECU（仪表板接线盒）接收锁止 / 解锁开关信号并根据这些信号激活门锁电动机。

2. 右前门锁电路图（图 4-5-11）

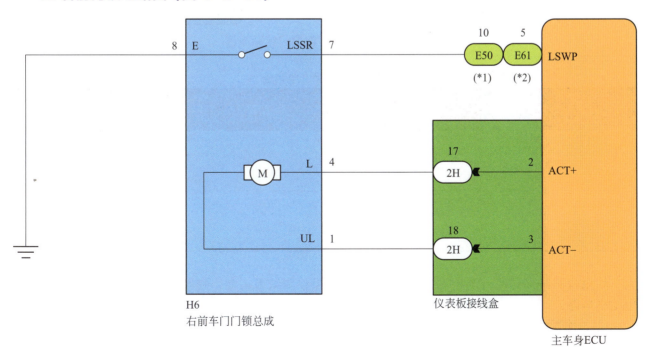

图 4-5-11　右前门锁电路图
*1—带智能上车和启动系统及自动灯控；*2—不带智能上车和启动系统及自动灯控

3. 故障诊断与排除

（1）检查前门门锁总成（前排乘客侧）

a. 拆下前排乘客侧车门门锁总成。

b. 根据图 4-5-12 和表 4-5-11 中的值测量电阻。

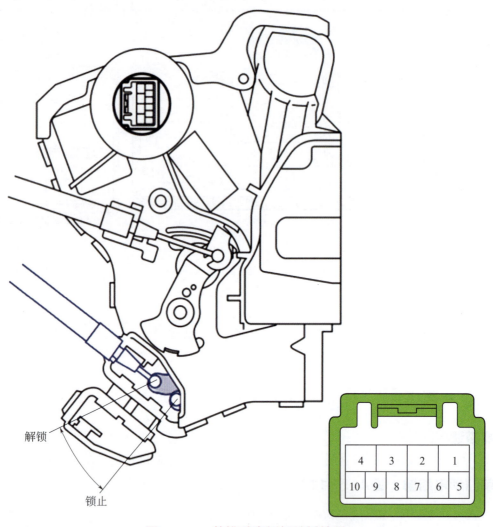

图 4-5-12　前排乘客侧门锁插接器

表 4-5-11　标准电阻值

检测仪连接	测量条件	门锁状态	规定状态
7—8	蓄电池正极（+）→端子 4 蓄电池负极（-）→端子 1	锁止	10kΩ 或更大
7—8	蓄电池正极（+）→端子 1 蓄电池负极（-）→端子 4	解锁	小于 1Ω

如果检测结果异常，则更换前门门锁总成；如果检测结果正常，则检查线束和连接器（前门门锁电动机电路）。

（2）检查线束和连接器（前门门锁电动机电路）

a. 断开仪表板接线盒。

b. 根据图 4-5-13 和表 4-5-12 中的值测量电阻。

第四章 中控门锁系统典型控制电路详解

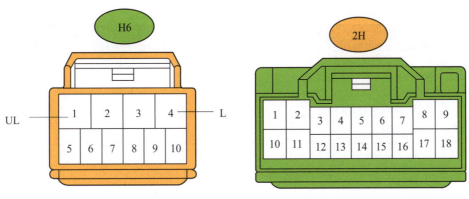

(a) 右前门锁插接器　　　　　　　(b) 仪表板接线盒插接器

图 4-5-13　右前门锁和仪表板接线盒插接器

表 4-5-12　标准电阻

检测仪连接	条件	规定状态
H6-4（L）—2H-17	始终	小于 1Ω
H6-1（UL）—2H-18	始终	小于 1Ω
2H-17—车身搭铁	始终	10kΩ 或更大
2H-18—车身搭铁	始终	10kΩ 或更大

如果检测结果异常，则维修或更换线束或连接器；如果检测结果正常，则检查车门解锁检测开关电路线束和连接器。

（3）车门解锁检测开关电路检查线束和连接器
a. 断开主车身 ECU（仪表板接线盒）连接器。
b. 根据图 4-5-14 和表 4-5-13 中的值测量电阻。

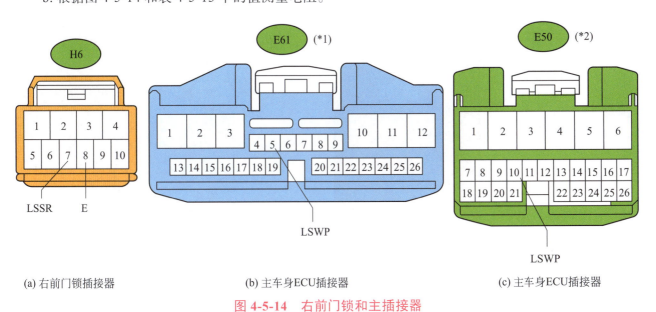

(a) 右前门锁插接器　　　　(b) 主车身ECU插接器　　　　(c) 主车身ECU插接器

图 4-5-14　右前门锁和主插接器

表 4-5-13　标准电阻

检测仪连接	条件	规定状态
H6-7（LSSR）—E61-5（LSWP）(*1)	始终	小于 1Ω

275

续表

检测仪连接	条件	规定状态
H6-7（LSSR）—E50-10（LSWP）(*2)	始终	小于1Ω
H6-7（LSSR）—车身搭铁	始终	10kΩ 或更大
H6-8（E）—车身搭铁	始终	小于1Ω

如果检测结果异常，则维修或更换线束或连接器；如果检测结果正常，则更换主车身ECU（仪表板接线盒）。

五、仅右后车门锁止／解锁功能不工作故障诊断与排除

1. 功能描述

主车身ECU（仪表板接线盒）接收锁止／解锁开关信号并根据这些信号激活门锁电动机。

2. 电路图（图4-5-15）

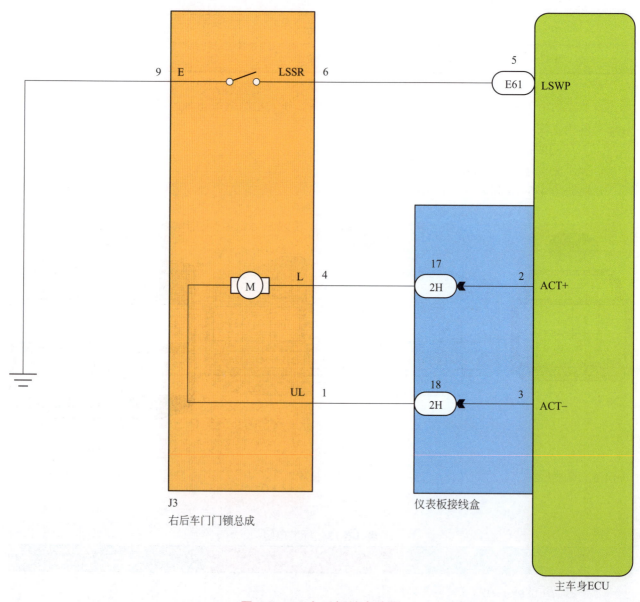

图 4-5-15　右后门锁电路图

3. 故障诊断与排除

（1）检查后门门锁总成

a. 拆下右后车门门锁总成。

b. 根据图 4-5-16 和表 4-5-14 中的值测量电阻。

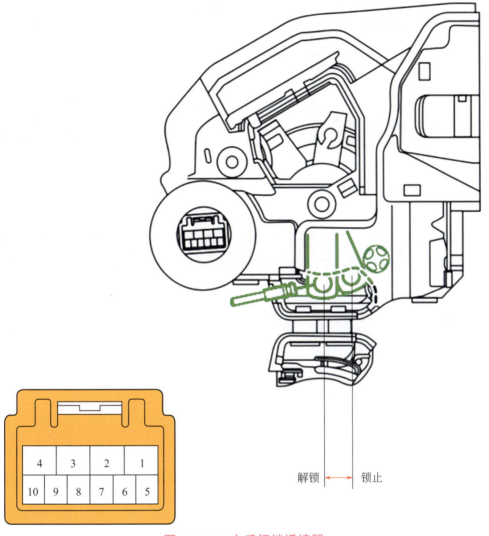

图 4-5-16　右后门锁插接器

表 4-5-14　标准电阻

检测仪连接	测量条件	门锁状态	规定状态
6—9	蓄电池正极（+）→端子4 蓄电池负极（-）→端子1	锁止	10kΩ 或更大
6—9	蓄电池正极（+）→端子1 蓄电池负极（-）→端子4	解锁	小于 1Ω

如果检测结果异常，则更换后门门锁总成；如果检测结果正常，则检查后门门锁电动机电路线束和连接器。

（2）检查后门门锁电动机电路线束和连接器

a. 断开仪表板接线盒连接器。

b. 根据图 4-5-17 和表 4-5-15 中的值测量电阻。

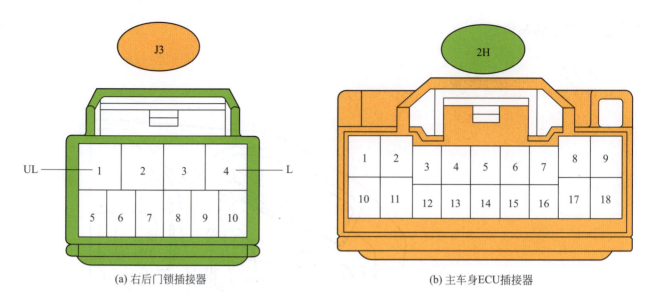

(a) 右后门锁插接器　　(b) 主车身ECU插接器

图 4-5-17　右后门锁和主车身 ECU 插接器

表 4-5-15　标准电阻

检测仪连接	条件	规定状态
J3-4（L）—2H-17	始终	小于1Ω
J3-1（UL）—2H-18	始终	小于1Ω
2H-17—车身搭铁	始终	10kΩ 或更大
2H-18—车身搭铁	始终	10kΩ 或更大

如果检测结果异常，则维修或更换线束或连接器；如果检测结果正常，则检查车门解锁检测开关电路线束和连接器。

（3）检查车门解锁检测开关电路线束和连接器

a. 断开主车身 ECU（仪表板接线盒）连接器。

b. 根据图 4-5-18 和表 4-5-16 中的值测量电阻。

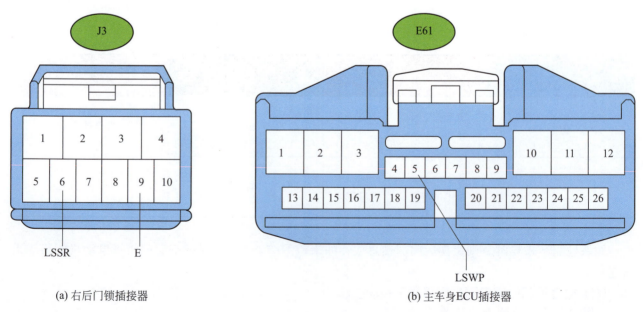

(a) 右后门锁插接器　　(b) 主车身ECU插接器

图 4-5-18　右后门锁和主车身 ECU 插接器

表 4-5-16　标准电阻

检测仪连接	条件	规定状态
J3-6（LSSR）—E61-5（LSWP）	始终	小于 1Ω
J3-6（LSSR）—车身搭铁	始终	10kΩ 或更大
J3-9（E）—车身搭铁	始终	小于 1Ω

如果检测结果异常，则维修或更换线束或连接器；如果检测结果正常，则更换主车身 ECU（仪表板接线盒）。

欢迎订购化工版汽车图书

书号	书名	定价/元	出版时间
39108	汽车电控发动机 构造•原理•分析•诊断•维修	108.00	2021.07
38383	汽车电路 原理•识读•检测•维修	99.00	2021.05
38384	汽车传感器从入门到精通（配视频）	99.00	2021.04
38169	轻松拿驾照：新驾考全攻略（配动画演示视频）	69.00	2021.03
37223	汽车维修手册（配视频）	128.00	2021.01
37715	汽车零部件识别与故障处理大全	99.00	2021.01
38034	奥迪汽车故障维修要点难点解析	128.00	2021.01
37745	汽车驾驶：从新手到高手（配动画演示视频）	59.80	2021.01
36842	汽车故障诊断手册（配视频）	128.00	2020.09
37239	汽车改装技能速成（配视频）	69.00	2020.09
36741	汽车碰撞查勘定损与修复	88.00	2020.08
36925	汽车电工电路：识图•分析•检测•诊断•维修	99.00	2020.05
35992	汽修疑难杂症识别•检测•诊断•分析•排除（配视频）	88.00	2020.05
36176	无人驾驶技术	69.00	2020.05
36200	一学就会的日常驾驶技巧（配动画视频版）	59.80	2020.05
35605	汽车总线系统原理与故障检修	99.00	2020.03
35608	汽车钣金修复与涂装技术	99.00	2020.02
35068	1000项汽车技师实用技能完全掌握	99.00	2020.01
34995	汽车电工从入门到精通（配视频）	99.00	2019.11
35129	汽车发动机构造原理与诊断维修（配视频）	88.00	2019.11
34535	1000项汽车电工必会技能完全掌握	99.00	2019.10
34124	汽车空调系统构造原理与拆装维修（配视频）	69.00	2019.07
34224	汽车防盗原理与编程技术（赠送视频课程）	99.00	2019.07
34436	汽车快修从入门到精通（配视频）	99.00	2019.07
33612	新能源混合动力汽车常用维修资料速查	88.00	2019.04
33651	新能源纯电动汽车常用维修资料速查	88.00	2019.04
33030	汽车常见故障识别•检测•诊断•分析•排除（配视频）	88.00	2019.01
32944	汽车维修从入门到精通（配视频）	99.00	2018.11
32369	智能交通与无人驾驶	88.00	2018.10
32166	这样学交规 驾照不扣分	49.80	2018.09
30423	汽车知识与探秘（配视频）	39.80	2018.01
27643	新能源汽车关键技术	88.00	2017.01

以上图书由化学工业出版社•汽车出版中心出版。如要以上图书的内容简介和详细目录，或者更多的专业图书信息，请登录http://www.cip.com.cn。

地址：北京市东城区青年湖南街13号（100011）　购书咨询：010-64518888（传真：010-64519686）

如要出版新著，请与编辑联系。联系电话：010-64519275；联系邮箱：huangying0436@163.com